套牢中国

大清国亡于经济战

陈忠海 ◎ 著

中国发展出版社

CHINA DEVELOPMENT PRESS

图书在版编目（CIP）数据

套牢中国：大清国亡于经济战/陈忠海著 . —北京：中国发展出版社，2016. 8

ISBN 978 – 7 – 5177 – 0545 – 1

Ⅰ.①套…　Ⅱ.①陈…　Ⅲ.①经济史—中国—清代　Ⅳ.①F129. 49

中国版本图书馆 CIP 数据核字（2016）第 156441 号

书　　　名：套牢中国：大清国亡于经济战
著作责任者：陈忠海
出 版 发 行：中国发展出版社
　　　　　　（北京市西城区百万庄大街 16 号 8 层　100037）
标 准 书 号：ISBN 978 – 7 – 5177 – 0545 – 1
经　销　者：各地新华书店
印　刷　者：三河市东方印刷有限公司
开　　　本：710mm×1000mm　1/16
印　　　张：18
字　　　数：270 千字
版　　　次：2016 年 8 月第 1 版
印　　　次：2016 年 8 月第 1 次印刷
定　　　价：39. 80 元

联 系 电 话：(010) 68990642　68990692
购 书 热 线：(010) 68990682　68990686
网 络 订 购：http://zgfzcbs. tmall. com//
网 购 电 话：(010) 68990639　88333349
本 社 网 址：http://www. develpress. com. cn
电 子 邮 件：fazhanreader@ 163. com

中国是如何被列强"套牢"的

一

中世纪以后国与国战争的集中爆发地开始主要在欧洲，继传统强国西班牙、葡萄牙之后，荷兰、法国、英国、德国等先后崛起，伴随着每一个新兴大国的崛起往往都有一场或数场战争。相比较而言，东方的亚洲还算平静，从7世纪开始中国除了按"历史周期率"大约每过两三百年来一次改朝换代外，还没有感受到来自外部世界的真正威胁。

改变来自19世纪初，这时中国的国力正在衰弱，而欧洲列强的争霸格局也初步形成，世界范围内的殖民地争夺进入到新的阶段，一边是蠢蠢欲动的猎人，一边是尚无知觉的猎物，一场围猎活动便围绕尚未被殖民化的中国展开了。中国在当时有4亿多人口，是英国的20多倍，经济总量占全世界的30%以上，不容任何一个国家轻视，中国还有80多万常备军队，数量列世界第一，用直接征服的办法对付中国，想必任何一个西方国家也都有所忌惮。所以，继荷兰、葡萄牙、西班牙之后兴致勃勃来到中国的英国，一开始派来的不是他们的军队，而是东印度公司的商船。

工业制造和对外贸易是英国征服世界的最有力武器，在世界的其他地区素来所向披靡，来到中国却感到了力不从心。中国的茶叶是英国人所必需的生活物资，每年都要大量进口，而英国的机制品和毛纺织品却在自给自足惯了的中国难以打开市场。维护英镑的强势地位是英国全球争霸的重要一环，控制金银出口是保持英镑坚挺的最重要途径，为此英国制定了严格的法律，但在对华贸易严重逆差的情况下，大不列颠只能看着白花花的银子一船又一船地运往东方。

如果说军事是政治的延续，那么经济就是政治的先导，在传统大国与新兴大国展开全面较量之前，最初也会以贸易战的形式展开。为改变贸易上的被动，英国人拿出了在印度种植的鸦片，他们坚称这纯粹是经济问题，并且避免以国家的形式出面，但这些根本无法改变鸦片贸易在道德上的亏欠，于是英国、中国双方围绕着禁烟与反禁烟展开了近距离的交锋。

对双方来说，这种交锋都没有退缩的余地和失败的可能，英国如果失败，不仅鸦片的买卖不能继续，而且还只能默认清政府制定的贸易规则，等于被迫放弃中国这个巨大的市场，本国急需出口的那些商品在中国仍无法推开，而茶叶、生丝这些不得不从中国进口产品的定价权则完全由中国掌握。当时的茶叶好比 20 世纪的石油，想争霸而不控制它，霸权的天空至少缺了一个角。而对清政府来说，如果任由鸦片大量流入，破坏的也将不仅仅是经济和财政。

正是由于都不可能做出让步，这场经济交锋最终就无可避免地以战争手段来做裁决，但奇怪的是，这两个对手都不怕打一仗。英国人不怕，因为他们既了解自己也了解对手；道光皇帝和清政府也不怕，因为他们自认为基本了解对手更了解自己。可惜，道光皇帝和清政府既不了解对手更不了解自己，这场鸦片战争的胜负于是没有了悬念，一纸《南京条约》让英国率先敲开了中国的大门，法、美等国闻风跟进，攫取了相应的好处。

也许出于自知之明，英国此时仍不敢过于贪婪，除了战争赔款和割让香港岛，他们更看重的是通商口岸的增加和关税的便利，他们仍然认为只要实现了真正的"自由贸易"，仍有足够的信心先从经济上征服这个国家。但过了几年，他们发现成效并不大，中国太大也太古老了，有很多东西是外人不容易搞清楚的。在英国的倡导下，法、美、俄等急欲扩大在华利益的欧美国家纷纷提出"修约"，经过反复的外交交锋，最终仍由舰炮说了算，于是有了第二次鸦片战争和英法联军攻入北京，有了《天津条约》《北京条约》等新的不平等条约的签订。

不平等条约就像绳索，每签订一份就如同在大清国庞大躯体上套了一根，欧美国家发起了"屠龙"之战，却不想让这条龙速死。就在第二次鸦片战争前后，英国的殖民地印度接连爆发了1853年的贝拉尔起义、1856年的奥德起义和1857年的民族大起义。英国殖民者从中进行了反思，在寻找新的殖民模式，在中国这里他们或许相信，不用消灭它的政权，不用替代它的政府直接对其人民进行统治，只要在经济上完成对它的彻底控制，就能控制起这个国家的一切，只有这样才能实现对这个国家长久的统治。

所以就出现了一种奇怪的现象：第二次鸦片战争期间，英、法的炮舰在天津大沽口一带不断扬言要进攻北京、火烧紫禁城，而在上海城外却出动军队与清军合作，用枪炮共同对准试图推翻清政府统治的太平军。欧美列强要的是长远的利益，他们知道自己连印度都统治不好，直接统治中国只能适得其反，所以需要一个弱势却不倒的清政府。

就这样，欧美列强在中国的利益越来越深入，通商口岸开得越来越多，清朝的关税越降越低，外国商品获得了市场特权，以至于有的中国商人要费时费力地把货物运到香港，在那里取得"进口商品"的身份再返销内地。清政府在商业贸易上的做法与正常国家完全相反：优惠进口商品，对本国商品予以歧视。当然这些都是被动的，出于无奈。

这种状况自第二次鸦片战争后又维持了30多年，原来尚有一定优势的中国经济彻底被打垮了，传统的优势不复存在，新兴经济迟迟没有突破口，民族工商业在繁重的赋税和商业壁垒下无法壮大，这正是欧美列强最希望看到的局面：中国成为它们的商品输出地和廉价原料物资的供应地。

明治维新后日本幸运地崛起，摆脱了原本与中国一样的命运，当它强大后立即把侵略的矛头对准了自己的近邻，于是有了1895年的甲午战争和《马关条约》，这是套往大清国身上最重也是最狠的一根绳索，仅赔款就高达2亿多两白银，相当于日本几年的财政收入。随之而来的八国联军和《辛丑条约》，列强把贪婪发挥到了极致，开出了 4.5 亿两白银的天价赔款以及一系列让人无法接受的条款，中国彻底失去了元气，也失去了一切希望。

当时在列强中盛行着所谓"中国灭亡观"，他们认为中国事实上已经灭亡了，可以轻易把它肢解为若干个国家或区域，然后按照各国在华业已形成的"势力范围"分别进行统治。对此，有的国家很热心，也有的国家认为这样做将有损自身利益而反对，由于列强之间无法达成一致，这种分解中国的图谋最终没能实施。

《辛丑条约》还规定列强在北京设立独立的使馆区，派兵予以驻守，拆除从大沽炮台及通往北京沿线的防守设施，各国派兵驻扎在北京到山海关铁路沿线要地，英国海军上校阿思本曾直白说："公使驻京以后，清朝皇帝就可代替英国士兵执行起警察任务来，可以通过各级政治机构镇压具有反侵略思想的爱国人民，也可以用行政手段惩罚那些对外国人不完全驯顺的官吏。"恩格斯对此揭露道："不难想象，在北京设立常驻使馆将有什么样的结果，请回想一下君士坦丁堡或德黑兰吧。"

但慈禧太后为保住岌岌可危的地位，全盘接受了列强的讹诈。外国军队进驻北京及周边地区后，慈禧太后以及她所领导的政权在军事、政治以及经济上就被列强牢牢地控制住，此时的清政府已经发生了质变：它不再代表 4 亿多中国人民，而蜕变为列强在中国实施统治的代理人。

至此，中国被列强彻底"套牢"了！

二

如果说这一切都是西方殖民主义贪婪本性造成的，那就忽视了历史悲剧内在的一面；如果说这一切是道光、咸丰、同治和光绪这几任皇帝以及慈禧太后等人奉行投降主义、昏庸无能造成的，那也是没有完全了解历史。

事实上，除同治皇帝在位时年幼不说，其他几个人大体上都是"排外"的，至少做过精神上的"强硬派"。道光皇帝十几次下诏禁烟、两次对外宣战；咸丰皇帝对列强一向反感，嘴上比前任还强硬，也多次表示不惜一战；

套牢中国：大清国亡于经济战

光绪皇帝虽然大部分时间并不掌权，但在有限的空间里也力主富国强兵，希望国家走向富强，摆脱列强的控制；至于慈禧太后，虽然在大多数人的印象中她的形象偏于负面，但她也不能算一个彻底的投降主义者，她曾下令向11个列强同时宣战。

当时中国的问题并不是出在几位最高领导人身上，如果那样就太简单了。中国的问题复杂得多，复杂到谁也拿它没办法。这些问题，从不同的角度可以归纳出很多。有人说，当西方列强已气势汹汹地从19世纪杀过来时中国还停留在16世纪，其实说停留在16世纪恐怕都是高估，说中国仍停留在10世纪之前也大体没错。自秦朝建立大一统的封建制度以来，2000多年中虽然其制度体系也在不断地更新改造，但核心并没有多少改变，这种体制在政治上强调君王至上和中央集权，在经济上强调重农轻商。用这种模式汉朝轻松统治了410年，唐朝290年，宋朝320年，明朝276年，在统治者看来稳定是它的优点。

清朝建立后沿用的也是这样一套制度体系，治理国家的手段与汉朝、唐朝虽有一些区别，但实质性差别不大。从财政体制上说，它延续了农业国家的税收办法，建立了以土地税为主体的税赋体系，收多少、支多少都有一套完整的办法，如果天下无事或事情不大，它都能运转下去，周而复始。但当一些从来没有遇到过的问题出现时，如何去应对，单从经济层面考虑都会成为一件棘手的问题，这一点在晚清体现得十分突出。

晚清政府没有公共财政的概念，是一个"小政府"的框架，从农业上收一些税，拿出一大半去养它的常备军，剩下的发发官员薪俸、供皇室支出、搞搞救灾也就没有了。财政调节经济的功能、投入基础建设的功能、强化国防的功能基本体现不出，国家虽大、政府却很小，鸦片战争轻松被打败，国家财政准备不足、缺乏动员能力是要害。

因为战败赔款，政府财政面临更大压力，国家更加虚弱，更无力发展经济和投入国防建设，结果再次被打败，更多的赔款来了，国家陷入维持的境况，接着又被打败，更多更多的赔款又来了……清政府就这样陷入到列强布下的"连环套"，所谓"一步跟不上，步步跟不上"。

近代经济不仅以工业化为先导，而且更重视政府的财政职能，更注重发展对外贸易，同时开始重视金融在促进经济发展中的作用。在金融建设上晚清政府几乎交了一张白卷：长期没有金融方面的法规、没有中央银行，甚至长期没有一家本国资本开办的商业银行，尝试着发行纸币却失败了，而坐视20 来家国外银行在中国发行纸币且到处流通……缺乏金融的支撑，洋务运动成了一个"烂尾工程"；没有本国银行，无法筹集国债，只能转借"洋债"，在承担高额利息的同时，关税、盐税、修路权、开矿权等主权受到了侵害；不能发行本国的信用货币，无法像日本明治维新那样通过银行体系募集社会资金为经济建设服务；金融体系不健全，缺乏有效的金融监管，致使金融风潮一再爆发，本来就贫弱的社会财富被外资银行为主的投机资本一遍遍洗劫。这一系列体制和机制缺失所造成的严重后果，反过来又作用于整个经济和军事，作用于政治，使中国身上的绳索套得更紧了。

三

有没有人为中国解套？有，有很多人。

中国人从来不甘于被压迫和奴役，当然不会失去抗争，列强侵略中国的历史也是无数中国人试图自救、试图奋发自强的历史。

太平天国运动是由一群农民发起的自救运动，他们的矛头虽然对准的是无能的满清政府，但他们的动机是让 4 亿多中国人摆脱内外的压迫和剥削，重新建立起一个强大的国家，所以他们所做的可以看作是一次"解套"行动。与中国历史上许多农民起义一样，太平军打出了平均土地的口号，并立即产生了极大的号召力，让它用了短短的 3 年时间就实现与清政府的南北对峙。

但是，与以往历代不同的是，此时的中外形势都发生着巨变，中国社会的阶层不再是原来简单地以农业人口为绝对主体，各种新阶层的兴起产生了多样化的利益诉求，而经济发展也呈现出多元，一个简单的土地改革口号外加披着宗教外衣的政治主张无法调动起全社会各个阶层奋不顾身地投入到一场革命中，太平军前期风卷残云，之后却锐气渐消，根本之处就在这里。并且，以往的农民起义从来没有外部势力的介入，而太平军还要面对西方列强。西方势力经过精准的算计，认为站在清政府一边才是他们利益最大化的体现，尽管他们与清政府是对手，但还是选择支持它。这样，在内外夹击之下轰轰烈烈的太平天国运动失败了。

太平天国运动是"体制外"的抗争，"体制内"的精英们随后发起了洋务运动，也试图为中国"解套"。这场运动表面红红火火，其实有太多的短板，最根本处在指导思想上，一个"中体西用"道出了洋务派左右逢源的心态，也道出了他们境况的恓惶：不敢冒政治上的风险，却又想顺利推进他们的近代化，由此得来的支持必须是有限的和附加了条件的。这种从思想到体制、机制都充满矛盾和缺陷的运动遇到关键环节就容易露出破绽，低效、缺乏创新是对洋务运动的总体评价，依靠这场先天不足、后天乏力的经济运动，中国还难以从列强的绳索下挣脱。

虽然失败已是常事，但甲午战争还是把国人打懵了，因为对手是日本，不久前这个国家还不如自己，现在却与列强平起平坐，也有资格向中国的躯体上套上它们抛出的绳索。这场巨变又引发了中国的变法运动，与其说它是日本明治维新在中国的翻版，不如说是一群思想上实在迫不及待的知识分子进行的一场注定无法成功的"模仿秀"，因为此时的中国已经不具备发起一场"明治维新"的内外部条件，这其中有政治、经济和思想上的原因，也有列强的因素，欧美列强可以容忍日本的崛起，却不会坐视中国把身上的绳索挣开，因为这些绳索是列强们花了几十年时间才一根根套上去的。

四

前事不忘，后事之师。揭开那段痛苦的伤疤，一定是为了有所收获，回顾近代以来被殖民的历史，在我们的内心不仅有激愤和忧伤，更要有冷静的思考。

尽管那段往事已经过去了 100 多年，但很多事仿佛就发生在昨天，有些人、有些话仿佛时常来到我们的眼前和耳边，我们甚至不能保证以往的屈辱今后绝不会重演，当重新遇到类似的挑战，我们也无法预知自己会不会做得比我们的前人更好。

这一切，需要我们不断思索总结，不断地认清自己也认识世界。

——不能让"国亡而人种在"的悲剧重演。晚清的中国尽管内在无比空虚和脆弱，但仍不是一个小国。当英国人第一次用炮舰让清政府臣服时，所提出的条件还是有限的，不是那时的殖民者尚有仁慈，而是如果那时就把中国逼到悬崖边，从最高统治者到民众只能选择一战的话，结果仍难预料。清政府内部称《南京条约》为"万年和约"，以为噩梦就此开始也能从此了结，但他们不知道的是，恶魔的盒子一旦打开就再也盖不上了，后面的事变得一发而不可收，套在身上的绳索被列强有步骤地逐渐收紧，直到最后被完全"套牢"。历史的启示是，涉及国家利益和原则的"吃亏"没有大小、多少之分，除了反抗没有别的选择，忍让和妥协无法换来民族的尊严。一个被彻底"套牢"的中国即使躯壳仍在，国家也已经灭亡了，就像一名侵略者说的那样，最终让中国人成为另一个犹太民族，"国亡而人种在"。

——经济上的分割比领土分割更彻底。仔细读一下《南京条约》及以后签订的历次不平等条约，发现属于经济方面的条款占比很大，有的是赔款，直接在经济上削弱中国，《马关条约》《辛丑条约》就是这方面的典型。日本拿到巨额赔款后80%以上用在了军事上，削弱中国的同时强大它自己，为进一步入侵作物质准备。《辛丑条约》规定赔款的期限为39年，老子赔了儿子赔、儿子赔了孙子接着赔，让中国几代人都背上沉重的包袱。除此之外，就是尽可能扩大列强本国的通商便利，让本国的商品和资本获得国民待遇和超国民待遇，用你的政策打压你的商品，用我的产品占领你的市场。当一个国家彻底沦为外国商品的倾销地时，这个国家注定没有了向强敌还手的希望，殖民者才更放心。

——打击对手的要害在其精神。到《辛丑条约》签订时，列强没有再提开放更多的通商口岸，因为这时中国的大门已彻底洞开，已经不再需要特定的通商口岸了。《辛丑条约》用了更多的条款在讲如何给被杀的西方外交官、传教士立碑立牌坊，要求清政府严惩所谓"祸首"，凡有攻击外国人的地方停止科举以示惩戒，还要求清朝皇帝下旨取缔排外活动，有排外活动的地方要追究地方官员的责任，甚至对相关诏书怎样写、在什么时间公开张贴、张贴多长时间都作了详细规定。这是一种心理战，在军事、经济之外还要彻底摧垮中国人的意志，让中国的官员和民众由"仇洋"变成"惧洋""恐洋"，从思想上、精神上维护其长久的殖民统治。

——看淡 GDP，看清你自己。有人把 GDP 戏称"鸡的屁"，认为不要太把它当回事。论 GDP，有人研究说中国在宋朝时已经占到全世界的 50%，比现在美国的占比水平还要多出 1 倍多。清朝的 GDP 占比有所下降，但据英国经济学家安格斯·麦迪森在《世界千年经济史》中的研究，1820 年时中国的 GDP 在全世界的占比仍高达 32.9%，"比西欧和它们的宗属国之和还要高出 30%"。美国学者保罗·肯尼迪在《大国的兴衰》中认为中国经济总量世界第一的宝座直到 1890 年才被美国抢去。法国学者彼得·布雷克测算 1800 年中国 GDP 在全世界的占比为 44%，鸦片战争爆发的当年仍高达 37%，尽管这些数据都会有误差，但直到鸦片战争时中国 GDP 总量和占比仍保持着世界第一的位置不会有太大问题。但这又是毫无意义的，经济总量不代表综合国力，更不代表国防能力，GDP 第一的中国照样打不过排在后面的国家，哪怕是连排名更靠后的国家也打不过，甲午战争中日一对一"单挑"，中国仍不是对手，而考察那时候日本的 GDP，应该只是中国的几分之一甚至十几分之一吧。

——模仿能带来一些改变，但要强大唯有创新。晚清出现了所谓的"同光中兴"，那是洋务运动兴起后的近 30 年时间，由于吃了太多的亏，朝野双方终于达成了向西方先进文化和科技学习的共识，中国从南到北兴起了效仿资本主义办实业、办教育的浪潮，一批近代工业和民用企业诞生，开办了许多近代学校和公用事业，一切都照着西方近代化的模式进行。在这近 30 年时间里，欧美列强侵略中国的步伐似乎也有所放慢，像两次鸦片战争那样的惨败没有再出现过，甚至出现了中法之战那样接近打成平手的战争，很多人开始乐观起来，以为中国真的挣脱了身上的绳索，摆脱了任人欺凌的命运，但随着甲午战争中北洋舰队的完败，又让刚刚乐观起来的中国人重新坠入谷底。这说明，真正的变革来自创新而不是简单模仿，北洋舰队就是一个因模仿而功败垂成的标本，模仿可以作为跟随者的阶段性战略，却不能成为后进者的最终目标，靠模仿不可能实现超越，战场上只有第一没有第二，遇到真正的对手，模仿者注定会败下阵来。

——历史会给你机会，但不会给你太多。回望近代史，充满着危机，但其实也有机遇。第一次鸦片战争后，虽然受到了沉重一击，但大清的国力总体来说没有太大的损伤；虽然被套上了《南京条约》这根绳索，但身躯还算自由；而欧洲列强又陷入内部纷争中，对中国的侵略有所放缓，这时候命运仍掌握在中国人自己手中。如果痛定思痛，找到问题的根源，痛下决心自强自新，那将是另一种面貌。但列强的这一掌并没有把大部分中国人惊醒，中国的生活很快又自然地恢复到了过去，从上到下该做什么还在做什么，而不做的事仍然没人去做，用林则徐的话说是"雨过忘雷"，就这样迷失了差不多20年。有20年时间很多事都可以干成，而这个战略机遇期就这样匆匆而逝了。设想一下，如果此时由道光皇帝或咸丰皇帝主持来一场"戊戌变法"，准备得从容一点，决心大一点，也许情况会没有后面那么糟，率先完成"维新"的也就不是日本而是中国了。

时不我待，只争朝夕。历史的车轮不会停下来让你去反思，你只能一边思考一边奋力前行。前进的道路从来都是坎坷的，路虽然宽阔，你却无法一个人独行，你的身边有朋友也聚集着对手，更多时候，正是因为对手的存在你才会变得更强大。对积贫积弱的近代中国，有人说它是一只睡狮，一旦惊醒将让世界震惊，问题是，这一觉终究还是不能睡得太久太久，不能让对手以为你其实真的已经死去！

陈忠海

2016 年 8 月

目 录

第八章

一场股灾引发的革命

第一章
鸦片拉开了经济战

一、"来自中国的泪水"

18 世纪初的某一天，英国伦敦。

在金融城中心的利德贺街上，有一栋爱奥尼亚式支柱撑起的宏伟建筑，其正面三角形的门楣上是象征着全球商务的雕刻，顶角有一具象征欧罗巴的人像骑坐在一匹马上，还有一具象征亚洲的人像则跨坐在一匹骆驼上，揭示出大楼里的这个机构与东方世界有着某种关联。走进这栋大楼，到处笼罩在一片喧嚣嘈杂之中，都是一些贸易公司的日常活动，包括抄写各类信件，开会讨论利润、额外收益和特权的分配，这样的会议通常会从晨曦初露一直持续到日落西山。

在与会人员享用早餐时，一只来自印度的木箱被送到了这里，它是寄给一位年轻职员的。这个年轻人撬开镀锡的箱盖，里面立时释放出一股草本植物的芬芳香气。他为箱中所盛的物品准备了几个小包裹，利用面前摆放的一架天平和一排按规则排列的黄铜秤砣，将箱子里的物品分为若干份，然后小心翼翼地把它们装入一个浸蜡的帆布包内，他准备将这几包东西寄给伦敦最好的批发商。这个年轻职员的日常工作和任何一名秘书一样：撰写一式三份的文件、信件，从东方寄到公司办公室的货物的提货单，干着一份既不用纳税也毫无吸引人之处的工作，却领着一年 300 英镑的体面薪水，这个年轻人无疑是当时的人们所竭力羡慕的。

上面这段场景来自美国学者萨拉·罗斯（Sarah Rose）《茶叶大盗》一书的描述，这本书讲的是一名英国东印度公司雇员在中国经历的故事，伦敦金融城里的这栋建筑就是东印度公司的总部，这位年轻雇员小心分装的物品是茶叶，它源产自中国，经东印度公司的商人转运至印度，又从印度运到了伦敦。

18世纪初英格兰与苏格兰刚刚合并组成大不列颠（Britain），经过都铎王朝和伊丽莎白女王时代的快速发展而后来居上，涌现出莎士比亚、培根和哈维等文艺巨匠，伦敦也从泰晤士河畔的一个聚居点成长为欧洲近代工业文明的中心、文化之都和时尚之都。翻开一份伦敦出版的杂志，是1712年3月份出版的《旁观者》（Spectator），里面刊登着一篇贵妇人写的日记：

星期三，早上8点到10点，在床上喝了2杯巧克力后又睡了；10点到11点，吃了一片奶油面包，喝了杯武夷茶；11点到1点，到化妆室梳了个新发型……

星期四，从昨天晚上11点睡到今天早上8点，梦到和佛洛德玩法鲁牌；8点到11点，喝完巧克力后躺在床上看2幕莱登的剧作；10点到11点，喝茶……

这是典型近代英式贵族的生活，除了优雅就是奢侈，它传递出两个有趣的信息：一是喝茶已经成为这位贵妇人固定的生活习惯，每天早上10点到11点之间要喝一次早餐茶；二是喝茶与新发型、法鲁牌、莱登剧作一样是一件值得炫耀、值得在"朋友圈"里晒一晒的事。

英国并不产茶，开始也没有喝茶的习俗，据说是"红茶皇后"葡萄牙凯瑟琳公主1662年嫁给英王查理二世时把茶叶带入的英国，这种被认为有药性的植物随后便在英国风行起来。英国人对喝茶情有独钟，有人喜欢一起床就喝早茶（Earlymorning Tea），有人喜欢喝上午茶（Elevens），有人喜欢喝下午茶（Afternoon Tea）。在远离大陆的英伦三岛，人们对饮茶的喜爱和讲究不亚于茶叶的发源地中国。

英国18世纪文学泰斗塞缪尔说："茶是思考和谈话的润滑剂。"爱尔兰著名剧作家萧伯纳说："红茶是产生我灵感的催化剂，当我提起笔来的时候，若无红茶相伴，便不会有一种清心安定的感觉。"英国浪漫主义诗人拜伦在其代表作《唐璜》中把茶称为"来自中国的泪水"。英国批判现实主义小说家狄更斯说"茶将永远成为知识分子所爱好的饮料"，在他的成名作《匹克威克外传》中86次提到了茶。1785年，几个英国自由党和保守党的成员打嘴仗，自由党成员集体创作了一首 The Roliad 的小诗，其中有几句如果用中国古诗体翻译一下就是：

> 茶叶色色，何舌能别？
> 武夷贡熙，婺绿祁红；
> 松萝功夫，白毫小种；
> 花熏芬馥，麻珠稠浓。

这首诗想表达什么已不大清楚，不过里面提到的茶叶名称却都很准确：武夷是福建绿茶，贡熙、麻珠是浙江平水产的珠茶，婺绿是屯溪绿茶，祁红是祁门红茶，松萝是徽州产的一种名茶，工夫、白毫和小种也是红茶，花熏是花茶。从这些可以看出，这些政客们不仅平时爱喝茶，而且对中国茶叶的不同品种相当"门清"。

不仅贵族和知识分子，所有百姓也都喜爱喝茶。在1863年由英国政府所作的国家饮食结构调查中，无论南方还是北方，也无论城市还是乡村，饮茶的普及率很高，其中370户农场主中有99%习惯喝茶，其他如纺织工、针线工、手套编织工、织袜工、鞋匠等低收入人群中喝茶也都很普遍。有人作过分析，这与英国人的饮食习惯和寒冷的气候有关，英国人喜欢吃肉和干面包，习惯冷食，喝茶不仅有助于消化，也有助于在较冷的天气里用喝茶替代一顿热乎乎的正餐。据18世纪末的一个统计，当时英国的工人每月要拿出10%的收入用来买茶叶和糖，只用2.5%去买酒，那时伦敦有茶馆2000多个，受饮茶的影响人们的膳食结构也发生了改变，在16世纪人们的早餐通常是面包和3片牛肉，到18世纪变成了黄油、面包和1杯红茶。

甚至有人认为，茶水消灭了细菌，还增加了营养，所以让近代以来人口出现大爆炸的同时又保持了很高的成活率。有的学者提出日本能够幸免19世纪几次大规模霍乱，正是因为他们有全民饮茶的习惯有关。英国人喜欢上饮茶正是工业革命开始的时期，城市人口膨胀，容易引发各种疾病，但由于人们喜欢饮茶，结果许多疾病减少甚至消失了。《世界千年经济史》的作者、英国经济学家安格斯·麦迪森（Angus Maddison）在分析欧洲人口问题时说，因为酒和茶替代了受到污染的水，才使得欧洲人口死亡率下降。

茶叶对英国人如此重要，而中国又是当时世界上几乎唯一的茶叶出国大国，英国必须每年从中国进口大量的茶叶，在一本叫《远征中国纪实》的书中写道："几个世纪以来，我们与中国的交往纯粹是商业上的。直到1840年，新的时代开始了，这个强大的东方国家与西方世界的人民发生了激烈的冲突。此前中国一直把西方当做半开化的野蛮人，用一种香草交换我们的产品，这种香草如今已经成为我们生活中的必需品，它的芬芳充满了使人欢快而不使人迷醉的茶杯。"据严中平《中国近代经济史统计资料选辑》提供的数据，18世纪以后英国对中国茶叶的进口量逐年攀升：1760～1764年进口茶叶货值80.62万两白银，占总进口量的91.9%，其后进口额逐年攀升，而茶叶所占的比重大致保持不变，到1820～1824年，英国从中国进口茶叶的货值达到了570.49万两白银，占总进口量的89.6%。

英国人既然如此离不了茶叶，他们为什么不自己种植茶树呢？这得从茶树的生长习性说起。茶树属山茶科、山茶属，是一种嫩枝无毛的灌木或小乔木，生长条件十分挑剔：一般只生长在土层1米以上、不含石灰石、排水良好的砂质土壤中；所在地区雨量平均且年降水量在1500毫米以上，不足和过多对茶叶的品质都有影响；光照不能太强也不能太弱，对紫外线有特殊嗜好；全年日平均气温10℃以上，最低温度不能低于-10℃。按照上面苛刻的条件，南纬16度以南和北纬30度以北基本退出了产茶区，即使个别地方有种植，品质也都不会太好。而在中间区域内也要受土质、雨量、光照甚至地形、海拔等因素制约，好的产茶区并不多。

据考证茶树发源于中国，以后有60多个国家引种，但大部分地区都不成功，目前世界上主要的产茶区有3个：亚洲的中国、印度、斯里兰卡和印度尼西亚；非洲的肯尼亚、马拉维、乌干达和坦桑尼亚；南美洲的阿根廷。根据 2002 年的统计，中国有茶园 115.25 万公顷，占世界总面积的 43.55%。18 世纪英国商人才开始把茶种带到印度试种，南美洲、非洲的茶叶种植还都未形成规模，茶叶几乎是中国独有的出口产品。

二、英镑的烦恼

因为茶叶，英国对中国这个东方古老的国家高度重视起来，这对中国人来说或许注定是一种不幸。

在国际贸易舞台上，一种商品就能左右两个经济大国的格局，这种状况在今天已经很难想象了，但在 18 世纪中英贸易中茶叶就轻松做到了。从 1770~1789 年，中英两国进出口贸易货值不断增加，其最明显的特点，就是中国对英国的货物出口量远远大于从英国的货物进口量，而这主要归功于茶叶（见表 1.1）。

表 1.1 中英进出口贸易价值及其指数
（1760~1789 年每年平均数） 价值单位：银两
指数：1780~1784 年平均 = 100

年度	进出口共计		进口		出口	
	银两	指数	银两	指数	银两	指数
1760~1764	1449872	42.8	470286	36.1	979586	47.0
1965~1769	3383534	99.9	1192915	91.6	2190619	105.1
1770~1774	3585524	105.9	1466466	112.6	2119058	101.7
1775~1779	3216242	95.0	1247471	95.8	1968771	94.5
1780~1784	3358277	100.0	1301931	100.0	2083346	100.0
1785~1789	9104271	368.9	3612763	277.5	5491508	263.6

资料来源：严中平，《中国近代经济史统计资料选辑》，北京科学出版社，1955。

一直到 18 世纪末中英两国的进出口贸易都很不均衡，英国处于严重的贸易逆差状态，而英国从中国进口的商品中茶叶通常占到了 80% 左右，最高时甚至超过90%。对英国来说,这种状况长期维持是一件不能容忍的事。

英国是个岛国,如同日本远离亚洲大陆一样英国也远离着欧洲大陆,在16世纪时英国的有效国土还仅限于英格兰,面积不过5万平方公里,而当时法国21万平方公里,德国13万平方公里,西班牙19万平方公里。至于中国,当时正处于明朝中期,有效控制的土地不少于700万平方公里。1550年英国的人口只有300万,这一年是明嘉靖二十九年,据《世宗实录》,嘉靖三十一年(1552年)曾搞过一次人口普查,中国总人口是6334.41万。但随后英国这个岛国便开始崛起:1588年英国击败西班牙"无敌舰队",树立了海上霸权;1640年英国爆发资产阶级革命,成为资产阶级革命的先驱;1649年5月19日英国宣布成立共和国;1688年确定了君主立宪制;1707年英格兰与苏格兰合并,成立大不列颠;1801年大不列颠又与爱尔兰合并。

18世纪中期英国人瓦特改良了蒸汽机,从而引发了一系列技术革命,使手工劳动向动力机器生产转变,这就是工业革命(The Industrial Revolution),也被称为"机器时代"(The Age of Machines)。大量新机器的使用极大地提高了生产效率,在1770~1840年间英国工人每个工作日生产效率提高了20倍以上。蒸汽机、纺织机、车床、钻机等新技术装备广泛使用后,带来的结果是产品生产成本的极大降低。以棉纱为例,1799年制造14先令的40支棉纱到1830年成本降到6.75便士,1882年降到3.5便士,100年里成本下降了97%。到1820年英国的工业生产总值已占到全世界工业生产总值的一半,从1801~1850年英国对外出口由2490万镑增长到1.75亿镑,增长了6倍多。1840年英国棉花消费量20.8万吨,比法国、美国、德国加在一起还多;原煤产量3600万吨,占全世界总产量的82.2%。在工业革命时代,钢铁的产量是一项反映综合国力的重要经济指标,在1790~1880年的90年时间里英国的生铁产量占主要资本主义国家总产量的40%~60%,英国当之无愧成为18世纪的"世界工厂"。生产出大量廉价商品,这些工业产品靠国内市场自然无法消化,至少一半以上依赖出口,其中纺织品出口依存度高达80%。

这时候的英国是严重"外向型经济"国家,保持贸易顺差对其十分重要,在19世纪贸易自由主义思潮兴起之前,英国的贸易政策一直表现出强烈的保护主义色彩，鼓励出口、限制进口，对于本国能够生产的产品一律通过高额关税等办法限制输入。对外贸易是英国的生命，是这个当时只有 1000 多万人口的岛国崛起为世界大国的前提条件，为了抢夺国外市场英国从来不吝惜他们的舰炮，它会毫不犹豫地为抢夺市场而与其他老牌欧洲大国开战。

来自中国的茶叶却无法在英国本土大量生产，国内的需求量又如此巨大。一开始英国试图用纺织品、工业品来平衡贸易，但收效甚微。英国出口的"拳头产品"是毛纺织品，其次是各种金属制品，由于其制造成本低廉，所以市场竞争力很强。但这些产品到了中国却表现得很差劲，尤其是毛纺织品，在中国市场严重"水土不服"，一直到 18 世纪末，垄断英国对华贸易的东印度公司在长期毛纺织品出口中都面临着亏损，以至于公司整体对华贸易也呈亏损状态（见表 1.2）。

表 1.2　　　　　　　　东印度公司输华商货的盈亏

（1775～1799 年每年平均数）　　　　　　价值单位：银两

年　　度	毛织品净亏（-）	金属品盈（+）亏（-）	印度产品盈（+）亏（-）	共计净亏（-）
1775～1779	-23788	+7989	+17512	-2831
1780～1784	-22456	+6754	-4849	-23199
1785～1789	-26284	-4443	+24829	-7906
1790～1794	-106187	+24746	+26703	-62141
1795～1799	-191552	+9772	+20687	-168099

资料来源：严中平，《中国近代经济史统计资料选辑》，北京科学出版社，1955。

有人认为，英国的毛纺织品虽然成本较低，但经过长途海运到达中国后仍然价格不菲，而中国人更喜欢自己生产的土布和丝绸，对毛纺织品并不习惯，因此打不开市场。但更深层次的原因是，千百年来中国的经济一向自给自足，中国人又崇尚节俭，毛纺织品被归入非生活必需的奢侈品行列，自然没有太大的市场。一位在中国生活了几十年的英国人说："中国不需要出口，他们可以没有对外交往而安然独处。中国有肥沃的土壤，能生产各种各样供食用的作物，中国的气候适宜各种果树的生长，中华民族几千年来把农业——提供衣食所需的产业放在一切行业之上，中国不仅有这些，还有更多。"这个外国人认为，中国有最好的粮食——大米，最好的饮料——茶叶，最好的衣料——棉布、丝绸和皮革，所以没有从外国进口商品的特别需求。

商品在中国卖不动，精明的英国商人为什么还要在几十年里坚持着这种交易呢？这是海外贸易特点所决定的，茶叶是一种重量轻但体量大的货物，运输茶叶需要大批商船，这些商船从英国海港出发远赴几千公里外的中国，返程满载而归，去程如果不捎上货物就成了空载。毛纺织品虽然不赚钱，但这是把运费也计算进去的结果，如果剔除运费，它多少还是赢利的。而不搭上毛纺织品，东印度公司的商船将亏得更多。

在大不列颠帝国的眼里，贸易和经济问题就是政治问题，解决不了就是军事问题，但他们面对的是拥有 4 亿人口的中国，其幅员之辽阔、历史之悠久令人仰视。13 世纪其铁骑席卷欧洲大陆还让人记忆犹新，而现在对这个国家所知甚少，充满了令人敬畏的神秘，所以英国人一开始没有选择战争，而是试图用经济、外交等手段解决贸易失衡问题。

英国对华贸易由东印度公司垄断，东印度公司依靠的是大大小小的中国行商，为推销毛纺织品，东印度公司一度实行了贸易份额制，也就是把收购茶叶与卖毛纺织品结合起来。马士在《东印度公司对华贸易编年史》中说，1727 年贸易季东印度公司的商船照例来到广州采购茶叶和生丝，与往年不同的是，他们与行商签订收购合同时规定必须按照合同金额销售一定数量的毛纺织品，东印度公司管理会后来公开提出："任何人和我们交易，都必须购买相应数量的货物。"

看来英国人确实急了，想出了"搭售"的损招，但这种"摊销"的办法对由市场造成的贸易失衡很难起效，更何况东印度公司不是清政府，对中国行商的约束力十分有限，公司内部也有许多人对这项规定给予抵制，贸易份额制收到的效果与其目标相差甚远。

在东印度公司输华商货盈亏表中，"印度产品"有所盈余，主要指印度产的棉花。与英国本土生产的毛纺织品不同，印度出产的棉花在中国颇受欢迎，英国商人只好把工业品运到印度市场销售，换回棉花，之后运往中国，再从中国采购茶叶和生丝。然而，英国、印度和中国组成的这个三角形贸易圈却并不稳固，从规模上看印度的棉花难以与中国的茶叶匹敌。为了克服巨额贸易逆差，东印度公司不得不让自己的商船来中国时带上大量的白银，这是中国茶商最喜欢的东西，当然也是英国人所喜欢的。英国实行金银复本位制，1812年又确立了金本位制，其中一项重要原则就是严格限制黄金、白银等贵金属外流，但现在没有办法，为了保证茶叶供应不中断，只好看着白花花的银子一船又一船运往中国。

从贸易份额制到用印度棉花对冲贸易赤字，都是英国人为解决中英贸易失衡进行的努力，但"世界工厂"面对"油盐不进"的中华帝国一时毫无办法，一直到19世纪初，中国广州口岸都处于白银入超的局面（见表1.3）。

表1.3　　　　　　　　广州白银流出入统计（1800～1833年度）　　　　单位：银两

年　度	白银流入量	白银流出量	白银出（＋）入（－）超
1800～1801	440103		－ 440103
1801～1802	1077130		－ 1077130
1802～1803	2508480		－ 2508480
1803～1804	4385614		－ 4385614
1804～1805	3727114		－ 3727114
1805～1806	2391840		－ 2391840
1806～1807	3006720		－ 3006725
1807～1808	2444400	2431490	－ 12910

资料来源：严中平，《中国近代经济史统计资料选辑》，北京科学出版社，1955。

一种商品创造不了整个世界，却有可能对世界的经济秩序产生决定性的改变，12～13世纪的胡椒与香料以及其后流行起来的酒和咖啡都具有这样的能量。美国政治家基辛格有句名言："谁控制了石油，谁就控制了世界。"对于17～19世纪的世界来说，茶叶就是石油，《茶叶战争》的作者周重林、太俊林认为，1820年之前中国依靠茶叶等贸易物品GDP　直排在全球第一，"是西欧十几个国家GDP总和的3倍"，正是有茶叶这样的硬通货才使晚清得以立足世界，吸引全球的贸易者。对中国而言茶叶是攻城略地的一把利器，它可以迅速捕获那些远在万里之外的人群，让他们一喝就上瘾，茶叶也是中国的一道无形长城，它可以御敌于国门之外，"1840 年鸦片战争前后，茶叶不仅是晚清行走世界的通行证，也是全球化贸易最彻底的物质"。

三、大清国的"贸易壁垒"

除此之外还有一个问题，至少英国人觉得特别重要，这就是通商政策问题。与明朝一样清政府初期也实行"海禁"，这主要缘于应对郑成功在东南沿海一带不断壮大的抗清势力。台湾收复后清政府才开海贸易，康熙二十三年（1684 年）颁布了开海令，次年宣布松江、宁波、厦门、广州等 4 地为对外通商口岸，分别设江海关、浙海关、闽海关和粤海关管理。对外国商人来说，4 亿人口的巨大市场只有区区 4 个通商口岸实在太少，有的英国商人甚至认为，本国产品技术先进、价格低廉，向来横扫天下，而到中国就不行了，原因不在产品来身而在于清政府的"贸易壁垒"。但其实，清政府此时尚未建立"国际贸易"这样的概念，也不懂什么叫"贸易制裁"，所实行的通商政策都是基于政治需要而考虑的。

清政府有足够的资本实行这样的贸易政策，清朝的官员们早已熟知茶叶和另外一种商品——大黄对洋人的重要性，有一位清政府的高级官员坚持认为："外夷土地坚刚，风日燥热，且夷人每日以牛羊肉作为口粮，不易消化，若无大黄，则大便不畅，夷人将活活憋死。故每餐饭后，需以大黄、茶叶为通肠神药。"另一位高级官员说："茶叶、大黄二种，尤为该国日用所必需，非此即必生病，一经断绝，不但该国每年缺少余息，日渐穷乏，并可制其死命。"大清国的茶叶你们离不了，所以你们不敢在自己国家里禁；你们的商品在大清国可有可无，所以要来做生意就得按我天朝上国的规矩来。

在这种情况下，想与清政府自由贸易还真不好办。尽管东印度公司进口中国茶叶获得了巨大利润，但在向中国出口方面总也打不开局面，因此承受的压力最大，他们反复向清政府争取，希望增加通商口岸，却一无所获。东印度公司的商人急了，干脆来硬的，在乾隆年间执意要去浙江的定海县设立新的贸易点。定海县虽属宁波，却不在清政府规定的通商区域内，对英国商人的冒险行事一向强硬的乾隆皇帝给予直接回击：把松江、宁波、厦门等3个口岸撤销，只保留广州1个口岸。

乾隆二十四年（1759年）朝廷又颁布了《防范外夷规定五条》：禁止外国商人在广州过冬，外国商人只准每年5、6月间进入口岸，9、10月离开回国，或者居住于澳门；外国商人到广州只准居住在洋行，由行商负责稽查管束；禁止中国人借外商资本或受雇于外商；外商不准雇中国人向内地传递信息；外国商船进泊黄埔，由广州水师负责弹压稽查。这几条算是把外商彻底管死了，让他们叫苦不迭。广州虽为通商口岸也不能随意开展贸易，清政府设立了著名的"十三行"，作为与外国商人贸易的指定商号，除了做生意还负责约束和监视外商。

美国近代史学者泰勒·丹涅特（Tyler Dennett）在《美国人在东亚》一书中指出，当时所有在中国的外国人都严格地限制在3个地方：一是葡萄牙和中国人会同管理下的旧葡萄牙租借地澳门；二是省河下游12英里粤江的停泊所黄埔，这是外国船集中停泊的所在；三是广州城外的商馆或商行。按照规定，外国商船要到广州做生意必须先到黄埔，要去黄埔又必须先到澳门办理有关证件，外商到了广州，也只能跟"十三行"进行交易，所有过程都要被这些行商随时掌控。很多外国商人认为东西卖不出去根本问题出在清政府的贸易政策上，英国政府为此多次试图通过外交手段打开局面，早在1787年英国政府就曾派使臣来中国，就增加通商口岸等事项进行交涉，但使臣中途病故，此事未果。到1793年，经过一番精心准备，英国使臣再次上路了。

这位使臣名叫乔治·马戛尔尼（George Macartney），曾任印度马德拉斯总督和爱尔兰事务大臣，还曾代表英国政府赴俄国与叶卡捷琳娜二世商谈结盟事宜，外交经验丰富。马戛尔尼此行肩负3个任务：一是像葡萄牙人那样在中国获得一处类似于澳门的租借地；二是增加通商口岸，减少在广州的通商限制；三是在北京设立外交机构，派驻公使。

这一年是乾隆皇帝八十大寿，马戛尔尼打着为乾隆祝寿的名义而来，随行带来大批贺礼，包括前膛枪等武器、望远镜、地球仪等天文学仪器、钟表和一艘英国最先进的 110 门炮舰模型等，总价值 7.8 万英镑。现在一名中国孩子跑到英国上大学，读完本科学费、生活费加起来 10 万英镑都不够，但这是现在，当年英镑相当值钱，因为 1 镑含 7.32238 克纯金，7.8 万英镑相当于 571 千克黄金，按照现在的市价超过 1.5 亿元，而按相等的购买力估算这个数字会更高，有人认为相当于现在的 30 亿元。

马戛尔尼的副手、植物学家乔治·斯当东（George Staunton）在《英使谒见乾隆纪实》中记述了此次出使的经过。他们一行路上还算顺利，于 1793 年 8 月 5 日乘船抵达天津白河口，之后换小船进入大沽，受到直隶总督的欢迎。8 月 9 日由大沽赴北京，路过通州时与中国礼部官员发生了礼仪争执。9 月 13 日使团抵达热河，向清政府代表和珅递交了国书，并就礼仪问题再度发生争执。

所谓礼仪争执，是清政府视马戛尔尼等人为"贡使"，所以要其行三拜九叩之礼。只在上帝面前下跪的欧洲人不理解这种礼仪，马戛尔尼认为自己是英王特使，代表英王本人，不能行叩拜大礼，如果一定要三拜九叩，那清政府也得派出与他同级别的官员对着英王的画像行三拜九叩大礼。这场礼仪之争最后以双方妥协而解决，乾隆同意马戛尔尼以"免冠鞠躬屈一腿"的礼节觐见。在随后的接见中马戛尔尼一口气提出了 7 项扩大通商的请求，包括：开放宁波、舟山、天津、广州之中一地或数地为贸易口岸，允许英国商人在北京设一仓库以收储发卖货物，允许英国政府在北京设立使馆，允许英国在舟山附近一岛屿修建设施作为存货及商人居住之所等。

之前英使递交的国书中对这些要求都有载明，但负责接洽的清政府官员不想因这些"琐事"扰了皇帝的兴，通过翻译这个环节把国书改得面目全非，呈给乾隆的国书只谈祝寿和进贡，别的一概没提。乾隆当面听马戛尔尼说完，竟毫无思想准备，心里相当不悦：敢情这伙洋人不是来祝寿的，伸手要这要那，胃口还实在不小！不过这位年过八旬的"十全武功"皇帝还算给面子，没有立即下令将马戛尔尼一行逐回，而是派大臣对其"详加开导"，对所提之项则全部驳回。马戛尔尼失望而回，他的一名随员后来说："我们的整个故事只有三句话：我们进入北京时像乞丐；在那里居留时像囚犯；离开时则像

套牢中国：大清国亡于经济战

小偷。"

乾隆怕马戛尔尼回去不如实禀报，先后两次以"敕谕"的形式告知英国方面拒绝所提各事及其理由，包括炮艇模型在内的寿礼乾隆只看了一眼就命人贴上封条存于内库。1860 年英法联军攻入北京，在圆明园的库房中还见到过这件模型，封条完好，60 多年里没人碰过。

但此行英国人并非一无所获，在某种意义上他们的收获是巨大的。在此之前欧洲人对中国所知甚少，很多认识还停留在 13 世纪意大利人马可·波罗所撰写的游记里。此次出使英国人做足了准备，使团里除外交人员外还有各种专家，包括哲学家、医生、机械专家、画家、制图家、植物学家、航海家以及有经验的军官，他们一路走、一路记，所写的回忆录成为欧洲了解和研究清朝的珍贵资料。

在马戛尔尼和随员眼里，所谓"康乾盛世"不过是一个神权专制的帝国，充其量只是"一座雄伟的废墟"，任何进步在这里都无法实现，人们生活在暴政之下，生活在"怕挨竹板的恐惧之中"，"他们给妇女裹脚，残杀婴儿""他们胆怯、肮脏而且残酷"，在马戛尔尼的回忆录中有一段很著名的话：

中华帝国只是一艘破败不堪的旧船，只是幸运地有了几位谨慎的船长才使它在近 150 年间没有沉没。它那巨大的躯壳使周围的邻国见了害怕。假如来了个无能之辈掌舵，那船上的纪律与安全就都完了。但是这艘破败不堪的旧船将不会立刻沉没，它将像一个残骸那样到处漂流，然后在海岸上撞得粉碎，但是它将永远不能修复。

30 亿元豪华大礼虽然没把正事办成，却摸清了大清国的底。不过，这次外交努力的失败让英国政府很丧气，相当长时间里没再派使臣来中国。拿破仑战争结束后英国势力大增，大概他们认为在世界上说话的分量更足了，于是在 1816 年又派特使来到中国。

这位特使名叫威廉·阿美士德（William Amhers），曾任英国驻那不勒斯宫廷使节，此行的任务主要是敦请清朝废除公行制，多开商埠以及进行自由贸易等。1816 年 8 月 13 日阿美士德一行到达天津，清政府派工部尚书苏楞额前来接洽，此时乾隆皇帝已经驾崩，继位的是嘉庆皇帝，双方还未进入正题，又在外交礼仪上发生了争执。清政府仍要求阿美士德觐见嘉庆皇帝行三拜九叩的大礼，阿美士德只愿以"脱帽3次加鞠躬9次"代替，双方谈不拢，一度陷入僵持，最后阿美士德同意"单膝下跪低头3次并重复动作3次"代替三拜九叩，嘉庆皇帝才勉强同意接见。

哪知后面又起了风波，阿美士德突然接到通知，嘉庆皇帝决定8月29日在颐和园接见他们，当时他们还在通州，那时没有地铁，路还挺远，阿美士德立即赶路，终于在29日凌晨到达北京。但此行仓促，载有官服与国书的车辆还未到达，阿美士德要求稍等，礼部官员不同意，阿美士德态度坚决，这难坏了礼部官员，他们向嘉庆谎称英使生病，嘉庆认为英使目无圣驾，一怒之下取消接见，下令将英使一行驱逐出北京。后来嘉庆知道了实情，怒气才消，下令酌收了一些英使带来的礼物，又"赏赐"给英王一些中国珍玩，并破例允许使团沿大运河南下返程，而阿美士德此行肩负的使命又一件没谈成。

此行唯一值得说的是，1817年3月在返回英国的途中阿美士德经停了大西洋上的圣赫勒拿岛，这里囚禁着2年前在英法战争中失败的拿破仑，阿美士德在此与拿破仑有过一番谈话，话题自然说到了不成功的中国之行，法国作家阿兰·佩雷菲特（Alain Peyrefitte）在《停滞的帝国》一书中详细描述了谈话的过程。

关于礼仪之争，拿破仑对英国人的做法显得不以为然："不管一国的习俗如何，只要该国政府的主要人物都遵守它，外国人入乡随俗就不算丢脸。在意大利，您吻教皇的骡子，但这并不视为卑躬屈膝。"为了使自己说的道理更明确，拿破仑甚至用了"粗俗"的说法："如果英国的习俗不是吻国王的手，而是吻他的屁股，是否也要中国皇帝脱裤子呢？"拿破仑一面说一面做动作，不停地哈哈大笑。

阿美士德认为外交努力看来是徒劳的，只有用武力才能敲开中国的大门，让中国皇帝知道打开国门对双方都有好处，拿破仑对此相当蔑视："要同这个幅员广大、物产丰富的帝国作战是世上最大的蠢事，开始你们可能会成功，你们会夺取他们的船只，破坏他们的军事和商业设施，但你们也会让他们明白他们自己的力量。他们会思考，他们会建造船只，用火炮把自己装备起来。他们会把炮手从法国、美国甚至伦敦请来，建造一支舰队，把你们打败。"

另外，也有人说拿破仑那句关于中国是"一只睡眠中的狮子"的名言就是出自这次与阿美士德的谈话。

四、为什么"闭关锁国"

清政府虽然有海关，但那是"四口通商"或"一口通商"，在对外贸易上又设定了诸多严苛的限制，所以被认为是"闭关锁国"。无独有偶，这一时期中国近邻许多亚洲国家也都如此，除已沦为英国殖民地的印度外，越南、朝鲜以及明治维新前的日本都采取的是这种政策。

当时一部分西方学者认为，之所以实行这种政策是因为这些国家的统治者担心国门打开后领土主权受到侵犯，同时担心本国人与外国人交往太多会危及自身统治。这种担心当然也有道理，自16世纪以来，西方殖民者加紧向东亚国家渗透扩张而加剧了双方的对抗情结。1571年西班牙人占领了菲律宾，之后到福建一带通商，对中国产生了野心，有人声称有5000西班牙人就能征服中国，至少也能征服东南沿海各省。17世纪荷兰人两度强占澎湖列岛，后来又攻占台湾。这些过往的经历不能不让人警惕，就连东印度公司在广州的一位大班都说："我们同中国的早期贸易显露出生意做得很不规矩，并且把英国人的品格也表现得很不好，葡萄牙人、西班牙人、荷兰人和英国人初次出现在中国沿海一带是一群孜孜为利而不择手段的人。"

但这样做无疑是一种不自信的表现，清政府一向以"天朝上国"自居，视他国为藩邦、蛮夷，从来都很自信。于是有人说，清政府缺乏世界眼光，西方人早期渴望与中国实现自由贸易，如果抓住这个机会主动打开国门，也就不会出现后面被列强凌虐的事情了。持这种观点，一来是不了解西方殖民主义的本质与过往，二来是不了解东方封建王朝的统治模式与特点。

殖民主义（Colonialism）指强国向它所征服的地区移民，并采取军事、政治和经济手段占领、奴役和剥削弱小的国家和落后地区。近代殖民主义时代开始于 16 世纪初，当时欧洲人发现通往印度洋和美洲的航路，不仅世界贸易的格局发生了变化，贸易的形式也随之改变，葡萄牙改变了纯贸易的政策，开始征服商路上的据点，修筑防御工事、配置军队，确保其贸易的畅通。海外殖民促成了西方资本主义的原始积累，早期的西方殖民者一般采取的是赤裸裸的暴力手段，通过武装占领、海外移民、欺诈性贸易和血腥的奴隶买卖等进地侵夺。到了自由资本主义时期，殖民的形式发生了变化，西方强国把不发达国家和地区变成自己的商品市场、原料产地以及廉价劳动力的来源地，但无论形式如何变化，侵略和剥削的本性都没有变，所谓自由贸易，与海盗式掠夺并无实质不同，只要国门被打开，殖民者的势力和影响力就会逐渐渗透进来，时机成熟时一样会变成冲垮殖民地国家的洪水。

当时清朝统治者的思路或许还不是这样的，他们对英国这样的西方国家还所知甚少，对于它的潜在威胁认识并不充分，坚持"闭关锁国"的政策更多的是出于本国政治的考虑。经济基础决定上层建筑，有时也可以反过来印证：一种政治体制确立并长期稳固，自然会有与它配套的经济模式。对于已立国近 200 年的清王朝来说，封建集权是它的政治体制，而重农轻商的自然经济就是与它配套的经济模式，这种经济模式又决定了"闭关锁国"的必然性。

在中国战国之前商人的地位还是比较高的，西周实行工商食官制度，周王室和诸侯设有官府管理的手工业作坊，齐桓公任用商人出身的管仲担任国相，范蠡、子贡、吕不韦等都是著名的商人。战国中期以后情况开始改变，先是韩非等法家主张抑制商业，韩非认为商人本身不创造财富，是"邦之蠹也"，他首次提出农是"本"，商是"末"，要"重本轻末"。紧接着商鞅在秦国变法，把法家"重本轻末"的主张通过一系列制度推行下去，影响了其后 2000 多年的历史。

不重视商业是秦汉之后中国历代经济政策的主基调，期间虽然也有过政策的调整和改变，商业也曾断续地得到过一些发展甚至繁荣，比如唐诗中有"客行野田间，比屋皆闭户；借问屋中人，尽去作商贾"的句子，但那些都是特定历史条件下出现的，相对于 2000 多年的历史长河是短暂而零散的。对古代大多数商人来说，如果只是不受重视那还算是幸运的，出于抑制商业发展的目的，有许多时候他们受到的不止是轻视和怠慢，还有打压甚至侮辱。

秦朝称商人为"贾人"，编户管理，一入市籍三代都不能改，政府征发戍边，他们是首先被遣戍的对象，地位形同罪犯；汉初立"七科谪"，规定有7类人不享有正常的人身权利，国家可以随时把他们发配充军，这7类人中除罪吏、亡命、赘婿之外的4类人指的就是商人及其子孙；晋朝法律规定商人在市场里做买卖必须在额头上贴着写有自己姓名及所卖货物名称的帖子，不仅如此，还规定他们"一足着白履，一足着黑履"，公然进行人格羞辱；前秦法律规定商人家的女人不得穿戴"金银锦绣"，犯者弃市；唐朝法律规定商人不准骑马；明朝法律规定"农民之家，但有一人为商贾者，亦不许穿袖纱"。

在中国古代商业活动往往会受到诸多限制，商鞅变法禁止商人从事粮食贸易，"使商无得粜，民无得籴"；汉初继续秦朝的抑商政策，对商人"重租税以困辱之"；汉武帝向商人征收"算缗钱"，规定商人每2000钱财产须缴120钱作为财产税，普通人一部车缴120钱财产税、商人要缴240钱，5丈以上的船只每艘缴120钱，这项重税受到大部分商人的抵制，汉武帝又颁布了"告缗令"，鼓励互相揭发偷税行为，以偷漏税款的一半作为奖金；宋元时期不仅对商业税按高比率征收，而且名目越来越多，宋代严禁出海贸易，明、清也都颁布过"禁海令"，限制商业活动的范围。

中国古代经历过至少10多个重要王朝的更迭，一个王朝新兴，首先想到的是如何总结前代失败的教训，对包括经济政策在内的大政方针进行调整，以免再走弯路，但无论被认为相对成功的王朝还是速亡的政权，在经济的总体政策取向上都坚持了"重农轻商"这项基本国策，显然这不是偶然的。

首先，中国传统观念中素有"重义轻利"的观点，这是"重农轻商"的思想基础。最早的儒家虽然不贬斥商业，但他们主张"重义轻利"，《论语》说"君子喻于义，小人喻于利"，《孟子》说"为富不仁"，这些思想经过发展，逐渐形成了一套轻视商业和商人的价值体系，人们以读圣贤书继而入仕为人生的正确规划，大多数人往往是在不得已的情况下才会去从事商业活动。

其次，在封建集权体制看来农业较商业更具有稳定性。"重农轻商"政策缘起于战国，当时耕战思想占据治政思想的主流，韩非认为如果商人得势，既有钱又有地位，那将对耕战之士不公平。《吕氏春秋》更道出了统治者的心里话："民农则朴，朴则易用，易用则边境安，主位尊。"商业活动会增加人员、物资的流动，在相对封闭的大一统社会里，流动性的增加意味着增加了新的不稳定。同时，在统治者看来商人还危害到封建等级制度，也是俭朴的社会风尚走向荒淫奢侈的破坏性力量，所以对商人无不保持高度警惕。

再次，重视农业也是封建土地私有制造成的。在封建土地私有制下，皇帝是名义上天下土地的总拥有者，但实际上土地的所有权在皇帝及其以下大大小小的地主手中，获得地租是维持政权及地主阶层生活的主要来源，所以必须把足够的人口牢牢拴在土地上。然而，同样是古代，为什么春秋以前对商人并不排斥甚至出现过"崇商"呢？这也与土地制度有关。春秋之前土地虽然也是私有制，但是奴隶主私有制，农奴不同于农民，他们没有多少自由，包括经济活动的自由，商业对稳定政权的种种不利在奴隶制度下并不存在。类似的情况也出现在封建社会的欧洲和德川幕府时期的日本，当时他们那里封建主阶层统治下的农民更像农奴，在哪里居住、在土地上耕种什么都有严格规定，国家对人既然能控制到这种程度，也就没有必要专门去限制商业活动了。

对中国来说，长期奉行"重农轻商"的经济政策还与独特的地理环有关。中国幅员辽阔，先民们很早就生活在黄河、长江流域，魏晋之前主要经济带尤其集中在长江以北，这里以平原为主，四季分明，物产丰富，可以满足人们的基本生活需求，又因为物产的地域性差异不明显，所以物资交流的依赖性不高，早期商业活动往往以奢侈品为主，而不是生活必需的粮食等物资。反观欧洲早期实行重商主义的希腊、罗马等文明古国，都处在半岛上，境内多山，物产有限，只有通过贸易才能保证生活所需，从而形成了重商的传统。

因此，重视农业、轻视商业的传统在中国有着深刻的政治、文化以及地理原因，它稳定了农业的发展，保证了大一统王朝的延续，使中国成为世界四大文明古国中唯一没有中断过历史的国家。但这种政策也有消极的一面，它造成经济结构的单一，一直到资本主义开始萌芽的明代，农业在中国经济结构中的占比仍高达90%以上，而西方国家普遍降到了50%甚至更低，明朝中后期是中国经济转型的关键阶段，遗憾的是中国没能完成这个转型。

"重农"保证了自然经济条件下的自给自足，"轻商"使内外贸活动都在严格限制之下。到了清朝，轻商的思想在对外贸易方面发展成了"抑商"，也就是"闭关锁国"，它所体现的不仅仅是《防范外夷规定五条》中的那些规定，据学者陈东林等人的归纳，清朝"闭关锁国"至少包括以下内容：对国产货物出口实行限制，粮食、铁及铁器、硫黄、硝等严禁出口，丝及丝织品、茶叶、大黄的出口量实行限制；严格限制中国商人制造海船，对造船规模、造船专业化控制严格；长期实行"禁海"，对出国华商及海外华侨出海的手续要经过申请、具结、取保、船只连环保结、舵水人等连环保结等繁琐环节；禁止中国史书出洋，禁止中国人教外人汉文和国人学习外语；由行商垄断对外贸易，同时对为数不多的行商进行刁难和打压。

五、中英贸易的拐点

正常的贸易战打不过，外交努力也失败了，现在英国人只能看着白花花的银子源源不断地流向中国，这让东印度公司承受的压力越来越大，这家被英王和议会授予贸易垄断权的公司因为无力制止对华贸易逆差而受到越来越多的质疑。

东印度公司（British East India Company）创立于1600年，最初的名称是伦敦商人在东印度贸易的公司，也称约翰公司（John Company），简称BEIC或HEIC，由一群有创业心和影响力的商人组建，一开始公司有125个持股人，股金为7.2万英镑。1600年12月31日，该公司获得了英国伊丽莎白女王授予的对东印度地区的贸易垄断权。

"东印度"是与"西印度"对称的地名，1492年哥伦布发现了美洲，当时误认为那里就是印度，所以后来的欧洲殖民者把南北美大陆间的群岛称为西印度群岛，而把亚洲南部的印度和马来群岛称为"东印度"。东印度公司获得的贸易垄断权并不仅限于印度和马来群岛，根据英国女王的特别授权书，东印度公司贸易垄断权范围包括好望角以东、麦哲伦海峡以西的整个印度洋和西太平洋广大区域，绝对多数亚洲国家都在其范围内。

贸易特别垄断权是指，在该区域内英国商人要从事贸易活动必须经过东印度公司的批准，接受东印度公司的管理，东印度公司则通过税金、特别捐款等形式回报政府。如前所述，东印度公司在对华贸易方面呈现出巨大的不平衡，在进口方面，由于垄断了茶叶的贸易，东印度公司控制了英国甚至欧洲的茶叶市场，伦敦市场上茶叶价格的高低基本上取决于东印度公司在广州口岸待运茶叶数量的多少，茶叶在为东印度公司创造巨额利润的同时也为英国政府创造了巨额税收，据英国人迈克尔·格林堡（Michael Greenburg）《鸦片战争前的中英通商史》，英国政府从茶叶贸易中征收的税款每年高达数百万英镑，"提供了英国国库收入的1/10左右"。但在出口方面，英国出产的毛纺织品、金属制品却难以在中国打开市场，毛纺织品贸易连年亏损，金属制品等工业产品市场微不足道。正在东印度公司为严重的贸易失衡而备受煎熬的时候，鸦片贸易的兴起改变了局面。

鸦片是一种用罂粟汁液制成的毒品，中国人对罂粟并不陌生，它原产希腊，唐代便由阿拉伯人带到扬州、广州等地，作为治痢疾的药物使用，唐代诗人郭震有一首《米囊花》的诗，诗中写道："开花空道胜于草，结实何曾济得民。却笑野田禾与黍，不闻弦管过青春。"

罂粟一名米囊子，故名其花为米囊花，被认为是名贵稀有的佳花名木，明代文学家王世懋在《花疏》中写道："芍药之后，罂粟花最繁华，加意灌植，妍好千态。"明代旅行家徐霞客在贵州贵定白云山下看到过一片红似火的罂粟花，大为惊奇，他在游记中写道："莺粟花殷红，千叶簇，朵甚巨而密，丰艳不减丹药。"宋代还把罂粟当补品，苏轼写过"童子能煎罂粟汤"的诗，明清以后的医书《本草纲目》《医林集要》《普济方》《医鉴》等均记载其药用功效，李时珍在《本草纲目》中说：

阿芙蓉前代罕闻，近方有用者。云是罂粟花之津液也。罂粟结青苞时，午后以大针刺其外面青皮，勿损里面硬皮，或三五处，次晨津出，以竹刀刮，收入瓷器，阴干用之。

以前人们通常煎服罂粟的果实或壳，如宋人称其果实为"御米"，拿来煮粥，其毒性尚小。而鸦片是罂粟的制成物，将罂粟的白色乳汁干燥凝固，之后经过烧煮和发酵制成，用专门的烟枪吸食，毒性大增，又极易产生依赖性。据《明会典》记载，爪哇、榜葛利等国都曾进贡过乌香，也就是鸦片；俞正燮《癸巳类稿》记载明朝成化年间市面上已有人贩卖鸦片，价格几乎与黄金差不多；明神宗朱翊钧晚年怠于朝政，据《明神宗实录》，朱翊钧曾颁谕旨称"朕自夏感受湿毒，足心疼痛，且不时眩晕，步履艰难"，符合乌香中毒的症状。

但总体来说，一直到清朝中期以前罂粟在中国只有零星种植，社会上也未形成鸦片泛滥的局面。直到印度成为英国殖民地后，英国人发现可以在印度大量种植罂粟，在这里制成鸦片后销往中国，鸦片在中国才泛滥起来。东印度公司首先在印度东北部恒河流域种植罂粟，所制成的鸦片称孟加拉鸦片，之后又诱使印度西北部各土邦种植罂粟，所出产的鸦片称为"白皮"，之后通过各种渠道把这些鸦片运往中国。

关于鸦片有组织地大规模进入中国的时间，一般认为是乾隆三十八年（1773年），那一年输往中国的鸦片大约在1000箱，据龚缨晏《鸦片的传播与对华鸦片贸易》统计，这一数字很快不断攀升：1800年，接近了2000箱；1810年，急速攀升至4500箱；1825年，接近8000箱；1830年，超过了16000箱；1836年，又超过了20000箱。综合统计，1840年之前输入中国的鸦片总量超过40万箱，来自孟加拉的鸦片每箱120斤，来自麻尔洼和土耳奇的鸦片每箱100斤，售价方面如果以西班牙元统一结算，孟加拉鸦片在18世纪时每箱200～600西班牙元，19世纪时每箱约1200西班牙元，按照以上数量和价格进行推算，1840年前输入中国的鸦片货值约2.77亿西班牙元。

当时1西班牙元约合0.72两白银，也就是说仅1840年前中国人为了吸食鸦片就至少耗费了2亿两白银，这一数字也得到了另外的印证。

这样一来，鸦片就代替了印度棉花成为东印度公司平衡中英贸易的有力武器：把工业品输往印度，换来印度出产的鸦片，把鸦片运往中国，换回英

表 1.4　　　　　　　　　中国消费鸦片量值的估计

（1816～1837 年度）　　　指数：1819～1820 年 = 100

年　度	数　量		价　值	
	箱	指　数	元	指　数
1816～1817	3698	77.4	4084000	70.5
1817～1818	4128	86.4	4178500	72.1
1818～1819	5387	112.7	4745000	81.9
1819～1820	4780	100.0	5795000	100.0
1820～1821	4770	99.8	8400800	145.0
1821～1822	5011	104.8	8822000	152.2
1822～1823	5822	121.8	7989000	137.9
1823～1824	7222	151.1	8644603	149.2
1824～1825	9066	189.7	7927500	136.8
1825～1826	9621	201.3	7608200	131.3
1826～1827	10025	209.7	9662800	166.7
1827～1828	9525	199.3	10425190	179.9
1828～1829	14388	301.0	13749000	237.3
1829～1830	14715	307.8	12673500	218.7
1830～1831	20188	422.3	13744000	237.2
1831～1832	16225	339.4	13150000	226.9
1832～1833	21659	453.1	14222300	245.4
1833～1834	19362	405.1	12878200	222.2
1837～1838	28307	592.2	19814800	341.9
十九年共计	213899	—	188514393	—

资料来源：严中平，《中国近代经济史统计资料选辑》，北京科学出版社，1955。

国市场迫切需要的茶叶。自从有了鸦片，英国人再也不需要把一船又一船的白银运往中国了。中国从原先的白银净流入国变成了净流出国。这个转折具体发生在哪一年不太好考证，因为对鸦片贸易，正规的海关渠道无法反映其真实数字，而只能结合其他材料进行估算，一般公认 1820 年前后是发生转变的时刻。

六、国家利益，私人"分肥"

在东印度公司商人眼里鸦片不再是毒品，也不是普通的商品，而是国家战略层面的特殊物资，如何确保鸦片能够源源不断地输往中国成为他们最关心的事。事实上做这件事是有相当难度的，因为清政府早有明确规定：禁止鸦片贸易。

康熙朝，鸦片作为药材可以进口，需征收关税，一些外商便以南洋为基地向中国贩运鸦片，造成吸食鸦片的人越来越多，产生了一些社会问题，所以雍正七年（1729年）清政府正式颁布了《兴贩鸦片及开设烟馆之条例》，其中规定：

> 兴贩鸦片烟照收买违禁物例，枷号一个月，发边卫充军。若私开鸦片烟馆，引诱良家子弟者，照邪教惑众律拟监候，为从杖一百，流三千里。船户，地保，邻右人等俱杖一百，徒二年。如兵役人等藉端需索，计赃照枉法律治罪。失察之讯口地方文武各官，及不行监察之海关监督，均交部严加议处。

这是世界上第一份政府颁布的"禁烟条例"，它明确了与鸦片有关的两项罪责：一是贩卖鸦片罪，二是引诱他人吸食鸦片罪。条例还强调了对有关监管官员的问责，但这份条例没有看到外国不法商人向中国蓄意贩运鸦片才是问题的根源，在这方面没有加以强调。

到乾隆朝，鸦片问题更加严重，乾隆皇帝对鸦片的治理有所疏忽，他的儿子嘉庆皇帝继位的当年就颁布谕旨，禁止从外洋输入鸦片，禁止国内种植罂粟。嘉庆在位20年间曾先后10次颁布过严禁鸦片的谕旨，在这些谕旨里都把查禁的重点指向了鸦片的海外走私，并加重了对吸食鸦片者的刑事处罚。

随后继位的就是道光皇帝，名爱新觉罗·旻宁，嘉庆皇帝的次子，于1820年继位，当时38岁，这时清朝已由盛转衰，他颇有奋励图志之志，试图扭转清廷国运，有人也称他为"小康熙"。这位"小康熙"继位的当年接到广东方面的报告，说查获了澳门屯户叶恒澍贩卖鸦片，他亲自过问，立即下令断绝澳门与黄埔间的交通。外商要到广州做生意第一关是澳门，第二关是黄埔，断绝二者之间的交通意味着广州海关对外贸易的暂时中断，也意味着整个中国官方对外贸易的暂时中断。

这次对外贸易中断竟达 2 个月之久，相关中外商户损失之大无法估量，道光皇帝大概是想用这种异乎寻常的严厉方式提醒众人，在他执政期间鸦片这种东西最好别碰。叶恒澍一案最后得到彻查，"十三行"受到严厉追究，道光皇帝重申了行商对外国商人的监督察看责任，强调行商有担保之责。

这一年道光皇帝重新颁布了禁烟谕旨，规定开烟馆的将处以绞刑，贩卖鸦片的判充军，吸食鸦片的处杖刑，刑罚较前代大为升级。其后道光皇帝又不断颁布谕旨，一再重申对鸦片实行禁绝：道光二年，严禁海上稽私的水师官兵私放鸦片船及偷漏银两；道光三年，颁布《失察鸦片烟条例》，重申偷漏卖放禁令；道光九年，颁布《查禁官银出洋及私货入口章程》，命两广总督等妥议截禁鸦片来源及严禁洋钱流通章程；道光十年，颁布《查禁鸦片分销章程》，命内阁通谕各地严禁内地种卖鸦片；道光十一年，颁布《严禁种卖鸦片章程》，命两广总督确查外船囤积私销鸦片积弊并酌议杜绝办法；道光十三年，命各省督抚严防外国船只侵入内地洋面；道光十四年，命闽浙总督等妥善斟酌肃清洋面之策。

所以，认为晚清皇帝个个都很昏庸、都置国家利益于不顾坐视鸦片横行是不准确的，认为他们在鸦片走私贸易中坐收渔利、得了多少多少好处更是天方夜谭，从雍正到嘉庆再到道光，个个都是"禁烟皇帝"，而后面的咸丰比他们还激进。

问题是，中国的事向来"皇帝急、太监不急"，上面再严厉也没用。对清政府严禁鸦片贸易的政策东印度公司很快就找到了破解办法，他们不公开出面，而是在印度、孟加拉等地把鸦片拍卖给散商，再通过散商运往中国。

化整为零后办法就容易了，一个办法是走私，大船不方便就利用趸船把货偷偷运上岸，先后在珠江口一带的燕子湾、黄埔、零仃洋等地形成规模宏大、半公开的鸦片交易市场。查禁走私是水师的职责，搞定他们也比较容易：

花钱。

广东水师有个叫韩肇庆的军官在查办走私案中经常立功，接连升官，后来大家发现了他的秘诀，原来他与烟贩子勾结，烟贩子从每1万箱中抽出200箱给他作酬劳，他拿出100箱上交，作为查没成绩，另100箱落入自己的腰包。龚自珍在《古史钩沉论》中说，广东水师员弁"其岁得入自粮饷者百分之一，得自土规者百分之九十九"，这个说法或许有些夸张，但大体是实情。其实不仅处于"禁毒一线"的广东水师，鸦片形成规模化走私后各地方也都深得"好处"。据清政府官修的对外关系档案《三朝筹办夷务始末》，自广东以至各省沿途关口，"转于往来客商，藉查烟为名，恣意留难勒索"。

除了走私，烟贩们还通过行贿海关官员的方法直接进口鸦片。清政府的粤海关身处对外贸易最前沿，上至海关监督下到普通差役都成为烟贩子围猎的目标，整个海关几乎全部"沦陷"，道光八年（1828年）粤海关向户部呈报的关税与外商自己的统计数目出现了严重不符（见表1.5）。

表 1.5 　　　　　　　　粤海关呈报关税与外商统计的差异情况

道光八年	粤海关呈报收税 1441924 两
	外商统计 4042032 两
	差数 2600108 两

资料来源：王栻，《薄俸与陋规》，1944年《文史杂志》第3卷。

海关官员贪污可以想象，但贪污了2/3税款则是万万不能想象的，相信外商的统计数才是真实的，这个"你懂得"。

这还是正规渠道，私下的贿赂更无处不在，撰写《中华帝国对外关系史》的美国人马士曾在大清海关总税务司任职，据他的讲述，1815年在澳门的外商曾联合创建过一个"贪污基金"，对在澳门出售的鸦片每箱征收40西班牙元，专门用来行贿清政府各级官员，该基金"以公开的方式收取"。清政府广东海关监督是公认的"肥缺"，马士说："他任内第一年的净利是用来得官，第二年是用来保官，第三年用来辞官和充实自己的宦囊。"费正清在《剑桥中国晚清史》中也提到，广州的行商于1775年建立过一种秘密基金，东印度公司后来称之为"公所基金",要求每个成员把贸易利润的10%交作基金,"在必要时用来应付官吏的勒索"。1780年"公所基金"开始公开向外国进口货征收3%的"规礼",相当于一笔附加税,名义上是用来保证行商能偿还外商的欠款。对这笔基金的使用情况,《剑桥中国晚清史》写道:

> 在1807年,公所向皇帝纳"贡"银55000两;为帝国的军事行动捐银61666两;为黄河水灾善后和镇压沿海海盗捐银127500两;向户部官员馈银5400两;为购置钟表和打簧货(即百音盒和机械玩具,当时这些东西是"官吏向其京城上司行贿的公认的手段")付银200000两。行商确切付出了多少款项已无从知悉,但东印度公司经查明者,在1807年和1813年之间从公所基金中至少公开支出了总额4988000两银子。

西方政治中有"分肥"(Pork-barrel)一说,或称"政治分赃",指议员在法案上附加对自己的支持者或亲信有利的附加条款,从而使他们受益,说白了就是利用职权在国家利益中牟取自己的私利。

这还算是"文明"的方式,至少吃相还不那么难看。水师、海关官员、行商、烟贩以及地下烟馆的开设者不是西方议员,但他们深谙"分肥"的秘诀,把各自的权力无不运用到极致,在鸦片的罪恶走私中都伸进一只手来,由他们层层传导和辐射,所编织起的利益链条越来越长。所以尽管上面三令五申,下面该做的生意一点都没耽误,出现了"越禁越繁荣"的怪象。

七、失控的"银钱比"

一开始,清朝的皇帝们对鸦片的认识还局限在"风化"层面,认为这是一个道德问题,但随着鸦片走私的失控,越来越严重的经济问题摆在了面前。

1840年前中国人为吸食鸦片至少付出了2亿两白银的代价,这个数字是令人惊叹的,因为自顺治皇帝以来清朝各时期财政收入每年在2000万~4000万两白银之间(见表1.6)。

表 1.6　　　　　　　　　　　清前期财政收入规模简表

年　代	岁入总额（万两）
顺治九年（1652 年）	2428
康熙二十四年（1685 年）	3123
雍正三年（1725 年）	3585
乾隆十八年（1753 年）	4069
乾隆三十一年（1766 年）	4858
乾隆五十六年（1791 年）	4359
嘉庆十七年（1812 年）	4013
道光二十二年（1842 年）	3714

资料来源：赵尔巽等，《清史稿》，中华书局，1977。

2 亿两白银比道光二十二年（1842 年）的国家财政收入的 5 倍还多，姑且把鸦片也看做一种商品的话，历史上还有哪样商品能比得上它对一个 4 亿人口国家经济体系所带来的严重冲击呢？清代学者包世臣说"鸦片之价较银贵 4 倍，牵算每人每日需银 1 钱"，林则徐也说"吸食鸦片者，每日除衣食外，至少亦须另费银 1 钱"，也就是说吸食鸦片的人每月要花 3 两银子，而根据清代官俸制度，一名正九品的官员岁俸仅 31 两。

吸食鸦片的支出虽然最终出自私人而非政府财政，但这种毫无产出的"消费"对经济没有任何价值，反而虚耗尽社会财富，继而影响到了社会经济的发展。最直接的影响倒不是体现在国家的财政收入上，因为在清政府财政收入中与海外贸易有关的税收无足轻重，其主要来源是与农业相关的地丁，约占总收入的 2/3，其次是盐税，这些才是大项，关税只是较小的一部分，以嘉庆十七年（1812 年）为例，当年关税总收入 481 万两，只占财政总收入的 12%。

但鸦片走私造成了严重的财富外流，最终破坏了国家经济。清朝对外贸易都以白银来结算，走私也如此，自明朝中期以来由于出口贸易的快速增加，大量白银流入中国，这种局面因鸦片走私而发生了改变。有人拿出海关的统计数字说明白银外流情况并没有人们想象的那么严重，但在这方面海关的统计其实不足为凭，因为大量的走私活动并不通过海关。道光十六年（1836年），鸿胪寺卿黄爵滋上疏中提到了白银外流的情况：

盖自鸦片流入中国，道光三年以前，每岁漏银数百万两，其初不过纨袴子弟习为浮靡。嗣后上自官府搢绅，下至工商优隶，以及妇女僧道，随在吸食。粤省奸商沟通兵弁，用扒龙、快蟹等船，运银出洋，运烟入口。故自道光三年至十一年，岁漏银一千七八百万两；十一年至十四年，岁漏银二千余万两；十四年至今，渐漏至三千万之多；福建、浙江、山东、天津各海口合之亦数千万两。

根据黄爵滋的说法，仅广东一地每年流出的白银就多达2000万两左右，加上其他各地，这个数字应当更多。《剑桥中国晚清史》认为："在19世纪的最初10年，中国的国际收支结算大约盈余2600万元。从1828年到1836年，从中国流出了3800万元，使国际收支逆转的正是鸦片烟。"

国际收支失衡造成清朝货币的贬值，虽然清朝已经事实上实行的是银本位制，但普通百姓日常生活中大量使用的不是白银而是制钱，也就是铜钱，清初曾规定制钱与白银的换算标准，即1两白银=1000文制钱，但乾隆之前"钱贵银贱"，1两白银换不到1000文，最低时只能换800文。乾隆二十四年（1790年）"银钱比"首次突破1:1000的关口，随后一路攀升，其中1798～1850年白银外流下中国银钱比价情况如表1.7。

表1.7　　　　　白银外流下的中国银钱比价（1798～1850年度）

年　份	银一两合铜钱数	指数 1821＝100	年　份	银一两合铜钱数	指数 1821＝100
1798	1090.0	86.1	1804	919.9	72.6
1799	1033.4	81.6	1805	935.6	73.9
1800	1070.4	84.5	1806	963.2	76.1
1801	1040.7	82.2	1807	969.9	76.6
1802	997.3	78.7	1808	1040.4	82.1
1803	966.9	76.3	1809	1065.4	84.1

年 份	银一两合铜钱数	指数 1821＝100	年 份	银一两合铜钱数	指数 1821＝100
1810	1132.8	89.4	1832	1387.2	109.5
1811	1085.3	85.7	1833	1362.8	107.6
1812	1093.5	86.3	1834	1356.4	107.1
1813	1090.2	86.1	1835	1420.0	112.1
1814	1101.9	87.0	1836	1487.3	117.4
1816	1177.3	93.0	1837	1559.2	123.1
1817	1216.6	96.1	1838	1637.8	129.3
1818	1245.4	98.3	1839	1678.9	132.6
1820	1226.4	96.8	1840	1643.8	129.8
1821	1266.5	100.0	1841	1546.6	122.1
1822	1252.0	98.9	1842	1572.2	124.1
1823	1249.2	98.6	1843	1656.2	130.8
1824	1269.0	100.2	1844	1724.1	136.1
1825	1253.4	99.0	1845	2024.7	159.9
1826	1271.3	100.4	1846	2208.4	174.4
1827	1340.8	105.9	1847	2167.4	171.1
1828	1339.3	105.7	1848	2299.3	181.5
1829	1379.9	109.0	1849	2355.0	185.9
1830	1364.6	107.7	1850	2230.3	176.1
1831	1388.4	109.6			

资料来源：严中平，《中国近代经济史统计资料选辑》，北京科学出版社，1955。

"银钱比"为什么重要？因为它类似于现在的人民币汇率。"银钱比"差距拉得越大，说得币值波动的幅度越高，现在制钱越来越不值钱了，原因虽然不止一项，但白银大量外流无疑是最重要的一条，这严重影响到普通百姓的生活。据经济史学家全汉升的统计，在全国最重要的粮食集散地苏州与扬州，每石"上米"的价格在康熙五十二年（1713 年）都是 0.99 两，而到了乾隆五十一年（1786 年）分别是 4.3 两和 4.8 两，上涨了 430%～480%。粮食价格的上涨带动了物价的整体上涨，丝价从康熙四十三年（1704 年）的每担 100 两涨到了乾隆五十八年（1793 年）的 255 两，到嘉庆四年（1799 年）达到了 270 两，也上涨了 2 倍。

八、驰禁派与"以土抵洋"

面对越来越猖獗的鸦片走私，道光皇帝决心用更霹雳的手段禁绝鸦片，但有人却认为这么做没有必要，因为其实还有更好的办法。

以太常寺少卿许乃济为代表的一批"有识之士"认为鸦片固然应当禁，但在方法选择上不宜"严禁"，而应"驰禁"。道光十六年（1836 年）4 月 27 日许乃济上《鸦片例禁愈严流弊愈大亟请变通办理折》，认为严禁鸦片反而引起许多流弊，造成越禁越多，不如干脆变鸦片贸易为合法，按药材纳税，对赎卖、吸食者不再论罪，为避免白银外流，可规定只准以货易货，不得用白银购买鸦片，同时严禁官员、士兵吸食。

许乃济有兄弟 7 人，其中 3 人中了进士，其余 4 人全部中举人，时人有"七子登科"的美誉，这还不算什么，中了进士的许乃济跟他的 2 个弟弟以及 2 个堂兄弟又都进了翰林院，时人称"五凤齐飞入翰林"，可谓科举时代的佼佼者。但从许乃济的这份奏折看，其见识真的很一般，如果只是这些，估计道光皇帝会把他的奏折顺手扔到一边，但许乃济后面的建议却打动了道光皇帝：

鸦片烟土，系用罂粟花结苞时刺取津液，熬炼而成，闽、广、浙东、云南，向有栽种罂粟制造鸦片者，叠经科道各官奏请严禁，内地遂无人敢种，夷人益得居奇，而利薮全归外洋矣。其实中原土性和平，所制价廉力薄，食之不甚伤人。上瘾者易于断绝。

许乃济主张鸦片解禁，如此可以在国内将形成巨大的市场，产生巨额经济利益，与其把这些"肥水"流到外国人的田里，不如干脆自己种植，来个"以土抵洋"。为说服道光皇帝，许乃济以吕宋旱烟为例，说这种东西"性本酷烈，食者欲眩"，先前也被禁过，后来解禁，允许民间吸食，内地可随处种植，结果"吕宋之烟，遂不复至，食之亦竟无损于人"。

这个说法在长期禁烟的清政府内部无异于石破天惊，鸦片显然不是吕宋旱烟，道光皇帝也不会轻易被蒙骗，但许乃济所说的"以土抵洋"让他动了心。嘉庆朝为镇压"白莲教"起义清廷花费了2亿两军费，已经拖垮了政府财政，作为"当家人"道光皇帝为此十分头疼，如果真能把"肥水"留在自家田里，一举扭转财政和经济状况，"以土抵洋"不妨试试？

一向禁烟态度坚决的道光皇帝有些拿不定主意了，他把许乃济的上疏发往有关部门讨论，引起鸿胪寺卿黄爵滋等官员的激烈反对。黄爵滋随后上了著名的《严塞漏厄以培国本折》，列举大量事实说明白银外流与吸食鸦片的关系，认为"耗银之多，由于贩烟之盛；贩烟之盛，由于食烟之众"，认为过去禁烟不成功的原因是由于官吏贪赃枉法，如果允许民间种植罂粟对减轻鸦片祸害毫无作用。黄爵滋提出了更严厉的惩治措施：对吸食者给予1年的限戒烟，戒烟不成的，平民以死罪论处，官吏加等治罪。

究竟谁说的更有道理？道光皇帝的"摇摆病"自此落下，他又把黄爵滋的上疏发往各省督抚及盛京、吉林、黑龙江将军，让他们发表意见，各地的反馈意见很快回来，一共收到29件，赞成黄爵滋严禁主张的仅8件，反对的21件。出现这样的局面毫不奇怪，原因还在利益。鸦片肆意走私、大烟馆在全国各地已呈半公开状态，在这个巨大的利益链条上有多少"分肥"的人谁也说不清，如果按照"严禁派"的主张，今后与此有关的利益都将不复存在。

当然各地的总督、巡抚未必个个都直接参与了"分肥"，但"弛禁派"给出的新方案对这些"父母官"无疑更具有诱惑力，如果鸦片种植、贩卖和吸食都解禁，那将会为各地带来怎样的效益？起码税收会大幅增加，这项令人最头疼的考核各级官员业绩的指标完成起来就轻松多了。

清代考核官员有"三个要求"和"八项标准"，内容相当完备，"三个要求"指的是清、慎、勤，"八项标准"指官员考核不合格的8个方面，包括贪、酷、不谨、罢软无为、浮躁、才力不及、年老、有疾等，除"年老""有疾"这些自然指标外以上大多属于"软性指标"，对省、道、府、县的地方官员来说，赋税征收任务能否完成才是"硬杠杠"，有了鸦片这个"经济增长点"，无疑对大家都有好处。

朝廷征询下面的意见时广东方面最积极，很快拿出了详细的办法，都是如何落实许乃济奏折条陈的具体措施，如：鸦片可与其他洋货一样交易；鸦片交易实行以货易货，全数抵算，不准影射；水师巡船及关口官役严格稽查，但不准借机滋扰；外商所带洋银仍应执行旧章，只准带回三成；鸦片价格不必预定，随行就市；放宽内地种罂粟的规定。从中可以看出，身处对外贸易第一线的广东对驰禁意见完全支持，都有些等不及了，恨不得新政策马上出台。

"驰禁派"的主张也赢得外国商人的喝彩，在广州的英国驻华商务监督义律向英国外务大臣巴麦尊报告说"许乃济弛禁论的直接影响将要刺激印度的鸦片种植"，广州"十三行"的商人也立即配合，联名向两广总督具呈，提出了鸦片运销合法化的具体建议。其实在欧洲各国，大多数都规定鸦片为禁品，不允许在本国贸易和走私，现在中国人自己提出鸦片贸易合法化，这当然是极受欢迎的事。许乃济的奏折传到英国国内，受到不少盛赞，称这篇奏折"立论既佳，文字也极清楚"，英国人把它翻译成英文到处传播，还引起了马克思的注意，马克思在《鸦片贸易史》中提到了这件事，称许乃济为"中国最有名的政治家之一"，不过马克思的看法与当时大多数英国人不同，他并不看好这种言论。

果然，经过一番痛苦的思考道光皇帝毅然支持了少数派。道光皇帝力排众议，起用主张严禁鸦片的林则徐、邓廷桢等人到广东、福建、浙江等地开展禁烟活动。这是一场规模浩大的运动，与以往的禁烟不同，这一回动了"真格"，就此马克思评论说："1837年，中国政府终于到了非立即采取坚决措施不可的地步，因为鸦片的输入而引起的白银不断外流，开始破坏天朝的国库开支和货币流通。……中国最有名的政治家之一许乃济曾提议使鸦片贸易合法化，并从中取利。但是，经过帝国全体高级官吏一年多的全面讨论，中国政府决定：'这种万恶贸易毒害人民，不得开禁。'"

接下来，一场近代史上最激烈的中西碰撞拉开了序幕！

第二章
打不起的战争

一、紫禁城里的 19 次密谈

清朝道光十八年（1838 年）12 月 26 日，一位官员风尘仆仆地从湖北赶到北京。作为一名地方官，他对北京却不生疏，他在这里任职多年，也有不少志同道合的朋友，以前他们经常聚会谈论，并将此视为人生快事。朋友们已经好几年不见了，但这次进京他却没有跟他们相聚的安排，他的心情有些沉重，他是奉旨进京的。

这个人就是林则徐，本年 54 岁，福建侯官人，字元抚，他是次子，有兄妹 11 人，家里生活很困难。据说林则徐的父亲对本地父母官、为官清廉的福建巡抚徐嗣曾十分敬佩，林则徐出生那天正遇徐嗣曾巡查归来路过家门口，父亲认为这是吉照，于是给孩子取名"则徐"，意思是要孩子长大成人以后像徐嗣曾那样为官清廉、为民办事。

嘉庆九年（1804 年）林则徐乡试中举人，同年会试不第。嘉庆十一年（1806 年）谋得厦门海防同知书记一职，负责处理商贩洋船来往、米粮兵饷的文书记录。后来林则徐因为才学被福建巡抚张诚招为幕僚，在此期间林则徐再次赴京参加会试，仍不中。嘉庆十六年（1811 年）林则徐第三次参加会试，这一年他 26 岁，结果中殿试二甲第四名，被选为庶吉士，授翰林编修，在翰林院一待就是 6 年。当时一些地位不高的京官组织了宣南诗社，成员有黄爵滋、龚自珍、魏源等人，林则徐加入该社，与他们成为挚友。

嘉庆二十一年（1816年）林则徐任江西考官，嘉庆二十五年（1820年）任江南道监察御史，河南发生水灾，河南巡抚琦善办事不力，林则徐向嘉庆皇帝奏言琦善无能，与琦善结怨。道光皇帝继位后想有一番作为，因林则徐任内政绩卓越，专门召见了他。道光三年（1823年）林则徐任江苏按察使，到任数月便把江苏积案审结十之八九，被江苏人称为"林青天"，在此期间林则徐在江苏推行禁烟。道光七年（1827年）林则徐任陕西按察使、代理布政使，道光十年（1830年）任湖北布政使，次年调任河南布政使，又升任东河河道总督。道光十二年（1832年）调任江苏巡抚，道光十七年（1837年）升任湖广总督。

清朝有"九大总督"：直隶总督管直隶、河南、山东，两江总督管江苏、安徽、江西，闽浙总督管福建、浙江，云贵总督管云南、贵州，湖广总督管湖北、湖南，两广总督管广东、广西；此外还有陕甘总督、东三省总督等，地位稍次。林则徐由一名从五品的江南道监察御史成为从一品的总督，一口气连升了7级，用时仅12年，打破了清朝的官场规则。

林则徐是道光朝的"政坛新星"，他一再被擢升唯一的理由自然是道光皇帝的格外眷顾。道光皇帝欣赏林则徐，一来是林则徐本身的才学与政绩，他是个实干派，面对各种各样的困难别人总是退缩、找借口，而林则徐总是找方法，时人评论他"无一事不认真，无一事无良法"；二来是林则徐在许多重大问题上能很好地贯彻道光皇帝的思想，尤其在禁烟方面，马士在《中华帝国对外关系史》甚至称林则徐是"一位具有非凡能力的行政官员，是道光皇帝的化身"。

与好友黄爵滋一样林则徐对鸦片的态度也是严禁，与其他"严禁派"不同，林则徐早年曾在厦门海防谋职，对海外贸易情况有直观的了解，对外国商人勾结本地官员的手段也非常清楚，洞悉鸦片走私的内情，所以他在江苏、湖北等地的禁烟活动力度很大，措施也很得力。

在林则徐主政湖北期间全省厉行禁烟，收缴烟土、烟膏和烟具，并配制"断瘾药丸"供戒烟使用，汉阳知县郭巏宸收缴的鸦片最多，林则徐向道光皇帝奏请为其加知州衔，得到道光皇帝的批准，并嘉许林则徐"所办甚属认真"。在驰禁还是严禁的那场大讨论中，林则徐坚决主张严禁，他上的《钱票无甚关碍宜重禁吃烟以杜弊源片》奏折，中间有一段很著名的话：

夫《舜典》有怙终贼刑之令，《周书》有群饮拘杀之条，古圣王正惟不乐于用法，乃不能不严于立法。法之轻重，以弊之轻重为衡，故曰刑罚世轻世重，盖因时制宜，非得已也。当鸦片未盛行之时，吸食者不过害及其身，故杖徒已足蔽辜。迨流毒于天下，则为害甚巨，法当从严。若犹泄泄视之，是使数十年后，中原几无可以御敌之兵，且无可以充饷之银。兴思及此，能无股栗！

在林则徐看来，鸦片摧毁了经济，也打垮了人的精神意志，数十年后中国将面临既无兵也无饷的状况，据说正是这几句话让道光皇帝感到了震惊，从而横下一条心来实施禁烟。忠诚可靠、意志坚决、务实能干是道光皇帝眼中的林则徐，所以当他决定以更加霹雳的手段解决鸦片问题时，想到的第一个可用之人就是林则徐。

林则徐这次奉旨进京后，第二天道光皇帝召见了他，并且是当天第一个召见的，也是一次单独召见，君臣谈了什么当事人后来都未透露过，不过道光皇帝显然对谈话的结果十分满意，谈完正事他问林则徐能不能骑马，林则徐不知皇帝何意，回答说能骑，道光皇帝立即赏林则徐在紫禁城内骑马，这是对有功大臣的一种极高奖赏。等到第五次召见时道光皇帝觉得骑马太辛苦，又赏林则徐坐轿进宫，《道光朝东华序录》称"此国初以来未有之旷典"，林则徐以一个汉臣而破格得之，"枢相也为之动色"。此处的"枢相"自然包括时任文渊阁大学士的琦善，在禁烟大讨论中他曾上《遵旨复奏禁烟折》，反对对鸦片实施严禁，认为此举与本朝历代"仁厚开基，明慎用刑"的基本政策不符，在对待鸦片的态度上他是"驰禁派"。

但道光皇帝本人是"严禁派"，林则徐这次进京历时半个月，道光皇帝几乎天天召见他，有时一天2次，半个月竟然召见了19次。如果君臣只是互相表达禁烟的决心，有一两次召见也就够了，密谈了这么多，显然谈的话题很广泛，也很细致，虽然其详细内容不得而知，但可以想象的是，林则徐着重谈了禁烟的措施，包括与外国商人闹翻以后如何应对，而道光皇帝除了给林则徐打气外，还有可能作出过一些承诺，以解除林则徐的后顾之忧。

这些密谈很重要，它决定了林则徐下面的作为，也影响到他今后的命运，林则徐接下来以雷霆万钧之势痛铲鸦片，异常决绝地与英国人开战，其力量源泉无疑都来自这些谈话。后来形势恶化，有人提出弃林则徐以苟合英人，道光皇帝大概是想到了这些谈话，才没有把林则徐杀头，而仅仅是作了革职的处分，并很快重新启用了他。

二、差一点"北京销烟"

此时已经到了道光十八年（1839 年），1 月 8 日林则徐以钦差大臣的身份由北京南下广州，路途遥远、天寒地冻，比这些更沉重和压抑的是他的心情。

时任礼部主事的龚自珍专门写了一篇《送钦差大臣侯官林公序》，提出"三种决定义，三种旁义，三种答难义，一种归墟义"，也就是向好友献上 3 项决定性意见、3 项参考性意见、3 项驳斥反对派的意见和 1 项归结性意见，龚自珍特别提醒好友，严禁鸦片一定会引起英国人的激烈反对，甚至冒险开战，应对这种局面"无武力何以胜也"，建议设置重兵、加强海防，做好反侵略的准备。

途经保定，林则徐与兼任直隶总督的琦善相见，也许这只是官场惯例，但琦善在见面时不怀好意地"提醒"林则徐，禁烟可以，但一定"无启边衅"。其实在与道光皇帝的交谈中林则徐也能感受到类似的意思：鸦片要禁，但不能与外国人闹翻，这无疑是两难。

此行路上多次遇大雪无法前进，这让林则徐的心情越来越沉重。有人说他本来是不愿意接受钦差大臣任命的，但最后还是领命而来，因为他是个"苟利国家生死以，岂因祸福避趋之"的人。还没有到达广州，林则徐即给广东布政司和按察司发出秘密公文，开列了 61 名鸦片走私人员名单要求缉拿。两广总督邓廷桢、广东巡抚怡良不敢怠慢，立即照名单缉捕，并处决了部分烟贩。钦差大臣还没到，禁烟战役已经打响了。

道光十九年（1839年）3月10日，林则徐到达广州，一名美国商人在珠江上的帆船上目睹了林则徐的到来，描述道："他具有庄严的风度，表情略为严肃而坚决，身材肥大，须黑而浓，并有长髯，年龄约60岁。"到广州后，林则徐以越华书院为行辕，那句"海纳百川，有容乃大；壁立千仞，无欲则刚"的名联即题于此时此地。第二天林则徐便命人贴出布告，申明来广州禁烟的宗旨和纪律，限令外国烟贩3日内交出所有鸦片，并签"切结书"，声明"嗣后来船永不敢夹带鸦片，如有带来，一经查出，货尽没官，人即正法，情甘服罪"。

林则徐还写了一封致维多利亚女王的照会，质问英国女王明知鸦片有害，在本国国土上不生产鸦片，严禁国民吸食，但却在印度种植鸦片，批准国民在中国进行鸦片贸易，"不顾害人，试问天良安在"。林则徐通知英国女王中国已经通过了《钦定严禁鸦片烟条例》，开展全面禁烟，所以英国国民必须放弃鸦片贸易，这份照会最后写道：

> 我天朝君临万国，尽有不测神威，然不忍不教而诛。故特明宣定例。该国夷商欲图长久贸易，必当懔遵宪典，将永断来源，切勿以身试法。王其诘奸除慝，以保乂尔有邦，益昭恭顺之忱，共享太平之福，幸甚，幸甚！接到此文之后，即将杜绝缘由，速行移覆，切勿诿延。

但各方面反应冷淡，林则徐于是派兵封锁"十三行"，断绝粮食供应。英国政府派驻广州的商务监督查理·义律（Charles Elliot）当时在澳门，听说"十三行"被围困，赶紧让人通知所有英国船只和鸦片转移到香港水域以备不测，同时马上赶到"十三行"，在这里致函林则徐，口气汹汹地质问是否准备开战。

林则徐不理他的恫吓，态度坚决，双方僵持下来，半个月后除英国商人外的其他外商大部分屈服，同意交出鸦片，签署"切结书"，但英国商人仍然顽抗。林则徐再颁布《示谕外商速交鸦片烟土四条稿》，提出论天理、国法、人情和事势都应"速缴也"，作为对英国商人的最后通牒。3月28日，以义律为代表的英国商人屈服，向林则徐呈送了《遵谕呈单缴烟二万零二百八十三箱禀》，答应交出鸦片共计 20283 箱。

林则徐奏请朝廷，为补偿烟贩的损失，每交出一箱鸦片建议补偿给茶叶 5 斤，道光皇帝诏准，所需茶叶大约有 10 万余斤，由广东方面自行解决。一箱鸦片以 100 斤论，时值约 1200 西班牙元，合 800 多两白银，与 5 斤茶叶的价值自然有天壤之别。为了使禁烟后的海外贸易尽早恢复，林则徐还作出规定：烟贩交出 1/4 的鸦片后可以恢复中国雇员；交出 1/2 后可以酌情允许水上往来；交出 3/4 后允许开舱贸易；交出全部鸦片，正常贸易完全恢复。

5 月 12 日民间缴烟完毕，共拘捕吸毒者、烟贩 1600 余人，收缴鸦片 46.15 万两、烟枪 42741 杆、烟锅 212 口。5 月 18 日鸦片收缴全部完成，包括英国商人在内，实际收缴各国商人的鸦片共计 19187 箱和 2119 袋，总重量为 237.6 万余斤。

林则徐奏请将这些鸦片运京，在北京销毁，道光皇帝批准，眼看就是一场"北京销烟"，但随后有人向道光皇帝建议，数百万斤鸦片往北京运，耗费人力物力巨大，且不安全，不如就地销毁。道光皇帝于是给林则徐下诏，鸦片"毋庸解送来京"，改为就地销毁，同时要求销烟活动公开举行，"俾沿海共见共闻，咸知震詟"。

林则徐与邓廷桢等人商量后，决定选择虎门为销烟地。过去销毁鸦片一般采取烟土拌桐油的焚毁法，但焚毁之后的余膏会渗入地中，掘地得土"仍得十之二三"，最后经过试验，采取了海水浸化的方法：在海边挖大池，池底铺石，以防鸦片渗漏，池四周钉板，挖一水沟将盐水导入池中，把鸦片切开倒入盐水泡浸半日，再投入石灰，石灰遇水沸腾，鸦片烟土溶解，待退潮时把池水送出大洋。

虎门销烟于道光十九年（1839 年）6 月 3 日开始，林则徐命令在虎门搭起了一座礼台，在广东的清政府高级官员全部出席仪式，允许民众参观，人们纷纷前来观看这一盛举，一些外商、领事、外国记者和传教士也从澳门等地前来参观。有的外国人原本不相信有办法把这么多的鸦片在短时间内完全销毁，林则徐把他们请到池边，让他们详细察看销烟的方法，亲自讲解，这些外国人才心悦诚服。当时的《澳门月报》《季度评论》《新加坡自由新闻》

《广州纪时报》等外国报纸都大篇幅报道了虎门销烟活动，传教士裨治文在《中国丛报》上发表了一篇文章，其中写道：

我们已经反复检查销毁过程的一部分，他们在整个工作进行时的细心和忠实的程度，远远超过我们的预料，我不能想象再有任何事情会比执行这项任务更加忠实的了。

道光皇帝对林则徐的禁烟成绩非常满意，在诏书中指林则徐等人"为朕亲信大臣"，进一步表明支持禁烟的态度。这一年的 8 月 30 日是林则徐 55 岁生日，道光皇帝御笔题写了"福""寿"二字赐给他，并题字"愿卿福寿日增，永为国家宣力"。

三、战与不战的 9 票

虎门销烟后，义律通知在广州的英国侨民撤往澳门，但葡萄牙驻澳门总督认为无法保障他们的安全，英国人只得退往九龙尖沙咀一带海面的船上。

如果就此了结，英国人无疑受到了严重的打击。首先是面子问题，大英帝国征战海外，所到之处无不望风披靡，威望来源于实力，如果被中国人活生生批面一记耳光而只保持沉默，大英帝国以后还怎么在世界上混？

其次是里子问题，这更要命。中国在广州等地的禁烟消息传到伦敦，立即造成了经济上的反应，茶叶等从中国进口的商品价格骤升，而主要的出口产品价格下跌。失去中国市场意味着贸易上的巨大损失，对英国政府而言这项损失是直接的，之前由茶叶等商品贸易所带来的丰厚财政收入将无法保证。而比这更直接的是与鸦片相关的经济利益所受到的致命冲击，据龚缨晏《鸦片的传播与对华鸦片贸易》，林则徐还没有到达广州的 1839 年 1 月，加尔各答每箱鸦片的售价超过 800 卢比，2 月禁烟的风声传出，售价急跌了 100 卢比，4 月林则徐在广州禁烟全面展开，加尔各答的鸦片售价跌到了 400 卢比以下，较年初下跌 50% 以上。

如果说茶叶贸易税收是英国政府重要的财政支柱之一，那么鸦片贸易的利润就是英属印度殖民地的经济命脉和财政命脉，失去了中国市场，印度的鸦片种植业将被摧毁。英国驻印度总督乔治·艾登（George Eden）紧急向英国政府报告，认为鸦片生意彻底完了，英国必须做出有力反应，虎门销毁的200多万斤鸦片大部分来自与东印度公司有关的商人，这几乎相当于向中国一年的鸦片走私量。

对英国驻广州商务监督义律来说还有另一重压力，当初他迫于情势不得不要求英国商人交出鸦片，他向商人们承诺这些损失将来都会由英国政府负责补偿。鸦片交出去了，他面临着如何向商人们兑现承诺的棘手问题。英国的鸦片商人们也强烈呼吁英国政府干预此事，1839年5月23日，颠地等数十名在广州的英国鸦片贩子上书英国外相巴麦尊（Palmerston），对林则徐的禁烟行动提出"控诉"，他们虽然承认"中国政府具有无可置疑的权力禁止鸦片贸易"，但认为相关法令"从未被中华帝国的官员当做规章来执行"，突然让他们无条件地交出鸦片，他们难以遵从，而他们只是从事贸易的商人，这些鸦片并不属于他们个人。这些商人重提义律代表英国政府作出的承诺，要求政府尽快赔偿鸦片损失，并以此事件为契机，彻底解决对华贸易中的问题，以避免使他们的"人身和财产由变化莫测的腐败政府任意摆布"。7月23日，英国人办的《广州纪时报》刊登了孟买英国商人给英国枢密院的请愿书，其中写道：

> 鸦片贸易是在不列颠政府和国会明令核准与授权的条件下，由印度政府鼓励和推动起来的……

事实证明鸦片贸易乃印度政府的一项收入来源，在过去20年中，每年这项收入从50万镑增加到近年的200万镑。从帝国观点来看，印度收入的茂盛，其重要性并不下于祖国更直接的财源，因为自从东印度公司对华茶叶贸易专利权废止以来，主要的正是由于有鸦片贸易的缘故，东印度公司才能够经常地每年从印度收进大量的款项并以如此有利的条件汇到英国去作为"国内开支"之用。

也正因为同一理由，所以英籍商人才能够顺利地采购大量的茶叶输入到英国去，而进口茶叶却又每年给不列颠政府获取非常重要的茶税收入。

孟买商会在致大不列颠各地东印度与中国协会的公开信中也写道："鸦片贸易的突然摧残，其结果使不列颠在华财产遭受巨大牺牲。除这项牺牲外目前印度所存鸦片几乎毫无价值可言，这项损失也是巨大的……不列颠政府至今一直没有勇气去坚持，把我们对中国政府的商务关系置于前所未有的更安全、更稳固、更合乎不列颠荣誉的基础之上。"不仅是在中国、印度的英国商人，在英国本土也有许多人为发生在中国的"鸦片事件"发声，英国政府收到了大量的请愿信、呼吁书，这些信件都有大批商家签名，《泰晤士报》等报刊也为他们鼓动，"对中国开战"的声音在英国骤然响起。

时任英国外相的巴麦尊是英国政坛的"常青树"，他曾三度出任外相、两度出任首相，他说过一段话："We have no eternal allies, and we have no perpetual enemies. Our interests are eternal and perpetual, and those interests it is our duty to follow。"这段话翻译过来，整理成一句名言："没有永远的朋友，只有永远的利益！"在制定对华政策上巴麦尊是个关键人物，他是一名"鹰派"，在接到义律有关林则徐禁烟的报告时他当即表示，对付中国的唯一办法是"先揍它一顿，然后再作解释"，他还说"应当不仅使中国人见到大棒，而且还要先让他们在背上尝到它的滋味，然后他们才会向那个能够说服他们的唯一论据——大棒论据低头"。

1839年10月，在日益强大的呼声下英国内阁召开会议研究是否对华开战问题。在外相巴麦尊、内政大臣罗素（Russell）、军政大臣麦考莱（Macaulay）等人的推动下，内阁会议决定对华开战，这项决议尚须议会的批准。这时社会上已经风传政府可能要与中国开战，受到民众的广泛关注，有人同意，也有人反对或者感到顾虑，还有人质疑为何而战，有人担忧是否一定能战胜中国这样的对手。反对党于是趁机发难，下议院议员格雷厄姆（Graham）提出指责政府的动议，认为执政党在处理对华关系上无能，因此导致了现在的危机。围绕这项动议下议院进行了激烈辩论，义律、颠地以及著名鸦片贩子查顿等人专程回国参加了听证，在《英国档案有关鸦片战争资料选译》一书中，有这场辩论的记录。

颠地首先发言：一切满意的解决是没有希望的，除非我们以武力对付那个腐败落后、狂妄自大的政府。

议员克劳夫表示赞同：我也支持对中国动武，不管过去怎样，现在清国是世界上最弱的国家，只有靠着有系统的谎言、荒诞的圣旨、人民的愚昧来维持。对其勇敢地使用武力可以收到意外的效果。

议员拜兹也支持：对付那个贫弱的国家不需多大的武力，英国的一只护卫船就可击溃中国海军 1000 支兵船。

义律进一步说明：大家都没到过中国，而我之前在中国待过 5 年，我最了解中国，怯懦和傲慢是中国政府的两个显著的特点。对付中国政府的办法就是先揍他一顿，然后再说。

巴麦尊插话：我赞成义律爵士的看法，我强烈认为应当用武力强迫中国让步，我们应该把敌人击倒以后再告诉他为什么打倒他和他该如何做。

议员拉本特反对开战：时间是宝贵的，战争是政策的延续，或者说是外交的后盾，使用武力并不一定意味着打仗，只要用我们的舰队包括英国海军的最大战舰，向中国示威，使他们知道英国可以用武力打中国，那么他们就能清醒过来。

查顿辩护：中国不可能清醒过来，在座诸位都没有我对中国了解。中国人从来没有与文明国家打过仗，中国野蛮人虽有勇力，但兵法比不上我们，武器比不上我们，他们的官兵 7/10 抽鸦片成瘾，根本没战斗力！现如今，道光虽有满库私藏，但他却舍不得将其用于国防，他还让各省交银子孝敬他，这样的国家还打什么仗？

这场辩论进行了 3 天，最后下议院对格雷厄姆的提案进行了投票表决，结果 262 人赞成、271 人反对，在上议院这项动议也未能通过。有人认为格雷厄姆的动议离通过也只差 9 票，如果这项动议通过了，英国内阁之前做出的对华开战的决议也就失效了，鸦片战争也就打不起来。

不过应该看到的是，在保护英国人自身利益的问题上执政党和反对党并没有太多分歧，面对中国急剧变化的形势，采取强硬手段应对基本成为英国朝野的共识。即使有一部分议员和民众对是否值得与中国开战产生怀疑，但面对巨大的利益得失以及拓展海外殖民地的一贯做法，开战的观点此时已占了主流，格雷厄姆的动议即使通过了，仍无法阻挡这场战争的爆发。

四、对手眼中的对方

想不想打取决于利益，敢不敢打取决于意志。意志无法凭空产生，它来自于实力，对自己和对手实力的判断才是点燃大炮火信的最后一道关。英国人敢开战，缘于对中国的了解，另一边的道光皇帝摆明了也不怕与英国人开战，这也缘于对英国人的了解。

然而真理和真相只有一个，认识不同，意味着有人错了。当时包括道光皇帝在内的许多中国人认为如果英国人非要打一仗也不必担心，大清国不可能失败，中国与英国不仅面积、人口等体量不在一个等级上，而且军力相差也很"悬殊"：不是中国相差"悬殊"，而是英国。

先看看清军的规模：其主体是八旗兵和绿营兵，嘉庆朝以后又设防军，主要是乡勇，八旗兵约有 20 万人，绿营兵的人数各朝不定，顺治朝有 66 万人，此时也在 60 万人以上，也就是说，不算乡勇清朝常备军的总兵力就超过了 80 万人，是当时世界上人数最多的常备军。

再来看看英军：其主体包括正规军和国民军，正规军约 14 万人，国民军约 6 万人，总兵力 20 万人左右。英国与中国相距 1 万多里，你打上门来，我在家门口作战，"叫花子门前也有三尺硬地"，所以当时很多中国人对战争的结果持乐观态度。

但是，他们不了解此时世界军事发展的巨大变革，冷兵器时代的人海战术早已过时，先进的枪炮舰船、效率更高的通信手段以及科学的指挥体系才是决定战斗力的关键。以火药技术为例，它虽然是中国的"四大发明"之一，但其最先进的研究和制造工艺却正被西方引领。19 世纪英国依靠当时世界上最先进的设备可以对火药的原料进行精细加工，研发出最科学的配比，用粉碎机、搅拌机、磨光机等机器将火药制造成枪用、炮用等不同的形态，以后又研制出高爆炸药和硝化甘油，与传统火药有了质的区别。

英军虽然人数不多，配备的却是最先进的滑膛枪、来复枪，舰船也由风帆驱动实现了蒸汽驱动，由木质舰船升级为铁甲战船，装备了可以旋转的装甲炮塔。英国海军配备的战列舰长约100米，排水量近2000吨，安装有74门火炮，又称"74炮战列舰"，而中国水师最大的战船不过11丈，约合33米，排水量只有300多吨，载炮10余门。清军人数虽多，但清朝没有警察，绿营还承担着维护地方治安的职责，而水师更像是"水上警察"，清军不仅舰炮落后、数量少，而且官兵配备的武器也很差，"刀矛弩矢"还在大量使用。

不仅道光皇帝，包括许多有眼光的官员对外部世界都所知甚少，许多人认为仅凭"天朝声威"就可以"慑服夷人"，甚至误传"茶叶大黄，外夷若不得此即无以为命"，所以提出"绝市闭关，尔各国生计从此休矣"，完全不把英国人放在眼里。

而英国人一直在密切地观察和了解着中国，他们利用通商、出使等机会大量搜集有关中国的情报。1832年，广州口岸英国商馆高级职员胡夏米和德籍传教士郭士立等人乘坐阿美士德号商船从澳门出发沿中国海岸线北上考察，名为商务活动，实为间谍侦察。一路上，胡夏米等人看到的尽是武备松弛和政治腐败，"清政府的孱弱和紊乱乃是到处可见"，因此得出结论："由大小不一的1000艘船组成的一支舰队，都抵御不了一艘战舰。"1835年胡夏米在致巴麦尊的私人信件中提出了武装进攻中国的具体计划：

> 照我的意见，采取恰当的策略，配以有力的行动，只要一支小小的海军舰队就万事皆足了。我乐意看到从英国派出一位大使，去和印度舰队的海军司令联合行动……
>
> 武装力量可以包括1艘主力舰、2艘大巡洋舰、6艘三等军舰、34艘武装轮船，船舰载运陆上的部队约600人，以炮兵队为主，以便进行必要的陆上运作，这就足够了……
>
> 这支武装足够达到我们所想要的一切，这是毫无疑问的……

敌对行动开始时，单纯地只对沿海进行封锁，在广州、厦门、上海、天津四个主要港口附近，各驻以小型舰队……

这些行动的结果，会在很短的时间内把沿海中国海军的全部威信一扫而光，并把数千只土著商船置于我们掌握之下。

正是由于做了大量的情报侦察工作，所以主张对华开战的人才有了底气，巴麦尊曾在致海军部的公函中说"中国政府的海军数量很小，其性能与装备极端无用"，"可以用很小的兵力就能执行成功"。

说起来清政府对军备一向是重视的，军费向来是清朝财政的第一大支出项目。乾隆皇帝曾在臣下奏章上批示"兵饷一项，居国用十分之六七"，龚泽琪在《中国古代军事经济史》中统计清朝常例军费"占其岁出大半"，鸦片战争前清政府每年的财政收入在 4000 万两左右，而兵饷一项就超过 2000 万两，其次才是王公官俸和各省留支，而后二者相加不过数百万两而已。

但 2000 多万两的军费对应 80 多万常备军仍然太少了，简单平均一下，官兵人均不足 25 两。嘉庆、道光年间米价在每石 2 两左右，一个九品官的年俸是 33 两，这点军费只能算"人头费"和维持费用，别说建造新式战舰，就连置办几件像样的武器也常常捉襟见肘。《清实录》等史料记载顺治九年（1652 年）朝廷岁入 2428 万两，康熙二十四年（1685 年）岁入 3123 万两，雍正三年（1725 年）岁入 3585 万两，乾隆十八年（1753 年）岁入 4069 万两，嘉庆十七年（1812 年）岁入 4013 万两，道光二十二年（1842 年）年岁入 3714 万两，以上各朝财政收入虽有增减，但 200 年间大体维持在一个水平上，这也意味着，军费在 200 年间也不可能有大的增加。

看来，清朝的财政收入结构出了问题。在清政府的财政收入中地丁、盐课、关税是主要项目，其中与土地相关的地丁一项通常占到 2/3 左右。土地的面积是相对稳定的，如果税率没有大的改变，这项收入自然相对稳定，这是以自然经济为主导的农业国家财政的特点，不仅清朝，之前的历代王朝也基本如此。

清朝的财政支出只能保障兵费、官俸、皇室支出以及赈济等几项，财政支出的余地十分有限，遇到对内对外战争只能采取临时性的加税、捐纳等手段予以筹办。财政支出的维持性决定了军费与军备的维持性，即使面临严重的军事威胁，这种惯性也难以迅速改变。

国家是阶级矛盾不可调和的产物，政府是国家的管理形式和结构形式，政府除了保护人民安全、协调内部矛盾外，更重要的是要有能力保护国家的领土与主权。要履行好这些使命，政治、军事、外交和法律的措施都必不可少，而财政通常也是重要的手段之一，财政不能仅以维持政府运转为目的，它还有配置资源、调节分配、促进经济发展的任务。当英国已经完成了资产阶级革命和产业革命也对国家和政权有了新的认识时，中国还处在 2000 多年前就已确立的封建统治框架之下。

或许在清朝统治者看来，所面临的对手还是那些试图改朝换代的人，不管这些人来自陆地还是海上，对付他们的手段都是千百年来的那些习惯做法，至于其他的，还都无法想象。

五、七千人打败一个帝国

在虎门销烟的现场，美国商人金（C. W. King）和传教士埃利加·布里奇曼（Elijah Bridgman）听完林则徐关于销烟的亲自讲解，他们告诉林则徐一个情报：在英国商人的鼓动下，英国政府将派军舰前来广州，有些蒸汽炮舰已在途中。

林则徐对此并不感到吃惊，他已有相关准备，他的策略是"以守为战，以逸待劳"。一到广州，林则徐就着手充实广东水师的力量，提高其战斗力，同时添建尖沙咀、官涌炮台，购置外国船炮。关于这方面的情况，林则徐的好友魏源在《道光洋艘征抚记》中说，林则徐每天都派人刺探英国情报，又找人翻译西方书籍，购买西方报纸，他了解到西方人对清朝水师很藐视，但"畏沿海枭徒及渔船、疍户"，于是招募了 5000 名丁壮，每人每月发给 12 块银元，还在虎门的横档屿设置铁链木筏，"横亘中流"。为了备战，林则徐让购买了西洋各国洋炮 200 尊，增排两岸，又雇同安米艇、红单船、拖风船等共 60 余艘，加紧操练。林则徐亲赴狮子洋校阅水师，"号令严明，声势壮甚"。除了以上这些准备，《道光洋艘征抚记》还说：

> 至是又下令，每杀白洋人者赏银二百元，黑洋人半之，斩首逆义律者银二万元。其下领兵头目，以次递降。获兵艘者，除火药炮械缴官外，余尽充赏。于是洋船之汉奸，皆为英人所疑忌，不敢留，尽遣去。其近珠江之内河，在澳门西、虎门东者，尽以重兵严守。

义律当时还在中国，他与一些英国商人只能滞留在九龙外海的船上。1839 年 6 月 20 日，有醉酒的英国水手在尖沙咀与当地村民发生冲突，村民林维喜被打死。事后，义律同意赔偿死者家属，但以领事裁判权为由拒绝按照《大清律例》交出水手偿命。林则徐命人查证《万国公法》，发现义律根本不具备领事裁判权。8 月 15 日，林则徐宣布全面中断与英国的贸易，并对英国人实行封锁，义律派人与林则徐谈判，要求解除封锁，遭到拒绝。9 月 4 日，义律率"路易沙"号和"珍珠"号等 5 艘舰船来到九龙山口岸，发出提供水粮的"最后通牒"，再遭拒绝后开炮，正在巡洋的广东水师守将赖恩爵指挥 3 艘水师船在九龙炮台的配合下反击，双方对轰约 4 个小时，英船遁走。此战即"九龙海战"，美国《时代周刊》认为这是鸦片战争打响的"第一炮"，但这只是小规模局部冲突，真正的战争还没有到来。

林维喜案发生后，林则徐限令英国商船要么具结入口，要么开回本国，不得在洋面滞留。在压力面前英国商船"担麻士葛"号不听义律的劝阻前来具结，遂被允许进入黄埔口岸，林则徐传见船主，面加奖励，保证其安全。在此带动下，11 月 3 日一艘满载大米的英国货船"撒克逊"号躲过义律的警戒线驶向虎门，义律察觉后立刻登上"窝拉疑"号兵船，与"海阿新"号一起追赶，在穿鼻洋追上了"撒克逊"号，正欲敦促其返航，恰遇广东水师提督关天培率 29 艘水师巡逻船到来。

关天培看到英国兵船便指挥人上前查究，"窝拉疑"号突然开炮，关天培遂令本船开炮还击，向"窝拉疑"号连轰数炮，将其船头打断。此战即"穿鼻洋海战"，历时 2 小时，英国兵船 1 艘受损，清军水师 3 只兵船受击进水，兵丁死 15 名、伤数十名。林则徐上奏道光皇帝，称"收军之后，经附近渔艇捞获夷帽二十一顶，内两顶据通事认系夷官所戴，并获夷履等件，其随潮漂淌者尚不可以数计"，道光帝批示"可嘉之至"。

这两场海战规模其实都不大，其后英国船只也未退出中国海面，分别于 11 月的 4 日、8 日、9 日、11 日、13 日连续 5 次在九龙官涌海面上对岸上的炮台进行炮击，双方展开炮战，连同前面 2 次海战，林则徐上奏道光皇帝，称取得了"七战七捷"，道光皇帝接到奏报十分高兴，朝廷上下也弥漫着一种乐观的气氛。

其后半年中没有发生大规模的武装冲突，1840 年 1 月 5 日道光皇帝做出重要人事调整：任命林则徐为两广总督，并依例解除了林则徐钦差大臣的职务；调原两广总督邓廷桢为两江总督，但数日后邓廷桢又改任云贵总督、闽浙总督。清朝的"九大总督"有主次之分，直隶总督排第一，其次是两江总督，两江总督陶澍于半年前病故，道光皇帝有意让林则徐接任两江总督，但广东方面看样子一时半刻离不开林则徐，所以干脆让林则徐待在广东不走了。赏识归赏识，压力还是要给的，道光皇帝诏谕："林则徐已实授两广总督，文武皆所统属，责无旁贷。倘查拿不能净绝根株，唯林是问。"

此时大批英军舰船正在往中国进发，它们有的来自印度和孟加拉，有的来自英伦三岛，从伦敦出发的那些舰船上的水兵们很多人嘴里还哼着歌曲《亭中之茶》，这首以茶为主题的喜剧歌曲在 1840 年一问世就风靡英国。6 月 22 日，英军部分舰船在中国广东外海集结完毕，英国女王任命义律的堂兄查理·懿律（George Elliot）为全权代表和舰队司令，任命义律为副司令，舰队包括：载炮 74 门炮的战舰 3 艘（麦尔威厘号、威厘士厘号、伯兰汉号）；载炮 44 门炮的战舰 2 艘（都鲁壹号、布郎底号）；载炮 28 门炮的战舰 3 艘（康威号、窝拉疑号、鳄鱼号）；载炮 18 ~ 20 门炮的战舰 7 艘（拉呢号、海阿新号、摩底士底号、卑拉底士号、宁罗得号、巡洋号、哥伦拜恩号）；载炮 10 门的战舰 1 艘（阿勒琴号）；辅助船 32 艘（武装汽船皇后号、阿特兰特号、马答加斯加号、进取号等 4 艘，运兵船响尾蛇号 1 艘，其他运输船 27 艘）。

陆军方面：爱尔兰皇家第 18 团、第 26 团、第 49 团，孟加拉志愿兵团，孟加拉工兵和马德拉斯工兵，总兵力约4000人。

总的来说，英军的主力包括16艘主力战舰、504门舰载炮以及4000名陆军，能不能打败清军，懿律开始还是比较谨慎的，鉴于林则徐、关天培在广东海面加紧了防备，懿律决定留下少部分舰船封锁虎门，其余舰船沿海北上。

1840年7月3日，英军舰队驶入厦门南水道，试图派翻译驾小船登岸送信，被清军武力阻止，英舰向岸上开炮，双方互有损失。英军方面称此次交战大败清军，击毙清军约10~12人，其余清军溃散，英军无一伤亡；闽浙总督邓廷桢称击毙英军4人，"伤甚众"，清军战死9人、伤14人。与此同时另一路英国舰队已迫近浙江舟山，于7月5日自舟山海面向定海发起进攻，次日晨攻入定海，定海知县投水自尽，总兵战死。是役，清军参战1540人，伤、亡各13人，定海水师更在9分钟内被消灭，英军所有舰船共中弹3发，无人员伤亡。定海陷落让道光皇帝大为震惊，也让他对当前时局的认识发生了转变。

英国舰队继续北上，8月11日抵达天津，道光皇帝向直隶总督琦善发出谕旨："著该督督伤所属严密防范，临时仍相机办理。如该夷船驶至海口，果无架鸶情形，不必逮行开枪开炮。倘有投递察帖情事，无论夷字汉字，即将原察进呈。"显然道光皇帝的态度软了下来，对英军的立场由"进剿"转为"抚议"，有了这样的态度，本来就主张妥协的琦善有了与英国人谈判的依据。

英舰"威里士厘"号等进泊天津附近的拦江沙，在此已等候的琦善即派人登船，英国人递交相关文书，并称还有重要文件呈交，琦善将其进呈道光皇帝御览。道光皇帝阅后认为"英吉利夷人投递字据，声称诉冤，尚无架鸶情形"，诏允琦善派员收受英方公文，琦善派千总白含章携带"馈送"给英人的食物登上英船接受所谓的"重要文书"，即《巴麦尊子爵致中国皇帝钦命宰相书》。回来后，白含章还向琦善报告了所见英舰的情况，琦善把英国人的文书转呈道光皇帝，并转述了白含章看到的有关情况："其至大者，照常使用篷桅，必待风潮而行，吃水二丈七八尺，其高出水处，亦计两丈有余。舱中分设三层，逐层有炮百余位。"

巴麦尊在信里诬蔑林则徐禁烟是对英国商人的"强行残害"，提出五点要求：一是赔偿鸦片损失；二是中、英官吏以后要平等相待；三是割让一岛或数岛给英国，供英国人居住贸易；四是索要倒闭洋行的商欠；五是赔偿军费。不知是否因为翻译的问题，道光皇帝读后产生了错觉，以为英军来犯的原因是由于林则徐禁烟不当和禁止通商，只要把林则徐治罪，同时恢复通商，英军就会罢兵。道光皇帝已无心交战，只求尽早平息事态，于是命令琦善在天津与英国人谈判。

琦善按照道光皇帝的旨意向懿律发出照会："上年钦差大臣林等查禁烟土，未能体仰大皇帝大公至正之意，以致受人欺朦，措置失当。必当逐细查明，重治其罪。惟其事全在广东，此间无凭办理。贵统帅等应即返掉南还，听候钦差大臣驰往广东，秉公查办，定能代伸冤抑。"但对于英国人提出的五点要求琦善全部予以驳回。懿律本想坚持，但此时北方气候严寒，渤海一带即将封港，英国军士不习水土，疾病开始流行，鉴于此，故同意南下。英国舰队于8月20日离津返粤，道光帝闻讯大悦，自诩"以片言片语，远胜十万之师"。8月22日，命琦善为钦差大臣赴广东办理相关事宜。

1840年11月，琦善前往广州与英军谈判，在此之前道光皇帝已下令将林则徐、邓廷桢撤职查办，英国方面懿律也因病去职，义律接任全权代表。在谈判中，义律提出了14项要求，包括重开商埠、赔偿烟价和兵费、订定税则和治外法权等，道光皇帝闻讯大怒，命琦善停止谈判，加以痛剿。1841年1月7日，英军出动舰队炮击沙角炮台和大角炮台，并将其占领，琦善惶恐，于1月20日与义律拟定了《穿鼻草约》，提出赔偿英国政府600万两白银，割让香港岛。

琦善虽为钦差大臣，却无权割让领土，相关草约还须上报道光皇帝批准，但义律等不及了，一边单方面公布了草约内容，一边派兵抢占香港岛。琦善的越权和卖国行为引起朝野上下的强烈不满，一些官员纷纷向道光皇帝上奏弹劾，道光皇帝下旨罢免琦善，调伊犁将军奕山为靖逆将军，赴广州主持军事。

1841年2月24日，英军向虎门发起进攻，26日攻陷虎门，广东水师提督关天培壮烈牺牲。3月18日，英军攻入广州西南的英国商馆。4月14日，奕山到达广州，这时各地援军相继抵达，道光皇帝决心在广东与英国人决战。4月24日，英军进攻广州，26日再战虎门，清军投入兵勇8500人，火炮377门，英军投入战舰10艘，登陆兵力2000多人，结果清军约250人战死、约100人负伤、约1000人被俘，英军战死9人、受伤68人。战罢，广州城外炮台及制高点基本被英国控制。4月27日，奕山向围城的英军提出谈判请求，双方暂时停战。

1841年5月30日，发生了三元里民众抗击英军事件，民众包围英军占领的四方炮台。5月31日，英国改派璞鼎查接替义律负责中国事务。璞鼎查到任后即实行强硬手段，于8月22日再率英军舰队北上，8月26日围攻厦门，次日厦门失守，此战清军阵亡总兵1名、副将以下军官7员，士兵减员324名，英军战死1人、受伤16人。9月5日，英军主力继续北上，10月1日向定海发动总攻，10月10日定海外围阵地失守，两江总督裕谦跳水自尽。10月13日英军逼近宁波，负责防守此地的太子太保余步云弃城逃跑。

此后战事稍显缓和，到1842年5月7日，英军集结兵力于长江口，做出沿长江向内地进攻的态势。6月19日英军占领上海，7月5日英军由战舰12艘、轮船10艘、运输船51艘以及士兵7000余人组成舰队从上海出发进攻镇江，在此遇到激烈抵抗，英军死39人、伤130人，为战事开始以来伤亡最严重的一次。8月2日英军弃镇江进攻南京，8月31日道光皇帝正式下旨同意和谈，8月29日，中国近代史第一个不平等条约《中英南京条约》签订，历时2年的第一次鸦片战争结束。

第一次鸦片战争期间中英双方共发生较大规模的战役12次，分别是第一次定海之战、沙角大角之战、虎门之战、乌涌之战、广州之战、厦门之战、第二次定海之战、镇海之战、浙东之战、乍浦之战、吴淞之战和镇江之战，清军投入的总兵力超过10万人，而英军最多时不过7000人，但英军以少胜多，在北至天津、南到广州的数千里海陆如入无人之境，清军不仅没有打过一场像样的胜仗，而且在历次战役中都死伤巨大。据统计，清军共战死约3100人、伤约4000余人，英军仅战死71人、伤400余人，英军因疾病、食物中毒、船只倾覆等非战斗死亡尚有 2000 人，真正战死的人数不及其 4%，双方战死人数具体情况如表 2.1。

表 2.1　　　　　　　12 次战役中英战斗伤亡统计表

战　役	持续时间	中方伤亡	英方伤亡
第一次定海之战	下午 2 点半至天黑	死 13 人，伤 14 人	无伤亡
沙角、大角之战	上午 10 点至下午不到 1 点	死伤约 760 人	无死亡，伤 38 人
虎门之战	清晨至下午 5 点	死伤 500 人以上，被俘 1000 人以上	伤 5 人
乌涌之战	下午 1~4 点	死约 500 人	死 1 人，伤 8~9 人
广州之战	5 月 24 日下午 2 点至 25 日	死 500 人以上，伤 1500 人以上	死 9 人，伤 68 人
厦门之战	下午 1 点 45 分至天黑	死 70 余人，伤 37 人	死 1 人，伤 16 人
第二次定海之战	上午 9 点至下午 2 点许	颇多，千人不止	死 2 人，伤 27 人
镇海之战	早晨至下午约 2 点	将领死伤 53 人，士兵伤亡数以百计	死 3 人，伤 16 人
浙东之战	3 月 10 日凌晨 3 点至早上 7 点，3 月 15 日	兵勇战死 540 余人，伤 200 余人，被俘 40 余人	死 4 人，伤数人
乍浦之战	不详，不超过 1 天	死亡 696 人（官 17 人，兵 679 人）	死 10 人，伤 54 人
吴淞之战	凌晨 6 点至中午 12 点过	死亡 89 人（官 8 人，兵 81 人）	死 2 人，伤 25 人
镇江之战	清晨至夜里	死亡 239 人，伤 264 人，失踪 68 人	死 39 人，伤 130 人
		死约 3100 人，伤约 4000 余人	死 71 人，伤 400 余人

资料来源：张莉，《第一次鸦片战争中英双方的伤亡及其影响》，东北师范大学，2008。

六、为什么败得这么快

仗打成这样，让人痛心疾首之余不禁发出追问：拥有 4 亿人口、80 多万常备军，对手的人口不到 2000 万、军队不到 20 万，还是在自己的"主场"，为什么打不赢？

首先，不能不说是因为清朝统治者的愚昧无知，长期封闭，不了解外部情况，不注意情报的搜集，常常以"天朝上国"自居，狂妄自大，终于酿出了苦果。在 1841 年 3 月的广州之战中，负责战役指挥的参赞大臣杨芳临时被征调来广州，广州士绅官民听说后一片欢呼，因为杨芳"十五岁从军，至此已经戎马五十五载，身经百战"，但面对从来没有见过的洋人杨芳却手足无措，据《近代史资料》所载《广东省各绅士与各乡民致两江总督裕谦信》，杨芳"唯知购买马桶御炮，纸扎草人，建道场，祷鬼神，然尚添造炮位、军器、木排等事"，成为洋人的笑谈。

战争期间英国人很重视情报的搜集，对清朝军队的战力、布防情况十分清楚。但清朝方面却缺乏这种准备，情报工作十分滞后，英国内阁早在 1839 年 10 月 1 日就做出了对中国开战的决定，如此重要的情报清朝方面居然毫不知情。林则徐算是清朝官员里少数能"睁眼看世界"的人，但他对敌人的了解也很有限，1840 年 2 月林则徐听到在澳门居住的葡萄牙人说英国正从本土和孟买各派出 12 艘舰船不久就可到达中国还不相信，斥为"谎言"。

其次，是因为清朝政权政治的腐败，削弱了国家力量。"康乾盛世"带来空前的繁荣，也潜伏下巨大的危机，奢侈、骄怠、贪污、腐败等像毒瘤一样疯狂增长，腐蚀破坏着国家和社会的肌体，自嘉庆朝以来，国势迅速从顶峰滑落，各种矛盾日益突出，朝廷与百姓日渐疏离，英国人通过长期的考察和情报搜集也清楚地看到了这一点，所以他们把矛头对准清朝政府而尽量与中国人民不发生冲突。据胡滨选译的有关鸦片战争的英国外交档案，1840 年 5 月义律给英国政府写信专门谈及英国、中国政府、中国人民三方的关系，认为采取军事行动"这一措施虽然是打算用来使政府产生深刻印象，但对人民是没有损害的；的确，对人民来说，如果不是感到满意，便是漠不关心"，因为"在中国的统治者和被统治者之间简直没有感情。迫切影响群众的方便和安逸的那些措施在引起骚乱和暴动的严重危害之前，对政府不起什么作用"，"该政府在有把握的时候尽量少考虑人民的幸福，而人民对害怕政府比对注意政府的性格或尊严更为敏感。因此，我担心，对我们自己的目的来说，通过采取扣留财产的措施，刺激群众起来反对我们自己比顺利地对该政府施加影响将更为容易。不过，我不否认，采取强有力的战争方式影响帝国沿海广大居民的便利，而且我可以说影响他们的实际生存，将迟早迫使该政府屈服"。

义律认为，英军的行动必须在针对清政府和中国人民之间做出选择，"在我看来，我们必须在进行一次指向该政府的性格和权力的突然打击或采取令人厌恶的对付人民的那些措施之间做出抉择，我确实觉得，对人道和合理政策的一切考虑都说明应采取前面的那项办法"。因此，义律建议选择以清政府作主要打击对象，尽量不要惹怒中国百姓，同时他认为沿海地区的居民更愿意同英国进行贸易，而清政府对贸易的限制也是居民所厌恶的，在他看来对中国实施军事攻击后，贸易线路遭到封闭，"该政府的权力在沿海居民的心目中，必定很快会发生动摇。这一点也不是不可能的，即那些官员在我们出现的每个地方为对付所谓的攻击意图而采取花钱很多和令人厌烦的防御措施，从而由他们自己激起闹事；而且由于他们断断续续的努力，在他们自己已受到震动而且行不通的闭关政策的严厉统治范围内，破坏他们本国人民的贸易精神和所必需的东西，他们更有可能引起严重骚乱"。不得不承认，英国人对中国政府、中国社会的了解是相当深入的，看到了问题的关键。

再次，清朝武备松弛也是此次战败的重要原因。清朝的水师是此战的主力，但在与敌人交手时几乎不堪一击，整个清朝的政治已经相当腐朽，水师的腐败也在所难免，最大的积弊就是冒粮扣饷。道光二十年（1840 年）7 月，湖广道监察御史焦友麟上《奏陈山东海防积弊请饬认真整顿折》，指出山东登州水师营的编制为 540 名，但到作战时合计老幼残疾在内已经不足 2/3，每当上司检查校阅营伍时便"雇觅无赖闲民充数"。将领如此，下层士兵也都兼营其他差事以求外快，战斗素质很差。张集馨在《道咸宦海见闻录》中说，水师中还有人与海盗相互勾结为害，"其父为洋盗，其子为水师，是所恒有"，靠这样的军队去打仗，自然无从谈起。

前已述及，清军水师的装备与对手存在"代差"，不仅如此，在日常训练方面也相差甚远。清军水师虽有训练标准，其中规定每年春秋两季要定期划界巡洋，但在实际执行中却很难达到，每到出海训练，士兵都会想尽办法躲避差使。蓝鼎元在《潮州海防图说》中说，广东水师"大师小弁分哨会哨，非不耀武扬威，昂然身登战舰，张大其事……虽城下亦诿之外洋，虽营边亦移之邻境，彼此互推，经年不倦。若其海菜鱼虾，微利所在，战胜攻取，如临大敌"。昭链在《啸亭杂录》中说，"雍正中，宪皇帝念津门附近京畿，海防綦重，因设满洲水师都统一员，副都统二员，其协领下若干员，兵三千名，守御海口以防鲸涛不测之变。然满兵虽雄健，不利水师，初设时章程草率，所训练技艺不及陆营之半"，可见整个水师在日常训练中都在走形式，刘锦藻在《清朝续文献通考》中总结，清军"是有水师之名，无水师之实"。

在临场指挥方面清军也难占到便宜，面对敌方的坚船利炮，清军自知在海上不是对手，于是采取了陆地固守的战术，中国的海岸线漫长，在搞不清对手在哪一点上发起攻击的情况下也无法预定战场，只得处处设防、处处固守，兵力充足原是清军最大的优势，在防守战略下却显得不够用了。思想落后、政治腐败、武备不足，在这种情况下，大清国的近百万军队败于自万里之外打到家门口的一支舰队也不足为奇了。

除了以上说的这些原因，还有一点全为重要，它也决定着此次战争的胜败，那就是清朝财力的不足，这场仗与其说打不过，不如说打不起。战事全面铺开后，道光皇帝发现原本最乐观的兵力充足一项却突然变成了短板，为了在数千公里的海岸线设防，只得从其他各省急调军队支援东南沿海4省，大规模的调兵运动开始了。在整个战争期间，调往广东的外省兵共超过1.7万人，调往浙江的外省兵最多时达1.84万人，调往江苏的外省兵最多时达

1.39 万人，表 2.2 是调往浙江的各省兵力情况。

表 2.2　　　　　　鸦片战争期间调往浙江各省兵力情况

命调时间	调出省	兵数	调出与撤离说明
1840 年 7 月 18 日	福建	500	道光帝命调时未称兵数。是年十一月十五日撤
1840 年 8 月 28 日	安徽	1200	原调江苏，由伊里布调往浙江。是年十一月十五日撤
1841 年 1 月 12 日	湖北	1800	是年二月十五日下令停调，三月十五日改调广东
1841 年 1 月 12 日	湖南	1000	
1841 年 1 月 12 日	安徽	1200	定海、镇海两役后，大部伤亡或溃散
1841 年 2 月	江宁驻防	300	裕谦带往，是年九月一日撤回
约 1841 年 2～4 月	江苏	1000	裕谦调，未经道光帝。浙江诸战后，损失较大
约 1841 年 6～7 月	江苏	200	
1841 年 9 月 25 日	江宁驻防	800	裕谦调，道光帝于十月四日认可。次年六月二十二日，撤回江宁旗兵。七月奕经派安徽兵五百往江苏，其余十月撤
1841 年 9 月 25 日	安徽	1000	
1841 年 10 月 2 日	江苏	300	裕谦调，道光帝十月四日认可
1841 年 10 月 2 日	江西	2000	原调福建，裕谦截调，十月十一日道光帝同意。次年六月奕经派往江苏
1841 年 10 月 12 日	湖北	1000	次年十月撤回
1841 年 10 月 12 日	江西	1000	是年十月二十六日撤回
1841 年 10 月 17 日	陕西	2000	原调天津。是月二十一、二十二日仍命往天津
1841 年 10 月 19 日	河南	1000	见后批河南兵
1841 年 10 月 21 日	湖北	1000	次年十月撤回
1841 年 10 月 26 日	四川	2000	次年六至八月，奕经派往及带往江苏一千三百名，其余十月撤
1841 年 11 月 13 日	山西	500	抬枪抬炮兵，次年八月奕经带往江苏二百名，其余十月撤
1841 年 11 月 13 日	陕西、甘肃	400	抬枪抬炮兵，陕西、甘肃各二百名。撤离情况见下项

　　资料来源：茅海建，《鸦片战争时期的中英兵力》，《历史研究》1983 年第 5 期。

由此就产生一个新问题，那就是额外的军费支出。当时清朝的军费已占财政收入的大半，但也仅仅保证了"人头费"和维持性费用，战事一开，军费急剧上升，大量部队调防产生了新的费用。根据《钦定户部军需则例》，军队移防需支付整装银、盐菜口粮、车粮行船路费等，比如要调东三省满营出征，军官整装银就得按80~350两的标准发放，士兵为30两，盐菜口粮银的发放，满州旗人士兵每月2.2两，绿营士兵每月1.3两，算下来都是不小的开支。

　　清朝军费支出实行的是奏销制，每年初冬各省把来年需用俸饷等各款预估数形成"冬估册"上报朝廷，第二年春、秋两季各省再据实上报库存实银数额，形成两季"拨册"。春季限每年2月20日到部，秋季限每年8月20日到部，户部对"冬估册"和春秋"拨册"进行核实，将各省实存银数以及所需俸饷查清楚后，把各省的财政情况分作有余、不敷和仅够本省等3类，有余省份协补不敷省份，称"协济"，协款在4月和9月分两次完成。各省协款及留下本省开支后的剩余银两再上解朝廷，一个财政年度结束后各省对本地一年的收入、支出、协济等情况上奏请销。

　　如果太平无事，各省的军费支出为定数，按照上述制度自然可以周而复始、连续运转，但临时事态发生后，奏销制已无法保证随时发生的大笔支出，只得奏请朝廷"特事特办"。在收复定海战役时，浙江方面原提的藩库银10.5万两不够用，护理浙江巡抚宋其沅要求将原本要协济云南和上解户部的96.28万两截留作为临时军费，为了应急朝廷只得批准。英军第二次炮击厦门，闽浙总督邓廷桢奏请从藩库、监道库中再拨银15万两，广东谈判破裂后道光皇帝决心与英国人一战，遂指示钦差大臣琦善"所有军需，无论地丁关税，准该大臣酌量动用，作正开销，倘有不敷，迅即奏闻请旨"，琦善回奏"查得各库贮堪以动用之款，现尚堪敷支，惟防夷久暂难以预料"，道光皇帝下令户部从广东邻近省份临时拨银300万两给广东以应急。

　　战事一开，各地要钱的奏折如同雪片一样飞向道光皇帝的御案，要钱的人个个理直气壮，管钱的人却如坐针毡。如果放在乾隆朝，有8000万两的库存白银在手尚能淡定，但现在朝廷财政仅能勉强维持，如果按照这样的节奏花下去，朝廷马上得散摊子。道光皇帝一开始对军费奏请还比较大方，后来就越来越抠了。1841年3月新任闽浙总督颜伯焘奏"敕部筹备银300万两，内200万两迅速解闽以副支用，其余100万两容臣察看情形，如果必须应用，再行奏咨"，奏折先到户部，户部打了个对折，准备拨给150万两，呈请道光皇帝朱批时，道光皇帝又删去了50万两。1841年8月英军攻陷厦门，福建方面急请拨款300万两，道光皇帝索性不准。

为了减少额外的军费支出，道光皇帝对调兵越来越谨慎。1840年9月琦善与英国人开始谈判，道光皇帝将林则徐、邓廷桢革职，英国舰队从天津退往山东海面，道光皇帝赶紧命令沿海各省撤防，"以节糜费"，但3个月后广东局势再报危急，又只得下令增防。1841年7月奕山谎称取得胜利，道光皇帝再次下令各省撤防，结果英军随后发起新一轮进攻，清军吃了大亏。1842年9月道光皇帝决心议和，沿海各省又开始撤防。撤了布、布了撤，不仅瞎折腾，而且贻误了战机。

屋漏偏逢连阴雨，1842年夏天黄河决堤，河南、江苏、安徽等省受灾严重，河南省的省城开封都被洪水包围，河工、赈灾又需大批银两，这也是迫在眉睫的事。道光皇帝这时发现，这一仗自己根本打不起，再打下去的话，不等英国人杀进北京城，自己这个皇帝就得主动下台。

有人认为第一次鸦片战争之所以失败，道光皇帝应该负主要责任，他意志不坚定，战事一开便处在摇摆之中，一会儿禁烟，一会儿又派人议和；一会儿调兵增援，一会儿又急令撤防。其实不是这位"小康熙"缺少智商或胆识，受军费和财政问题的困扰才是他不断改变决策的根本原因。

七、道光皇帝的经济账

下面，继续从财政和军费的角度解析这场战争。

如果从1840年6月英国主力舰队到达广东算起，第一次鸦片战争前后持续了2年零2个月，清朝为此付出了多少额外军费呢？对此，魏源在《道光洋艘征抚记》中说："夷寇之役，首尾二载，糜帑七千万。中外朋议，非战即款，非款即战，从未有专议守者。何哉？且其战也，不战于可战之日，而偏战于不可战之日。其款也，不款于可款之时，而专款于必不可款之时。其守也，又不守于可守之地，而皆守于不可守不必守之地。粤东不议守而专款，是浪款也。"

按照魏源的说法，第一次鸦片战争的 2 年时间里中国方面共花费了7000 万两额外支出，这笔钱相当于清朝 3 年多的日常军费支出，对于年财政收入只有 4000 万两左右的清政府来说这是一笔巨款。不过也有不同的说法，据《道光朝实录》，道光皇帝曾于二十三年（1843 年）5 月颁布了一道上谕：

谕军机大臣等：有人奏，军需报销，往往有浮开之弊。此次各海疆动拨银两，报部者已不下二千万，现在截销。尚有陆续补报等项。且各处多未曾打仗，所造大炮战船，均不适用，并称亦经虚糜帑项。为郑鼎臣开销兵饷至三四十万，难保无侵渔浮冒等语。军需各款，理应核实报销，岂容丝毫冒滥。

这里说的"有人"是指江南道御史陈庆镛，他提出此次战事共花费了2000 多万两，这与 7000 万两的数字差得有些大，但道光皇帝把他奏折的主要内容以上谕的形式示下，显示出对这个数字是认可的。

其实这两个数字并不矛盾，分歧在于口径不同，2000 多万两之所以被道光皇帝认可，大概这是经他之手批出去的临时军费数目，所以称"动拨"，而这笔钱并不能算作清政府为应对这场战争的全部花费，虽然其他各类花费已无法细考，但清朝的第一次鸦片战争军费总支出，应该有数千万两之巨，再加上每年约 2000 万两的日常军费，清政府这两年里的全部财政收入都用于战争也不够。

作为战败的一方，除了要承担自己的军费外，往往还要承担对方的花费。在讨论赔款时，英国人对自身的军费支出也比较看重，一个重要的要求就是自己的军费也得由中国出。关于英国军费支出的情况，战争结束后英国政府曾于 1843 年 5 月 16 日接受过议会的质询，其中列出了一份对华战争支出的账单，详细情况如表 2.3。

表 2.3 　　　　　　　　　　鸦片战争中英国对华战争支出账单 　　　　　单位：镑

东印度公司	
由宗主国政府支付的实际远征军费用	682507
至 1841 年 4 月 30 日	753184 ⎫
至 1842 年 4 月 30 日	318725 ⎬ 1071909
由东印度公司于 1842 年 4 月 5 日前支付而尚未	
收到付款的 1842 年至 1843 年远征费用估计	1096416
东印度公司支付的国内远征军费用	28541
	……2879373
香港	
香港工事，据义律上校的账单	3000
新南威尔士	
军需部门提供的补给品	16000
女王陛下政府支付的国内远征	
装配舰船	180959
工资	441440
海军部　　雇用船只及运费	224700
海军物资和煤	90853
给养	338382
医药	9706
	……1286040
营房修理	3518
物资	19368
付给官兵的工资	7614
补贴伙食	500
	……31000
总计	4215413

　　资料来源：茅海建，《鸦片战争清朝军费考》，《近代史研究》1996 年第 6 期。

　　1842 年 8 月，清政府被迫在南京城凤仪门外的静海寺与英国人议约。430 多年前郑和第三次下西洋返国，明成祖朱棣为彰昭郑和使"海外平服"的丰功，并供奉郑和带回的罗汉画像、佛牙、玉玩等敕建了该寺。物是人非，时

套牢中国：大清国亡于经济战

事变迁，令人欷歔。经过多轮讨价还价，8月29日，清政府代表、广州将军耆英等登上停在下关江面的英军"康华丽"号军舰，与英国代表璞鼎查在《南京条约》上签字，其时，英军有85艘舰只在南京附近的江面上摆出作战队形，正如耆英哀叹的那样："我等所选已无关正误，而唯社稷安危之虑。"

《南京条约》有英、中两种译本，英文译本共22页，墨汁手写；中文译本共16页，长4英尺，宽10英寸。在英文译本里起首还有对维多利亚女王三呼万岁的赞美之辞，并称"我们及中国皇帝这位友好兄弟"，看起来有些讽刺。为了照顾中国皇帝的颜面，中文译本除删除了这些"不妥当"的话，还大玩文字游戏，如把"割让"香港岛译成"给予"，把"允许"英国人通商译成"恩准"等，据说这都是中国代表在谈判桌上"据理力争"的结果。

条约里的主要内容有13条，归纳起来要点包括：清朝政府开放广州、厦门、福州、宁波、上海等5处为通商口岸，准许英国派驻领事，准许英商及其家属自由居住；清政府向英国赔款2100万银元，其中600万银元赔偿被焚鸦片，1200万银元赔偿英国军费，300万银元偿还商人债务，款项分4年交清，未能按期交足则酌定每年百元加利息5银元；割香港岛给英国，英军撤出南京、定海等处江面和岛屿；废除清政府原有的公行贸易制度，准许英商与华商自由贸易；英商进出口货物缴纳的税款，中国须与英国商定；以口头协议决定中英民间诉讼之事，英商归英国自己管理。

曾是两江总督伊里布心腹的张喜在《抚夷日记》中说，英国人最早索要的战争赔款是3000万银元，经过讨价还价最后确定为2100万银元。根据《南京条约》，这些钱在今后4年中分7次偿付，其中当年就要付600万银元，这是英军从长江撤军的条件。其余款项也设定了抵押，那就是镇江的招宝山、厦门的鼓浪屿和定海等3处英国人占领的地方，须等全部赔款结清后才能交还中国。

在上述条款中英国人坚持了他们的一贯诉求，那就是扩大通商范围、保障英国商人在华的利益，他们还得到了额外的收获，就是香港岛的割让，英国人对葡萄牙从中国租借的澳门早就垂涎三尺，以前多次提出想租借一个地方，如今终于实现了。在中国建立起通商口岸，则意味着清政府以前所实行的公行制度被废除，而所谓"秉公议定"关税，则侵夺了中国的关税自主权，用关税保护本国的产业是各国普遍实行的政策，"协定关税"不仅不能保护中国的经济，反而会对经济发展起抑制作用。

已经慌了神的道光皇帝恐怕还来不及细想这些严重的危害，他最关心的大概只有赔款一条，香港岛在他眼里只不过是一个小渔村，割就割了，中华帝国这样的小岛数不胜数，"五口通商"前朝已有先例，也算不上什么丢人的事或重大损失，贸易、关税、诉讼等他也没有心情去细究，但赔款不同，真金白银，往出拿如同割肉。

赔款中所说的"银元"是指西牙元，这是当时各国对华贸易包括鸦片走私中经常使用国际货币，西班牙银元以纯银铸成，1枚约重0.72~0.73两，若按0.72两计算，2100万银元约合1470万两白银，这也是一笔巨款，不过在道光皇帝看来，如果用这笔钱就能平息事态，重新回到"天下太平"的日子，那还是很划算的。

第三章

绳索已经套上

一、拉钩上吊，一万年不许变

1842 年 9 月 1 日，即《南京条约》签署后的第 3 天，钦差大臣耆英与署理乍浦都统伊里布、两江总督牛鉴等 3 人联名致英国全权代表璞鼎查一份照会，其中说："从此万年和好，两国无争矣。惟贵国所定条款，期于永久遵行。而中国亦有盟言，必须预为要约。盖事定其初，后来可免反复；言归于好，无话不可商量。兹将所拟各条照会贵公使，希即一一照复施行。"这样，《南京条约》在清政府内部从此有了一个"万年和约"的名称。

万年和约，拉钩、上吊，一万年不许变！

但是，包括一心期望天下从此平静万年的道光皇帝在内，大部分人其实也都看到了"羁縻"不过是"权宜之计"，就连在《南京条约》上代表清政府签字的耆英都说："抚夷本属权宜之计，并非经久之谋，此时熟筹善后，原期经久。"

痛定思痛、认真反思，态度很好，问题是如何反思、又如何去做呢？道光二十二年（1842 年）6 月，在《南京条约》还没有正式签字时，道光皇帝就颁发了一道上谕，令沿海各省赶造大号战船：

因思逆夷所恃者，中国战船不能远涉外洋与之交战，是以肆行无忌。若福建、浙江、广东等省各能制造大号战船，多安炮位，度其力量，堪与逆夷海洋接仗，上之足歼丑类，次亦不失为尾追牵制之计。设有如定海、镇海、厦门之事，我陆兵战于前，水师战于后，该逆将无所逃命，沿海州县，庶可安堵无虞。惟是逆粽遍海，此时闻我造船，势必设计阻挠，乘机抢劫，不可不像为之防。著福建、浙江、广东各省督抚，各就本省情形，详加筹画，密为办理。

针对有人提出大船不易造的问题，道光皇帝举广东方面的事例进行批驳。广东有士民捐造了一只大船，"颇能驾驶出洋"，可见木料人工随地皆有，急公好义之士也不乏人。道光皇帝谕旨："嗣后如有捐资制造战船炮位者，该督抚查明保奏，朕必照海疆捐输人员，从优鼓励。"除此之外，还特意叮嘱"惟此项船只，必难克期成造，事先务当密之又密，断不可走漏风声，致有贻误"。

道光二十二年（1842 年）10 月，又向沿海各总督、巡抚、将军、副督统、提督和总兵颁布了一道重要谕令，要求他们悉心讲求海防善后事宜，并就海防建设等问题发表自己的意见，制定各地的相关章程，随后这些章程陆续呈送到道光皇帝的案头。从地理区域上说，自北向南分别属直隶总督、山东巡抚、两江总督、闽浙总督和两广总督的防区，他们虽然制定了各自的海防章程，但内容却五花八门，反映出清政府内部直到此时在海防主导思想上还不一致。

直隶方面：琦善被革职后讷尔经额继任直隶总督，此人正白旗出身，中过进士，担任过漕运总督、山东巡抚等职，继任直隶总督前担任驻藏办事大臣、驻西宁办事大臣，也就是说，他并没有直接参与过第一次鸦片战争，对战前的禁烟活动也参与甚少，他认为清军的长处在陆战，应加强火炮方面装备的改善和士兵训练，提高射击精度，并据此制定了海防章程。这种认识相当浅薄，还停留在鸦片战争前的一些认识上，但章程上报后也通过了。

山东方面：章程由山东巡抚托浑布和登州总兵玉明共同上奏，他们一直在山东任职，但与英国舰队没有直接交过手，他们虽比讷尔经额高明一些，能认识到战船对海防的重要意义，但由于缺乏实战，对于建造何种战船没有经验，反而认为应建造过去水师使用的那些中小战船，原因是官兵已经习惯了，容易掌握。

两江方面：第一次鸦片战争前后两江总督先后换了五六次，继邓廷桢后还有伊里布、麟庆、牛鉴、裕谦等人，此时在位的是签订《南京条约》的中方代表耆英，面对皇上关于海防问题的征询，耆英虽呈报了相关章程，但又说明江苏方面对此有各种不同争论，"且也不能有确切把握"，经过反复讨论，他们认为建造的战船既要适应外海，也要适应内河，因为两个方面都很重要。这种认识看似有理，但其实是错误的，先不说内河、外海能否兼顾，即使可以，也会因此限制战船的性能，这种想法与其说是重防守，不如说太保守。

闽浙方面：海防的重点在浙江，相关章程由浙江巡抚刘韵珂与水师提督李廷钰共同上报，他们对英国人舰队的威力相对有所了解，知道坚船利炮的威力，但他们也认为以清朝当时的技术和国力，仿造英军那样的战舰并不现实，"既鲜坚大之材，又无机巧之匠"，他们提出多建像福建一带流行的同安梭船那样的战船反而更为现实。

广东方面：作为战争的最前线，广东官民对英军舰炮的威力认识最深刻，也最早提出了仿造英国舰炮的想法，早在1841年广州战役失败后，钦差大臣奕山、两广总督怡良等人就在佛山设立了3个工厂，昼夜督促仿制西方火炮，同时鼓励广东富商潘仕成、许祥光等人捐款仿造外国战船，于1842年10月率先仿造了数艘新型战船，其中潘仕成设计建造的新式战船较为先进，可以安置舷侧炮，奕山还奏请朝廷"雇觅夷匠"准备仿造西方火轮船，但不久奕山被革职，怡良调走，新任两广总督徐广缙被认为是一个少有的清官，对洋人的态度也很强硬，但他对"师夷制夷"有不同看法，认为清军应立足于陆战和地利两大优势，尽量避免与敌人在海上碰硬，所以下令把已造好的战船全部裁撤了。

从以上情况可以看出，虽然大家都进行了反思，但反思之后得出的结论并不相同，核心之处在于"海陆之争"和"师夷之争"，一部分人认为应当重防守，与其海战不如守河口，有的甚至认为守河口不如守内陆，而另一部分人认为应当发展新式炮舰，与洋人在海上对决；有人认为"师夷长技以制夷"，但也有人认为应当发挥固有优势，"师夷"未必能"制夷"。

这是一场大讨论，除了朝廷和官方，许多社会上的有识之士也参与了，包括已被革职的林则徐以及曾直接在反英斗争一线考察过的魏源等人，他们都提出了许多真知灼见。但当时的具体情况是，曾直接参加与英军作战的官员、将领中，有相当多的人因为战败而被追究责任，或革职或调任，真正拥有话语权的多是一些没有实战经验的官员，从而无法把这场检讨反省带向正确的方向，纵然道光皇帝一心励精图治，也无法得到实质性改变。

除了坐而论道、纸上谈兵，更多的人其实是一种麻木，这种麻木，一方面出于无知而产生的无畏、无觉，另一方面仍然出自于特殊的文化优胜心态。在相当多的人心中西方依旧是鬼夷模样，一场战争尚无法使众人清醒地认识外部世界，认识到差距和更大的危机，林则徐在战后写过一段话："和议之后，都门仍复恬嬉，大有雨过忘雷之意。海疆之事，转喉触讳，绝口不提。即茶坊酒肆之中亦大书'免谈时事'四字，俨有诗书偶雨之禁。"

二、赔款从哪里来

务虚可以慢慢来，务实却很急迫。摆在道光皇帝面前的最大问题是：数目不小的赔款从哪里去弄？

2100万银元不是一笔小数目，按照分4年还清的约定，折合成白银每年须还款数百万两不等。当时清政府自身的财政状况已经很糟糕，根本无法把这项额外支出纳入各年度"预算"，但这笔钱还不得不给，否则英国人会再次打上门来，而且还有3个地方在英国人手里，不给也不行。根据当时清政府各年岁出与岁入的情况，赔款在其各年财政收支的占比分别如表3.1。

最后，这些钱还是通过一些"临时性措施"解决了。道光二十二年（1842年）分摊的赔款总数为600万银元，折银约426万两，之前英国人向苏州、上海商民勒索过125万两的所谓"赎城费"，经过清政府的争取，这笔钱可算作还款，剩余301万两中，从部拨和山东解拨江苏的军需银中拿出了65万两，从江宁藩库和江宁粮道以及龙江关库中共提出库银50万两，从苏州藩

表 3.1　　　　　鸦片战争赔款在清政府财政收支的占比情况

年　份	赔款银两	占岁入（%）	占岁出（%）
1842	4260000	11.04	11.41
1843	3500000	11.31	13.33
1844	3500000	9.21	10.17
1845	2800000	7.01	7.46

资料来源:《南京条约》；赵尔巽等,《清史稿》,中华书局,1977。

库和浒墅关库中提银 45 万两,从浙江和安徽藩库中提银 141 万两。

藩库是清代各省布政司所属的钱粮储库,布政司掌管一省的民政、田赋、户籍,如同省财政厅加民政厅,藩库库银就是各省财政厅和民政厅的钱,用于一省的开支。粮道是掌管漕粮的部门,清代在有漕粮的省设置,"掌监察兑粮,督押运艘,而治其政令"。中央实在拿不出钱了,只能从各省财政、军需部门想办法。

各省实际上没有独立的财政,省布政司其实只是朝廷户部的"出纳",提调的款项其实也是户部的钱,按照奏销制度,这些钱可以被提前支用,但也要作奏销处理。但在实际操作中,除从部拨和山东解拨江苏的军需银 65 万两纳入奏销外,其余银两由各省"自行解决",也就是中央虽然派下了款,却不能回中央报销,各省无奈,只能通过向商民强行摊派或纳捐等办法解决,也就是说,第一笔 426 万两的赔款,只有 15% 左右的钱是从中央财政拿的。

不管怎么说这笔钱总算还给了英国人,除了这笔钱,英国人还有其他的收获。1841 年 5 月英军炮击广州,时任钦差大臣的奕山派广州知府余保纯向英军求和,5 月 27 日签订了一个《广州和约》,规定清朝方面在 7 日内交出 600 万银元供英方使用,款项付清后英军撤回虎门以外,并交还相关要塞,这笔 600 万银元的"赎城费"未计入《南京条约》的赔款中。

道光二十三年（1843 年）又要筹措 350 万两的赔款,这笔钱道光皇帝也不打算从自己腰包里出,他打算摊派给广东的行商,理由是在全部战争赔款中有一笔所谓的"行欠",本不应由朝廷承担,朝廷算是垫付,钱还是应该由行商去解决。

所谓"行欠",指的是兴泰等商行所欠外商的货款。兴泰行曾是广州著名的商行,贸易额一度占广州外贸总额的 1/4,但因经营不善和官府勒索等原因倒闭,其后有 20 多家英国商人向英国政府和清朝两广总督发出信函,声称兴泰行欠了他们的货款,要求索赔。1837 年由 3 位总行商和 3 位外商组成的"清算小组"对兴泰行的债务进行了清算,查证结果兴泰行总共欠款 226.1 万银元,其中欠英商 217.9 万银元。除兴泰行,还有天宝行倒闭后也欠外商 100 万银元,本来这是商业纠纷,与政府无关,但英国人认为行商具有半官方性质,所欠债务须由清政府买单。

道光皇帝得罪不起英国人,但也不愿意花这笔冤枉钱,他指示两广总督:"总之多追商欠,即可少筹经费。当此制用孔急之时,谅该督等必能仰体朕意也。"1843 年春伊里布奉旨到达广州,即采取手段迫使广州行商出钱,最后实力最雄厚的怡和行被强摊 100 万银元,"行欠"共产生 300 万银元的赔款,其余 200 万银元由其他 9 位行商分摊。除了这些钱,道光二十三年(1843 年)的战争赔款还差约 140 万两,道光皇帝干脆把这个"光荣任务"交给广东,由地方自筹解决。

其后的赔款怎么办?道光皇帝把问题交给伊里布等人研究,伊里布等经过筹商,建议把之后 3 年内的粤海关以及新开的上海、厦门、福州、宁波等 4 个通商口岸的海关税收暂停拨解国库,全数用作赔款,如果还不够,再由广东藩库等筹措。

就这样,朝廷把赔款的负担转嫁给了地方,造成了相关地方财政、税收体制的紊乱。"自筹"是压力也是胡乱行事的依据,有关各省想尽了千方百计,有的强行摊派,有的使出捐纳的老办法,也就是由朝廷出面直接卖官敛财。虽然是"头疼医头、脚疼医脚",有些做法会对正常的经济秩序和社会秩序进行破坏,但眼下也没有更好的办法了。

三、捐纳引出财政大案

一乱就难免出事,道光二十二年(1842 年)底发生的"张亨智捐纳案"

震动朝野，清政府财政体制的弊端进一步暴露，本来就难以维持的财政状况更加恶化。

张亨智开了一家万泰银号，很有钱，听说朝廷鼓励花钱捐官，就想为儿子张利鸿捐个知州，托姐夫周二把 11474 两银子分成 11 袋交往户部，户部银库库丁张诚保恰好是张亨智的弟弟，也是这项业务的直接经办人。按每袋 1000 两算，这些银子也是挺沉的，周二带着帮手张五进库运银，张诚保负责接收，张诚保故意把第二袋报为第三袋，见无人察觉，就用这个办法一共多报 4 袋银子，总数超过 4000 两。

等于说，到超市买东西，收银员是你的亲戚，你把东西拿了他却不收或少收钱，张诚保就是那个收银员。现在周二和张五只需想办法把这 4 袋银子运出去，钱就归自己了，但在他们往外运的时候却被其他库丁发现了。

你也是收银员，发现其他收银员不收钱只管让人往外拿东西，你应该举报，查一查监控，想赖都赖不掉。问题是那时候户部的银库内外没有安装监控，更主要的是其他这些库丁们也压根不打算举报，他们对这一套把戏早已轻车熟路，结果大家一哄而上索要好处，最后有 3000 多两银子被运回了万泰银号。

万泰银号有几位管事的知道了此事，也跑去向张亨智要好处，张亨智很生气，骂了他们。这几个人气不过，一怒之下揭发了张亨智、张诚保兄弟二人的舞弊行为，此案最终被呈报到刑部，刑部觉得事关重大，不敢隐瞒，呈报到御前。

道光皇帝看到奏折大为吃惊，他想到"此等积惯舞弊之人，恐盗用已不止此一次"，立即"钦派大臣将库项全数盘查"，要求将此案"交军机大臣会同刑部严刑审讯"。

刑部牵头去查户部的账，查了 4 个月。道光二十三年（1843 年）3 月刑部尚书惟勤上奏，报告了户部银库亏空情况："应存银一千二百十八万二千一百十六两七钱四分七厘，统计存贮各项银两，实共存银二百九十二万九千三百五十四两四钱四分，较原册所开之数实亏银九百二十五万二千七百六十二两三钱七厘。"

账面上有 1218 多万两，库里的银子实际只有不到 293 万两，925 万多两不知道去哪里了！900 多万两，道光皇帝接报告后都顾不上生气了，心口是不是在疼他恐怕都没了知觉：他抑郁了！

为了省钱，道光皇帝亲自作表率，自己穿的龙袍补了又补，早膳连鸡蛋都舍不得吃，午膳规定不超过 4 个菜，皇后生日摆宴会只准杀 2 头猪，给大臣们上的主食是打卤面。面对从天而降的巨额亏空，道光皇帝只有哀叹："朕愧恨忿急之外，又将何谕？"

在此案的进一步审查中，户部银库的大量陋规被曝光。说起来张亨智案有一定特殊性，库丁张诚保刚好是他的哥哥，所以可以里应外合，如果不是亲戚或熟人，又怎么做案呢？为防止银库作弊，朝廷制定有严格甚至苛刻的规定，比如对库银搬运，无论寒暑，库丁都必须脱光才能入库，在里面穿上统一的工作服，搬运完毕再脱光出库，还要平伸两臂、露出两肋进行检查，甚至规定库丁出门前要学几声鹅叫，目的是检查他们是不是在嘴里做了夹带。

但制度是死的，人是活的。金钱的巨大诱惑总能让人想出办法来对付检查。一种办法是人体夹带，通过特殊训练，可把光滑无棱的江西银锭塞入肛门夹带出库，最多时一次竟可以夹带近百两。另一种办法是器物夹带，特制了一种带有夹层的水桶，每当挑水进银库洒水扫地就把银子藏在水桶的夹层里，扫完地大模大样地带出，在冬天就把银子放在茶壶里，出库时特意打开茶壶盖往外倒水，意思是里面什么都没有，其实银子冻在了茶壶里。

民国中医史专家陈邦贤在《自勉斋随笔》中讲述，为避免银库被偷窃，曾驯养了几只马猴看守银库，库丁仔细观察了马猴的习性，发现它们喜欢模仿人的动作，就教会马猴吸食鸦片，马猴上瘾，库丁就教它们偷银子，以换取鸦片。

库丁们的这些行为自然逃不过管库官员的眼睛，但此时银库上下已充斥着大量陋规，陷入集体贪污的泥潭，不仅库丁盗窃，管库大臣、查库御史等都收受银库规银。清人欧阳昱在《见闻琐录》说："自是逢皇上命御史查库，必进规银三千两，仆从门包三百两，日积月久，习以为常。或穷京官与会试举子知其弊者，向库吏索诈，库吏必探访其人之家世，才能如何，以定送银多寡，数两、数十、数百、数千不等。"

晚清名臣骆秉章曾以四川道监察御史的身份被派往户部银库负责查库，上任的第一天就有人向他介绍库里"成例"：银库收取各地捐纳款一般每100两多收4两，2两归库丁，2两归库官和查库御史，这笔钱还有个专用名词叫"四两平"。骆秉章问这笔钱一年下来能有多少，回答说有2万多两。骆秉章又问这笔钱是否合规、上面是否知道，银库官员被问住了，因为这是潜规则，拿不到台面上。骆秉章说，如果这笔钱合规，我也不收，但你们收了我不管；如果这笔钱不合规，你们好好想想吧。

见骆秉章不收"四两平"，这些人又找来骆秉章的同乡做工作，说银号给他准备了一份"到任礼"，有7000两，以后一年三节每次都会送上7000两"过节费"，被骆秉章严词拒绝。当时有许多入库的银两是由银号代办的，银两成色不同，合格不合格都由银库说了算，举例子说，含银量90%的银子如果能当含银两99%的银子上交，等于凭空有了9%的利润，银号肯花钱是有原因的。骆秉章查库期间只领取每月38两的饭食银，其他好处一分不取，但像他这样的官员毕竟是少数，大多数官员无不唯利是图，有的不惜铤而走险。

涉及张亨智案的人员后来都受到了严惩，《清代起居注》记载："兹据查明历任银库司员、查库御史各职名开单呈览该员等，或司收发，或掌稽查，乃丧心昧良酿成巨案，实出情理之外，自应严加惩治，以肃法纪。"除追究刑事责任，道光皇帝还下令对相关人员做出经济处罚，规定从嘉庆五年（1800年）到道光二十三年（1843年），历任银库司员、查库御史按其在任年月，每月罚赔银1200两，管库大臣每月罚赔银500两，查库王大臣每次罚赔银6000两，上述人员即使已病故也要处罚，数额可减半。

结果有320多位官员受到了经济处罚，其中也包括骆秉章这样极个别的清廉官员。大学士、军机大臣曹振镛深得道光皇帝的信任，也被罚银4万多两，本人已故去，被减半罚赔银2万多两，由其子赔补，其子赔补1万两后又因病身亡，道光皇帝并不法外开恩，又让曹振镛的孙子继续补缴。

这些罚款仍弥补不了900多万两的亏空，本来就拮据的财政内外都面临交困的局面。据史志宏对清代户部银库收支和库存的统计，张亨智案审结的道光二十三年（1843年），户部银库结存账面额降为993.3万两，剔除925万两的账面亏空，意味着实有存银不足70万两，大清国的财政可谓一贫如洗，不说扩充军备、一洗前耻，就连防灾救灾和"发工资"都困难了。

四、上海崛起和香港开埠

一场因经济引发的战争，又主要因为经济原因而被打败，结果又使得自己在经济上被进一步摧垮。

站在英国人的角度看，这场战争的结果是满意的，1843年3月英国人把第一批从中国勒索到的赔款运到了伦敦造币厂，造币厂的大门外围满了人，有人发出了热烈的欢呼。马克思在《英中条约》一文中指出："惯于吹嘘自己道德高尚的约翰牛，却宁愿用海盗式的借口经常向中国勒索军事赔款，来弥补自己的贸易逆差。"

英国人在意的其实还不是这1000多万两赔款，他们更在意的是通商。《南京条约》签订后，英国政府马不停蹄派员与清政府继续谈判，进一步细化《南京条约》中规定的事项，尤其在通商方面。道光二十三年（1843年）6月25日，中英双方又签订了《五口通商章程》，8月15日签订了《五口通商附粘善后条款》，这两个文件被看做是《南京条约》的附件，签订后即付诸实施。

在后面这两个文件中，对英国人关心的通商细节都进行了规定，如英国商人可在通商口岸雇用引水、押船人役，英商卸货后可自投商贾，无论与何人交易，听从其便。对于关税，规定"凡系进口、出口货物，均按新定则例，五口一律纳税，此外各项规费丝毫不能加增"。除此之外还有一项重要规定，即遇到中英两国人产生司法词讼，"英人如何科罪，由英国议定章程法律，发给管事官照办"。

后面这项规定即所谓领事裁判权，英国人与中国人今后发生刑事纠纷或诉讼，中国官府不能像以前那样按照中国法律审判，只能与英国领事一起查明案情，需要对英国人治罪的也只能由英国领事按照英国法律裁判，在中国历史上这样的规定还是头一次。之前发生的林维喜案，双方的争执点就在于由谁为凶手治罪，义律想伸张的就是这种权力，被林则徐坚决地抵制了，现在英国人用舰炮说话，让领事裁判权以协约条文的形成固定了下来。

按照《南京条约》及其附约的规定，清政府被迫开放广州、上海、宁波、厦门、福州等5个口岸，在这些地方废除了原本实行的公行制度，采取协定关税的办法允许英国商人进行自由贸易。所谓协定关税，是指英国商人的进出口货物都应缴税，但税率须经双方议定，《五口通商章程》专附"海关税则"，规定了26类160多余种货物的税率，名义上是双方商定的结果，其实都是按英国方面的意愿制定的，进出口货物的税率均有下降，其中有几种主要进出口货物的关税税率经过协定后变化情况如表3.2、3.3。

表3.2　　1843年中英协定关税订立前后几种主要进口货物的新旧从量税率比较

货　名	单　位	1843年前实征税率	1843年新税率
棉　花	担	1.740 两	0.400 两
棉　纱	担	2.4064 两	1.000 两
白洋布	匹	0.6459～0.7020 两	0.150 两
原色洋布	匹	0.373 两	0.100 两
原色斜纹布	匹	0.2864 两	0.100 两
大　呢	丈	1.242 两	0.150 两

表3.3　　1843年中英协定关税订立前后几种主要出口货物的新旧从量税率比较

货　名	单　位	1843年前实征税率	1843年新税率
浙江丝	担	23.7330 两	10.000 两
广东丝	担	10.5702 两	10.000 两
天蚕丝	担	4.1436 两	2.500 两
各种茶叶	担	6.0000 两	2.500 两

资料来源：姚贤镐，《两次鸦片战争后西方侵略势力对中国关税主权的破坏》，《中国社会科学》1981年第5期。

对于中国潜在的巨大市场英国人一直寄予着厚望，《南京条约》的英方全权代表璞鼎查曾说："《南京条约》的订立开放了一个巨大国家的贸易，将使兰开夏所有纱厂的生产不够供应它一省需要的袜子。"的确，税率的降低刺激了英国货物对中国的出口，鸦片战争后的连续几年，英国货物对华出口呈现非正常的增长（见表3.4）。

表3.4　　　　　　　鸦片战争后英国货物对华出口的非正常增长　　　　　单位：英磅

年　份	英货输入总值
1840	524198
1841	862570
1842	969381
1843	1456180
1844	2305617

资料来源：王永起，《浅析近代中国对外贸易的曲折发展与海关税率的变化（1840－1931）》，东北师范大学，2004。

鸦片战争爆发的前几年，英国经济发展遇到了停滞状况，其中以1837年最为严重，中国市场的开拓帮助英国走出了经济低谷，就此马克思曾分析说："1842年底，英国工业从1837年的几乎不断遭受的那种停滞情况已经开始缓和。1846年是商业兴旺达于顶点的一个时期。1843年，鸦片战争替英国商业开辟了中国市场，新开辟的市场，尤其是给了纺织业的发展以新的推动。"

对中国而言，大量机制棉纺织品从英国进口，造成了一部分农业和小手工业者破产，一些人开始脱离农村来到城市，有的成为城市里其他行业的劳动力，有的成为城市流民。五口通商也带来了通商口岸的畸形繁荣，并使中国经济的重心进一步向东南沿海转移，一个突出的标志是上海在这一时期的崛起。

上海古称华亭，宋时为镇，元时立县，明属松江府，到了清代，上海县是江苏省松江府下的10个县之一，清政府一度在此设海关，后又撤除。在通商的5个口岸中，当时上海的人口和城市规模仅超过厦门位居第3，英国人看中这个地方，主要考虑的是它独特的地理位置。上海地处于长江出海口，是中国漫长海岸线的南北中间点，有着优良的港口并可达长江腹地，附近水网纵横，航运便利，又紧邻最著名的丝绸生产区，与广州比这里的官府限制和公行制约也少，所以重新开埠后受到外商的欢迎。

1843 年 11 月 7 日，"水怪"号三桅船载着英军上尉巴富尔和几名随员来到上海，当时的上海县城有 27 万人口，大小街道 60 多条。英国人来后，有一个姚姓中国人把自己在县城里的 52 间房屋租给他们，以后英国商人陆续赶来，房屋远远不够，经过中英两方协定，划出黄浦江边的一处 800 亩的泥泞地带作为租借地，此处东靠黄浦江，北靠苏州河，水陆交通都很方便，英国的商船和兵船从长江口进入黄浦江，也会经过这个地方，看到江上的舰船英国人大概觉得这里更安全。

英国人在这里建设了码头，又铺设道路，加固了江岸，修建了各式各样豪华的建筑，其中的汇丰银行大楼被称为"从苏伊士运河到白令海峡最华贵的一幢建筑"。无数外国探险家、商人纷纷踏上了这块土地，他们喜欢在泥滩上跑马，跑出了一条 500 米长的小道，上海人称它为"马路"，英国人称它为"外滩"（The Bund）。上海迅速发展，一开始被誉为"小苏州"，后来一跃超过苏州，成为中国新的贸易中心和远东最大的城市。

与上海崛起同步，香港也一跃而起。鸦片战争前香港基本上是个荒岛，岛上南部的赤柱、大潭笃和石排湾，东部的阿公岩、水井湾等有一些渔民居住，其他地方只是一些小村湾，当时岛上的居民约 3000 人，实行保甲制，岛上有驻军。英国人拥有香港后，加快了对这里的经营，1843 年 4 月 5 日，英国维多利亚女王任命璞鼎查为第一任香港总督兼武装部队总司令，授予港督广泛的统治权。

英国人强迫当地华工着手建设马路、仓库和码头，1845 年建成 3 个轮渡码头，1846 年 39 公里长的环岛道路基本建成，道路两旁分别建有仓库、商店。1841 年岛上只有居民 7450 人，到 1861 年增长到近 12 万人。

上海崛起和香港开埠是五口通商时期中国对外贸易格局变化的显著标志，过去对外贸易仅限广州一地的局面从此一去不复返了，试图以闭关锁国来维护其统治的清政府不得不适应这种新的现实。马克思就此评论说："英国的大炮破坏了中国皇帝的权威，迫使天朝帝国与地上的世界接触。与外界完全隔绝曾是保存旧中国的首要条件，而当这种隔绝状态在英国的努力之下被暴力打破的时候，接踵而来的必然是解体的过程。正如小心保存在密闭棺木里的木乃伊一接触新鲜空气就必然解体一样。"

五、失败的咸丰币改

《南京条约》签订后的第 8 年即道光三十年（1850 年），这一年的正月十四日道光皇帝驾崩，时年 68 岁。

道光皇帝是清朝入关后的第 6 位皇帝，也是清朝唯一一位以皇嫡长子身份得以继位的皇帝。道光皇帝 39 岁时登基，素有壮志，也想成为一代名君，继位以来改组军机处、整顿吏治、平定回部，前期干得有声有色，被称为"小康熙"。但后来遇到了鸦片战争，这才发现原来一切的繁荣都是假象，庞大的大清帝国竟然虚弱无比，表面看败给了洋枪洋炮，但稍有反思之心的人都明白，一切都败给了自己。

大清国上上下下充斥着各种陋规，贪腐充斥着几乎所有的地方，道光皇帝也曾多次与这些现象开战，其整顿陋规和贪腐的决心和力度不可谓不大，但面对体制性腐败和积多少年而沉淀下来的陋规，他的努力变成了"以一人敌天下"，除整治了个别贪官外，无法改变大局。

参与过《南京条约》谈判和签订全过程的德国汉学家郭实腊（Karl Friedrich August）在《道光皇帝传》中评论说："尽管他具有宁折不弯的诚实品性；对受难者悲天悯人，乐于助人之所需；他还有一些商务方面的习惯可以让他在银行交易中成为一流的专家。但是，他没有作为帝王的天赋；他可以成为一个光彩夺目的诚实的农妇；在任何方面都有可靠的品质，但是缺乏帝王所需的明晰的洞察力。"仅就个人品质而言，道光皇帝不是贪暴或淫逸之君，相反他厉行节俭，在治理朝政上可称勤谨，按照中国古代传统道德标准衡量，甚至可以称为有德之君。

鸦片战争战败和《南京条约》的签订无疑是道光皇帝一生的"痛点"，也是他广受诟病的地方，但正如有学者评论的那样："道光作为这场战争的中方决策者和指挥者自然难辞其咎。但是，如果做出道光的妥协投降路线导致战争失败的结论，似乎尚欠公允，且与历史实际不符，因为道光在鸦片战争中，并非自始至终都执行妥协投降路线，相反，在鸦片战争的大部分时间里，道光是主张抵抗也实行了抵抗的。"既然不是个人的事，那就是国家的事、体制的事，上面已经说了。

道光皇帝共有9个儿子，驾崩时前3个儿子都已早逝，第四子奕詝20岁，第五子奕誴20岁，第六子奕䜣19岁，其余3子年龄都不满10岁。由于第五子奕誴已出继给道光皇帝的三弟惇亲王绵恺，所以新皇帝只能在第四子奕詝和第六子奕䜣之中产生。

奕詝的母亲是全贵妃，奕誴的母亲是祥妃，她们几乎同时怀上身孕，由于前面的皇子全部早殇，所以谁先生下了孩子，只要是男孩就是庶长子。据说本来奕詝的预产期靠后，全贵妃威逼利诱某太医给她吃了药，结果奕詝提前几天就出生了。有人认为，咸丰皇帝生来身体不好，与他早产有关。

但奕䜣天资聪慧，深得道光皇帝的喜爱，选择谁继承皇位道光皇帝一直犹豫不决。奕詝的老师、侍读学士杜受田对道光皇帝的性格摸得很清，他看到进入晚年的道光皇帝心态变得复杂，不太在意谁更有本事，而更在意谁更忠诚可靠、更孝顺。一次，道光皇帝带皇子们去南苑打猎，论射猎奕詝不是六弟的对手，杜受田向他面授机宜。打猎那天奕䜣猎物最多，而奕詝一无所获，道光皇帝责问他，奕詝按照老师教的话回答说："时方春，鸟兽孳育，不忍伤生以干天和，且不欲以弓马一日之长与诸弟争高低。"道光皇帝一听果然很高兴："此真帝者之言。"

道光皇帝病重，召众皇子在病榻前问事，皇子们对道光皇帝的垂询对答如流，只有奕詝跪在地上抽泣流泪，所问之事对答不上来，道光皇帝问他怎么了，奕詝回答："儿臣日夜对上苍祈祷，惟愿皇阿玛早日康复，此乃国家方民之幸，儿臣之幸也。"道光皇帝大概想：我都病成这样了，奕䜣哥几个思路还那么清晰，是没把我的病放在心里啊，这一点不如奕詝，他不知道的是，奕詝这么做还是杜受田教的。杜受田就是曹植身边的杨修，而且奕詝和杜受田比杨修、曹植幸运，他们的表演最终骗过了道光皇帝。道光三十年（1850年）正月，奕詝继皇帝位，是为咸丰皇帝，按照道光皇帝的遗诏，奕䜣被封为恭亲王。

咸丰皇帝终于登了皇帝的宝座，但还没等他来得及高兴，头疼的事接踵而至。这一年，户部报告说存银才只有 187 万余两，各省秋拨大多数还未起解，在途的也只有 225 万两。这个数字与常年比相差甚大，为解燃眉之急，户部奏请"筹饷事例"，也就是按"老办法"临时筹钱。

所谓"老办法"主要指捐纳，这是好听的说法，说得难听些就是买官卖官。这不是一件光彩的事，所以新帝登基通常会下诏停止捐纳，户部此时提出这样的建议，实在是被逼得没办法了。咸丰皇帝开始批准了这项建议，但后来又叫停，而是转发谕令让各省督抚"留支待用及杂款各项银两中，有可酌量暂缓及应裁应减者"，每省各筹银数十万两以解京应急。

朝廷揭不开锅了，让各省清清家底，看能不能挤出点儿钱报上来帮朝廷应急，日子已经过到了这种地步。户部奉旨去摸各省的家底，报上来的数字让人心寒：各省情况不同，"请留"的省份自己的钱还不够用，要靠其他省帮助，自然拿不出一文钱；"留协"的省份情况好些，但清查下来总共也只有26 万两可调用，这些省份中还有一些钱原本是准备留给自己备用的，即使加上这些总数也只有 130 万两，全部解到京城也无济于事。

咸丰皇帝让户部再想内法，户部绞尽脑汁，提出了几条应急措施：停发文职六品以上、武职四品以上官员的俸银一年；裁撤文武官养廉银以作军饷；提取当铺、杂商生息成本银；增加学额和乡试名额，目的是增加学费和考试费收入；重开捐纳，并实行劝捐。

一个堂堂大国，都在打那点儿学费、考试费的主意了，财政困境可想而知。上述措施中"劝捐"一项之前较少使用，咸丰元年（1851 年）1 月广西爆发了太平天国金田起义（关于这场起义下一章将专门说），为镇压这场起义，清政府又被迫增加了大笔军费支出，财政雪上加霜，在极端困难的情况下，咸丰三年（1853 年）朝廷在山西、陕西、广东等省议行"劝捐"，向殷实之家"暂时挪借，以助国用"。捐纳是人家自愿的，捐了有回报，"劝捐"就是巧取豪夺了，说摊派也行，说明抢也没错。

咸丰三年（1853 年）3 月，咸丰皇帝还谕令清查历年查抄获罪官员财产情况，内务府回奏说历年查抄家产所得款项已经陆续用光了，库里太值钱的东西已经没有，只有 3 口金钟，重约 33000 余斤，咸丰皇帝马上决定把金钟熔铸成金条，并把这件事交给他的弟弟恭亲王奕訢去办，经过 5 个月的熔铸，最后铸成带"咸丰三年制"字样的 5 两金条 1000 块，10 两金条 500 块，2 两金条 4000 块，3 两金条 3000 块，还有未铸字的 5 两、10 两、15 两各 3 块，总计重 27030 两。

上述临时性措施虽能多少缓解一些财政压力，但都解决不了根本问题，在这种情况下，有人提出用币制改革的办法来解决钱的问题。咸丰二年（1852 年）10 月四川学政何绍基提出"即使银数方赢，尚宜反经以复古，现职银数日绌，尤当变法以救时。顾救时之法，仍不外乎复古"，他提出的具体建议是：铸造 3 种"大钱"，即大面额铜钱，一种是 1 枚当 100 枚铜钱用，一种是 1 枚当 500 枚铜钱用，一种是 1 枚当 1000 枚铜钱用。

何绍基不仅是著名的书法家，没准还是个"三国迷"，因为他的这个办法三国时就有人用过。根据《三国志》的记载，刘备占据益州后大赏手下，结果造成了一场财政危机，成都物价飞涨，使刘备集团"军用不足"。为解决财政困难，在刘巴的建议下刘备从建安十九年（214 年）开始在占领区搞货币改革，发行了一种"直百五铢"的大钱，重量仅等于 4 枚当时的法定货币五铢钱，面值却等于 100 枚五铢钱，"令吏为官市"，以行政手段强制推行，竟然度过了那场财政危机。孙吴嘉禾五年（236 年）也推出过自己的新货币"大泉五百"，面值相当于 500 枚五铢钱，但重量仅比 2 枚五铢钱多一点儿，2 年后更推出了"大泉当千"，每枚面值相当于 1000 枚五铢钱。

铸"大钱"等于让货币贬值，咸丰皇帝接到何绍基的奏折，虽然没批准，却将该奏折"著户部存记，若有可行时，不妨采择入奏"。咸丰三年（1853 年）御史蔡绍洛再奏请铸"大钱"，咸丰皇帝已被财政危机弄得焦头烂额，就批准了。

本年 5 月，首先铸"当十大钱"，1 枚当 10 枚制钱使用，但重量仅 6 钱，钱上铸"咸丰重宝"字样；8 月，又铸"当五十大钱"，1 枚当 50 枚使用，但重量仅 1 两 8 钱，钱上铸"咸丰元宝"字样；12 月，户部又奏请铸"当千大钱""当五百大钱""当百大钱""当五十大钱"等，全部诏准，在除西藏、蒙古以外的各省通用。其后有 18 个省开铸了大钱，到咸丰六年（1856 年）各省铸造大钱的铸局多达 26 个，除铜制"大钱"外，还铸造了铁"大钱"、铁制钱和铅制钱等，形式十分丰富（见表 3.5）。

表 3.5　　　　　　　　咸丰朝各地钱局铸造的虚值大钱统计表

省份	铸局	铸材	开铸日期	所铸大钱纪值种类
京师	宝泉（克勤郡王）	铜铁铅	咸丰三年五月	当五、当十、当四十、当五十、当百、当二百、当三百、当五百、当千
	宝源	铜铁铅	咸丰三年五月	当四、当五、当十、当五十、当百、当五百、当千
直隶	宝直	铜铁铅	咸丰四年六月	当五、当十、当五十、当百
	宝蓟	铜铁	咸丰四年七月	当五、当十、当五十、当百
热河	宝德	铜铁	咸丰四年八月	当五、当十、当五十、当百
河南	宝河	铜铁铅	咸丰四年七月	当十、当五十、当百、当五百、当千
山东	宝济	铜	咸丰四年十一月	当十、当五十、当百
山西	宝晋	铜铁	咸丰三年七月	当十
陕西	宝陕	铜铁铅	咸丰四年五月	当十、当五十、当百、当五百、当千
甘肃	宝巩	铜铁	咸丰四年二月	当二、当五、当十、当五十、当百、当五百、当千
江苏	宝苏	铜铁铅	咸丰四年二月	当五、当十、当二十、当三十、当五十、当百、当五百
浙江	宝浙	铜铁	咸丰四年十二月	当五、当十、当二十、当三十、当四十、当五十、当百
江西	宝昌	铜铅	咸丰三年七月	当十、当五十
福建	宝福	铜铁铅	咸丰三年六月	当五、当十、当二十、当五十、当百
湖北	宝武	铜铁	咸丰四年五月	当五、当十、当五十、当百
湖南	宝南	铜铁	咸丰四年七月	当十、当五十
广西	宝桂	铜	咸丰三年十一月	当十、当五十
四川	宝川	铜铁铅	咸丰四年十一月	当十、当五十、当百
云南	宝云	铜铁铅	咸丰三年九月	当十、当五十
	宝东	铜铁	咸丰四年九月	当十

省份	铸局	铸材	开铸日期	所铸大钱纪值种类
贵州	宝黔	铜	咸丰三年十一月	当十、当五十
新疆	宝伊	铜铁	咸丰三年十一月	当四、当十、当五十、当百、当五百
	阿克苏	铜	咸丰三年十一月	当五、当十、当五十、当百
	叶尔羌	铜	咸丰四年十一月	当十、当五十、当百
	宝迪	铜铅	咸丰四年十二月	当八、当十、当八十
	喀什噶尔	铜	咸丰五年十一月	当十、当五十、当百
	库车	铜	咸丰六年	当五、当十、当五十、当百

资料来源：陈新余，《咸丰朝币制变动与通货膨胀》，《江苏钱币》2007 年第 3 期。

除了铸造"大钱"，朝廷还发行了纸币。纸币是纸制货币，本身不具有价值，而是一种价值符号，属信用货币，有一定的面值，但必须以某种信用作为担保。中国古代很早就使用了纸币，宋代交子是中国也是世界上第一种由政府发行的纸币，但由于滥发、缺少储备，宋代的纸币最后失去了信誉，退出了流通。元初，曾规定纸币为法定货币，印行了中统钞、至元钞、至正钞等不同版本的纸币，并制定了《宝钞通行条例》14 条，规定金银和铜钱不得参与市场流通，违者治罪。但元代经济发展缓慢，朝廷的财政开支日益庞大，为解决财力不足的问题，朝廷先是动用了纸币的准备金，继而直接增加发行额，造成了严重的货币贬值，纸币也逐渐失去了信誉。明朝建立后也印行过"大明宝钞"，但朱元璋汲取了元朝灭亡的教训，不敢废除铜钱，明朝在京师和各省设立宝源局，专事铜钱铸造，在纸币与铜钱并行的情况下纸币的信誉迅速下降，正德朝以后朝廷遂放弃了纸币发行。

由于有太多的教训，清朝皇帝都不敢轻易再尝试纸币。嘉庆十九年（1814 年），侍讲学士蔡之定奏请发行纸币，遭到嘉庆皇帝的严厉申斥："前代行用钞法，其弊百端，小民趋利若鹜。楮币较之金钱尤易作伪，必致讼狱繁兴，丽法者众，殊非利用便民之道，且国家经费量入为出，不致遽形匮乏，何得轻改旧章，利未兴而害已滋甚乎？"然而，在财政危机愈演愈烈的情况下，印行纸币的呼声再起。

在所有建议中陕西道御史王茂荫的奏折最后打动了咸丰皇帝，王茂荫提出"钞法十条"，主张用稳重的方针印行纸币，控制数量、调节流通、维持币信。咸丰三年（1853 年），咸丰皇帝擢升王茂荫为户部右侍郎兼管钱法堂事，派他与左督御史花沙纳等人主持印行纸币，王茂荫等人于当年 2 月拟定《试行官票章程十八条》，5 月"始制银钞"。

此次发行的纸币称"官票"，先在京师试用，之后向各省推广，面额以银两为单位，有 1 两、3 两、5 两、10 两和 50 两等不同面值，用高丽纸印制，上有满汉文"户部官票"字样；同年又颁布《钱钞章程》，发行"钱钞"，以制钱为单位，有 250 文、500 文、1000 文、1500 文和 2000 文等面值，用较好的白纸印制，上有汉字"大清宝钞"。这两种纸币同时运行，合称"钞票"，这也是民间把钱俗称为钞票的由来。据统计，咸丰朝宝钞及京票发行总数如表 3.6。

表 3.6		宝钞及京票发行数	单位：串
年　度	宝　钞	京　票	合　计
咸丰五年	4063302	7613332	11676634
咸丰六年	4405443	7216683	11622126
咸丰九年	2120455	5874796	7995251
咸丰十年	3247021	1122741	4369762
总　计	13836221	21827552	35663773

资料来源：彭泽益，《十九世纪后半期的中国财政与经济》，中国人民大学出版社，2001 年。

1 串即 1000 枚制钱，按照清中期的兑换标准也就是 1 两银子，宝钞及京票的总发行量在 3566 万两以上，再加上"大钱"，其规模更是惊人。对清政府言，"大钱""钞票"仓促上市，其目的只为解决眼前迫在眉睫的财政危机，自然缺乏细致的章程和准备，所发行的"钞票"又明确为不可兑换纸币，民间对此疑虑重重。发行当年京师所在的顺天府就推行遇阻，其中以"官票"的阻力最大，因为它面值太大，又不能兑换成真正的银两，所以商人普遍拒绝接受。

在朝廷的强力推行下"钞票"又勉强维持了几年，但贬值程度相当惊人，魏建猷在《中国近代货币史》中统计,到咸丰十一年(1861 年)6 月官票"似已绝迹不行",而钱钞"则跌落到 2.6% 至 5.2%",可以说"惨到极点"。但这又让外国商人找到了机会,他们以很低的价钱从社会上大量收购"钞票",之后拿到清政府海关,以原面值充当税款,因为是国家法定货币,海关竟然不能不收!彭泽益在《十九世纪后半期的中国财政与经济》中统计:"咸丰十一年间发行大钱票钞共合银 60249000 两以上,而同一时期户部银库收入总计大约在 86673000 两,前者约当后者的 69.5%。"6000 多万两虽不可能全是"空手套白狼"所得,但清政府无疑用很小的成本就得到了这笔钱,比起捐纳、劝捐,这种财富掠夺更具有隐蔽性和普遍性。

中国人不可谓不聪明,中国历代君王对财富的渴望不可谓不强烈,但纸币这个能带来显而易见好处的东西却在中国古代屡试屡败,这是因为人们只看到它的好处,而没有看到发行它应当具备的严苛条件。鼓吹发行纸币的一些大臣甚至认为,纸币与金属货币一样,价值多少都由朝廷决定,朝廷定多少就是多少。其实纸币本身几乎没有使用价值,它的货币价值体现在国家信用上,没有国家信用的支撑纸币一钱不值,明朝大臣蒋德璟早就说过:"民虽愚,谁肯以一金买一张纸?"

发行纸币的目的应该定位于方便市场流通、活跃和完善金融市场上,而不是解决财政困难或者临时用来聚财敛财的工具,所以发行程序应当极为严格,发行额度应当科学计算,没有计划和节制的滥发其实是把纸币变成了一种面向整个社会的强迫性公债,必然使其失去信誉,进而引发通货膨胀和金融市场的混乱。

咸丰朝这次"币制改革"前后不足 10 年,虽然"赚取"了数千万两银子,帮助朝廷勉强度过了财政危机,但对经济和金融的破坏性却是严重的,加剧了晚清经济和财政状况的进一步恶化。

六、列强下了"连环套"

咸丰是个苦命的皇帝,内忧未止,外患跟着又来了。

1854 年包令（John Bowring）出任英国驻华公使，此时的外相是克勒拉得恩（Clarendon），他给包令发来一份公函，要他与中国方面谈判，修改之前中英双方签订的一系列条约，在条约里增加以下 10 条内容：争取广泛地进入中华帝国的整个内地，以及沿海各城；如上一点做不到，则争取扬子江的自由航行，并进入沿江两岸直到南京为止的各城以及浙江省沿海人烟稠密的各大城；实行鸦片贸易的合法化；规定不得在外国进口的货物上和为向外国出口而购买的货物上课征内地税；规定对中国沿海海盗行为有效取缔；如果可能，制定中国劳工向外移民的办法；争取英国国王有一位代表"长久而光明正大地"驻节在北京朝廷；如果上一点争取不到，则规定女王陛下的代表和中国政府枢要间的习常公文往来，并充分保证公文的传递不受地方官员的阻截；规定在女王陛下的代表与该代表临时驻在省份的巡抚之间，得应任何一方面的请求而随时会晤；规定在行将缔结的条约的措辞中，一切疑点都应参照英文本解决，并且仅以英文本为准。

这些方面，都是《南京条约》签订后英国人在"实践中"发现的问题和急需解决的地方，所以急于想修改。而英国人之所以理直气壮地提出"修约"，是因为他们觉得有依据，这个依据是 1844 年中国与美国签订的《望厦条约》。

在广州禁烟运动中美国鸦片贩子认为自己的利益也受到了伤害，他们也联合上书美国国会，要求美国政府与英、法、荷等联合起来对付中国。第一次鸦片战争期间，美国也派了东印度舰队来中国沿海，名为护侨，实则伺机攫取利益。中英《南京条约》签订后美国人曾致函中国方面，要求也享受条约中英国人所享受的那些权利，即所谓最惠国待遇，但遭到清政府的拒绝。

1843 年 5 月美国政府派特使来华，就中方给予美国与英国同等的通商条件与清政府交涉，在美国舰队的胁迫下，1844 年 6 月 18 日道光皇帝命钦差大臣兼两广总督耆英与美国总统特使顾盛（Caleb Cushing）在澳门附近的望厦村开始谈判，耆英屈于压力最后接受了美方所拟定的条约草案。7 月 3 日，双方正式签订了《中美五口通商章程》和《海关税则》，又称《望厦条约》。同年 10 月 24 日，清政府还与法国在广州黄埔签订了类似不平等条约，即中法

《黄埔条约》。

《望厦条约》和《黄埔条约》除规定美国和法国在通商、外交等方面享有之前英国已享有的权利外，在许多方面还有实质性突破，并规定它们将享有清政府现时或将来给予任何第三国的一切优惠、特权或豁免等待遇，而清政府不享对等的权利，也就是片面的最惠国待遇。非但如此，《望厦条约》第34款还规定：

和约一经议定，两国各宜遵守，不得轻有更改；至各口情形不一，所有贸易及海面各款恐不无稍有变通之处，应俟十二年后，两国派员公平酌办。又和约既经批准后，两国官民人等均应恪遵；至合众国中各国均不得遗员到来，另有异议。

也就是说，享受完特权还没完，还要定期进行"修约"。但这里面似乎没有英国人什么事，然而英国人搬出了之前签订的中英《虎门条约》，里面规定"设将来大皇帝有新恩施及各国，亦应准英人一体均沾，用示公允"。

清政府被列强下了"连环套"，按照这样的规定，无论哪个国家用何种手段逼迫清政府做出了让步，其他国家不用再费事就自然享受同等待遇，所以美国、法国与清政府谈判新条约时英国一点儿都不着急，它们之间不是竞争的关系，而是同伙和共犯。

但即便如此，英国人此次提出要"修约"也有许多站不住脚的地方，民国时的外交家蒋廷黻对此有过评述：

按《中英南京条约》是政治条约，并非通商条约，且是无限期的，当然没有修改的例定办法。《中英虎门条约》是通商条约，但是没有修改的年限，不过第8条许了英国最惠国待遇。《中美望厦条约》大部分是通商条约，并且第34款规定12年后双方得派代表和平交涉条约的修改。这约是道光二十四年，西历1844年签字的，修改的期当在咸丰六年，西历1856年。英国根据最惠国待遇一款要求于咸丰四年修约，因为咸丰四年里《南京条约》的缔结正12年。这个要求是不合法的：第一，因为《南京条约》的性质及其无年限的限制；第二，因为英国的要求既然根据最惠一款，那末，不应在咸丰六年以前——在美国修约以前；第三，修约期限本身不能包括在最惠国条款之内，倘中美修约以后，中国又给了美国新的权利，英国自然可以要求同样的权利，但英国自己不能要求修约。

英国人不理会这些，他们迫不及待地要修订之前签订的条约，是因为一些现实问题正制约着他们在中国的利益，其中最重要的是通商问题，而通商问题的核心是所谓"入城"问题。《南京条约》签订后，英国人认为自己可以自由出入各通商口岸了，但当他们首先在广州提出入城的申请时却遭到了拒绝。英国人认为中国方面没有遵守《南京条约》，在该条约的英文版本第2条里明确写道：

His Majesty the Emperor of China agrees that British Subjects, with their families and establishments, shall be allowed to reside, for the purpose of carrying on their Mercantile pursuits, without molestation or restraint at the Cities and Towns of Canton, Amoy, Foochow – fu, Ningpo, and Shanghai, and Her Majesty the Queen of Great Britain, etc., will appoint Superintendents or Consular Officers, to reside at each of the above – named Cities or Towns, to be the medium of communication between the Chinese Authorities and the said Merchants, and to see that the just Duties and other Dues of the Chinese Government is hereafter provided for, are duly discharged by Her Britannic Majesty's Subjects.

这段条文说，"英国国民及其家人和亲属"以及"督察或领事等高级官员"都可以居住在广州的"Cities or Towns"，对于后面这个词，英国人的理解是"城市和镇"，所以理应包括广州城，但中国人认为这里并没有具体指广州城，因为《南京条约》中文版本的这一条是这样写的：

自今以后，大皇帝恩准英国人民带同所属有家眷，寄居大清沿海之广州、福州、厦门、宁波、上海等五处港口，贸易通商无碍且大英国君主派设领事、管事等官，住该五处城邑，专理商贾事宜。

按照对中文版本的理解，允许英国人贸易和居住的只是"港口"及其相关"城邑"，而并不是有城墙护卫着的广州、福州、宁波等5个通商的"城池"。无论是理解上有偏差还是版本翻译上有区别，总之这个问题就产生了。

围绕着"入城"问题双方进行了长达数年的交涉，一度剑拔弩张，大有重新开战之意，英国人数次"硬闯"广州城，都被广州官民坚决阻止了。从清政府来说，他们怕洋人入城后与本地士民勾结，威胁其统治；从广州百姓来说，他们对洋人十分痛恨，向来无好感，也反对其入城。时任两广总督徐广缙利用朝廷的支持和民意，采取"以民制夷"的策略，让英国人不得不有所忌惮，加上英国当时正陷入克里米亚战争，暂时无力对中国发动一场新的大战，所以在"入城"的问题上暂时屈服了。

但不能"入城"就无法进一步扩大通商，史当登在《中国杂记》中说，当时英国曼彻斯特商会与商工协会联合起来给外相克勒拉得恩发了一份备忘录，强调了英国商品对华扩张面临的新困难："不许进入内地，则我们对华商务必然是要长此受阻而不能健全发展的；英国制造品之向内地运销是被不知名的、无限制的内地课税阴险地阻挡住的。"不仅如此，只有5个通商口岸也满足不了英国商品进一步打开中国市场的需要，所以英国人借"修约"的机会不仅要"入城"，还要进一步扩大通商限制，并试图在北京建立外交和经商机构。被条约"版本"困扰的英国人还特意提出，今后与中国签订的所有条约，均应以英文版为准。

七、一个"嘴硬"的皇帝

这时耆英、徐广缙已从广州离任，新任两广总督是叶名琛，他还有一个身份：五口通商大臣。

如果认为除林则徐等极少数人外，这一时期清朝政府从皇帝到大臣个个都是投降派、都丧权辱国那就错了，丧权辱国确实有，但要说他们骨子里都是投降派却有些冤枉。道光皇帝一向对洋人很反感，曾经也很强硬，道光朝末期的两广总督徐广缙更是个著名的强硬分子。当时叶名琛是广东巡抚，作为徐广缙最重要的助手，叶名琛深受影响，他主政南方，并负责对外通商事务，在外交方面态度依然强硬，而咸丰皇帝也是个"强硬派"，至少内心里如此，所以咸丰皇帝一直很欣赏叶名琛。

包令想找叶名琛谈"修约"的事，叶名琛以自己事务繁忙为借口拒见，实在被求见的次数太多了，叶名琛说那就见见吧。包令想来广州城内的两广总督衙门拜访，叶名琛说见面可以，不过不能进广州城，只能在城外的客栈见面。包令实在没脾气，他打算北上，绕开叶名琛直接与清政府去谈。叶名琛上奏咸丰皇帝，简要报告了英国人关于"修约"的请求，表示自己将"相机开导，设法羁縻"，咸丰皇帝对叶名琛深为依赖，批示"叶名琛在粤有年，熟悉情况，谅必驾驭得当，无俟谆谆告诫也"。

由于叶名琛与咸丰皇帝达成了默契，包令北上之行自然劳而无功。1854年6月包令刚到上海，就接到江苏省官员的通知，咸丰皇帝请他们南下，相关事宜与叶名琛具体去谈，北京就不要去了。8月，包令召集美、法两国公使一块在香港开会，商议如何应对，大家认为与叶名琛谈不出什么结果，还得北上，于是9月份他们又到了上海，态度强硬地向地方官员表示一定要北上，一定要修约。江苏巡抚吉尔杭阿见势不妙，向咸丰皇帝上密折，提议"钦派重臣会同两广总督妥为查办"，言下之意外交的事还是交给别人去办，叶名琛只会把事办砸。咸丰皇帝看到这份密折大怒，对吉尔杭阿进行了训斥。10月，三国公使硬闯天津海河口，递交了各自的修约要求，咸丰皇帝无心细看，重要的事项直接拒绝，可以商量的几条也让他们南下与叶名琛去谈。

咸丰皇帝把外交大权交给了叶名琛，叶名琛的办法就是拖，要见面就象征性地见见，"修约"则免谈，就这样，一直拖到了咸丰六年（1856年）。这时太平军击破了江南、江北大营，咸丰皇帝苦于对付太平军，不想与洋人闹翻，给叶名琛下谕旨，让他"可择事近情理无伤大体者，允其变通一二条，奏明候旨，以示羁縻"，但叶名琛认为如果让步，将使英法诸国得寸进尺，所以对皇上的谕旨并未执行，这让包令深信，所有外交努力都是白费的，要再次叩击中国的大门，只有炮舰才管用。

咸丰六年（1856年）10月8日，广东水师在缉捕行动中逮捕了一艘商船上的 2 名中国海盗和 10 名有嫌疑的中国水手，这艘排水量仅 100 吨的商船名为"亚罗"号，自厦门驶往广州，停泊黄埔港。船上的水手全是中国人，船主苏亚成是香港华人，该船原来属中国籍，因曾被海盗掠走过，为方便走私，故将该船在香港领了一个登记证。事件发生后，英国驻广州总领事斯密·巴夏礼（Smith Parke）向叶名琛提出抗议，认为广州水师行动中扯下了船上的英国国旗，是对大英帝国的侮辱。叶名琛表示"亚罗"号为中国人所有，由中国水手操纵，当时船上没有升起英国国旗，广州水师的执法没问题。

接到巴夏礼的报告，包令意识到这是一个机会。10 月 22 日，叶名琛把被抓的 12 个人全部送还，但英国方面拒收。23 日，包令下令英国驻华海军向广州发动进攻，第二次鸦片战争爆发。

但战争初期英国人并没有占到太多便宜，叶名琛加强了广州附近的保甲系统，逮捕了为英国提供情报的汉奸数十人，让英国人的情报系统失灵，同时利用安插在香港的卧底掌握了英军的动态，抓住时机，四处袭扰，白天用沙船满载炸药冲击在岸边休息的英军，夜晚则用火筏对英舰进行攻击，又出悬赏"斩英人首级者赏银元三十"，这些措施让英军忙于应对。而与英军联合作战的法军见势不妙则撤出了广州，僵持了 4 个多月，英军只得放弃进攻广州的企图。

叶名琛还利用地理之便转守为攻，香港全赖内地保障供应，叶名琛发动新安县民众对香港实施禁运，又从香港撤回全部新安人，导致香港生活日用品和人力短缺。叶名琛还派人乔装，突袭香港的英军巡逻队，派密探去香港面包房投毒，包括包令夫人在内的许多英国人中毒，大批英国人逃到澳门避祸。1857 年 7 月，包令因在军事和外交上的失败而被英国政府解职。

英国政府派前加拿大总督詹姆斯·布鲁斯（James Bruce）率舰队来华，其人被中国书籍提及时又被称为额尔金爵士，英国政府任命他为对华全权特使，准备大规模的对华军事战争。他们还邀请法国、美国和俄国参战，结果法国派出了军队，美国给予外交上的支持，俄国未参战。法国人为参战也给自己找了个借口，就是"马神甫事件"，也称"西林教案"。法国天主教神甫马赖 1853 年非法潜入广西西林县传教，勾结官府、包庇教徒作恶，在当地引起民愤，1856 年西林县地方官府把马赖及不法教徒共 26 人逮捕归案，依法处决，法国政府就把这个作为出兵的理由。

1857 年 10 月，额尔金爵士率领的英法联军在珠江口集结，准备进兵广州，联军总兵力约 5600 人，其中法国军队 1000 人。从兵力部署上看，经过第一次鸦片战争，英国人已彻底摸清了清军的实力，几千人就敢发动了一场大战役了。12 月 28 日英法联军炮击广州，都统来存等人率兵顽强抵抗，但实力不济，次日广州城失守，广东巡抚柏贵和广州将军穆克德讷投降，叶名琛被俘。

叶名琛的失败与咸丰皇帝有很大关系，广州事态变化以来，咸丰皇帝的态度马上发生了转变，这时他面前的主要压力是太平军，在"攘外"还是"安内"上他觉得后者更重要，让叶名琛负责外交，给他的原则是既不能做出让步、又不能激化与洋人的矛盾。看到英国人真的急眼了，咸丰皇帝觉得叶名琛没有把事情办好。他一改常态，申斥叶名琛"轻启战端"，要他继续与英国人谈判。正是他态度的转变，广州保卫战打响后叶名琛面临了孤立无援的境地，而柏贵等人也才敢大行投降主义。

叶名琛面临了与林则徐一样的尴尬，他们曾经都得到过皇帝的信赖，他们做的事皇帝也都曾为之叫好，可一旦事情起了变化，皇帝又责怪他们没把事情办好。其实这种差事谁都没法办好，要么投降，要么坚决抵抗，不可能"两全其美"。叶名琛的结局比林则徐惨得多，他被俘后关押在香港的英舰"无畏"号上，曾自杀未成，后来听说英国人要把他送到英国，叶名琛"闻其国王素称明理，意欲得见该国王，当面理论，既经和好，何以无端起衅？究竟孰是孰非？以冀折服其心，而存国家体制"。但他被送到了印度，见到去英国与其国王面争无望，于是绝食自杀。

但咸丰皇帝对叶名琛仍怀有愤怒，认为是叶名琛误导了自己，战败的耻辱都因叶名琛而起，他讥讽叶名琛为"不战、不和、不守、不走、不降、不死"的"六不"总督。看来这位皇帝和他父亲一样都只是"嘴硬"，骨头其实很软。

广东巡抚柏贵投降后，在英法联军强大的军事威慑下接受了由巴夏礼等 3

名外国人组成的委员会来负责广州治安的要求，所发告示均先由巴夏礼批准，皇上谕旨也先呈巴夏礼，巡抚衙门外由英法士兵把守。这样，以柏贵为首的广东巡抚衙门成了中国近代第一个地方傀儡政权。

八、再签不平等条约

1858年3月，英、法、美、俄四国公使一同前往上海，挟攻占广州的余威，他们想这一次咸丰皇帝该清醒了，但结果让他们吃惊，两江总督何桂清奉旨转告，要他们返回广东，有什么事跟续任的五口通商大臣谈。

叶名琛之后，清政府任命的两广总督兼五口通商大臣是前顺天府尹黄宗汉。顺天府尹相当于北京市市长，黄宗汉此人对外也是个强硬分子，他接到任命后，在来广东的路上就广招义勇，还招募了一批"神枪手"，要与英法联军大干一场。广州城已被英法联军控制，黄宗汉就驻扎在惠州，联络绅民、办团练兵，受到在籍的前侍郎罗淳衍、京卿龙元僖、给事中苏廷魁等人的支持，他们正一心收复广州，被时人称为"一督三绅团"。

跟这样的强硬分子去谈，那不是笑话吗？英法联军于是集结舰队北上天津，于1858年4月抵达天津白河口。因为已经有了与清政府打交道的经验，又有舰队作后盾，所以英、法公使直接照会清政府，限定6日内指派全权大臣来谈判，否则将发起进攻，俄、美公使则表示，他们愿意当会谈的"调停人"。

咸丰皇帝嘴不硬了，派直隶总督谭廷襄为钦差大臣前往交涉，谈判并不顺利，"调停人"也根本不调停，5月20日英法联军发起进攻，炮轰大沽炮台，谭廷襄弃守，大沽失陷。5月26日，英法联军溯白河而上攻至天津城郊，扬言进攻北京，咸丰皇帝这才真正慌了，另派大学士桂良、吏部尚书花沙纳为钦差大臣前往天津议和。在英法联军舰炮的威逼下，桂良等人分别与俄、英、法、美等四国签订了《天津条约》。

《中英天津条约》共56款，附约1款；《中法天津条约》共42款，附约6款；《中俄天津条约》共12款；《中美天津条约》共30款。与之前的条约相比，这些条约内容更多、更具体，如：各国公使可常驻北京；增开营口、烟台、台南、淡水、汕头、琼州、汉口、九江、南京、镇江等为新的通商口岸；允许外籍传教士在中国内地自由传教；外国人可以到中国内地游历、通商；外国商船可以在长江各口岸往来；修改税则，减轻税率；对英国赔款白银400万两，对法国赔款白银200万两。各方约定，在北京举行正式换约仪式。

《天津条约》签订后英法舰队南下，这时咸丰皇帝才把那些密密麻麻的条文拿来逐条细看，越看越害怕，看得他心惊肉跳。他比较在意的有公使驻北京、外国人在内地游历、外国商船在内江通商等，对于对方提出的在北京换约一事也不想接受。咸丰皇帝考虑更多的还是统治安危，外国人大量涌入北京和内地是他最不愿意看到的，至于扩大通商这样的事，他倒可以接受。咸丰皇帝诏令桂良等人去上海，与各国重新商谈，修改这些条款，但遭到了各国的一致拒绝。

桂良坚持在上海换约，英法于是重返大沽口外，试图以武力迫使清政府屈服，咸丰皇帝妥协，命新任直隶总督恒福照会英、法公使，指定他们在北塘登陆，经天津去北京换约，但随员不得超过20人，不得携带武器，这些条件被英、法公使断然拒绝。1858年6月25日，英国舰队司令亲率12艘军舰进攻大沽炮台，清军在科尔沁亲王僧格林沁指挥下英勇反击，直隶提督史荣椿等人阵亡，但击伤英舰10艘，毙伤敌军近500人，此战为鸦片战争以来清军最大的一次胜利。

消息传到欧洲，英、法集团内部一片哗然，纷纷叫嚣对中国"实行大规模的报复"。1860年2月，英、法两国分别任命额尔金爵士和葛罗为全权代表，集结22000人准备发动新的战争，其中英军15000人，法军7000人。4月，英法联军攻占舟山；5月，攻占大连湾；6月攻占烟台，封锁渤海湾；8月1日，英法联军18000人从北塘登陆进占天津。咸丰皇帝急令桂良等人到已被英法联军占领的天津议和，英、法表示必须完全接受《天津条约》，同时增天津为通商口岸，增加赔款数额，允许英、法两国各带1000名士兵去北京换约，这些让咸丰皇帝实在无法接受，谈判破裂。

1860 年 9 月 18 日，英法联军攻陷通州。9 月 22 日，咸丰皇帝等以北狩为名携皇后、懿贵妃等离京逃往热河避暑山庄。10 月 13 日，英法联军从安定门攻入北京，在北京城郊烧杀抢掠近 50 天，圆明园、清漪园、静明园、静宜园、畅春园等京郊的皇家园林被付之一炬，尤其是圆明园，清政府经营了 100 多年，集中西建筑之大成，收藏着无数珍宝，也成了废墟，造成人类文化史上无可估量的损失。消息传到欧洲，有人在狂欢，也有人在悲愤，法国文学家雨果（Victor Hugo）在给朋友的信中对这种野蛮的侵略行为进行了痛斥，写下了下面这段著名的话：

有一天，两个强盗走进圆明园，一个抢了东西，一个放了火，仿佛战争得了胜利便可以从事抢劫了。在两个胜利者瓜分赃款的条件下，圆明园就大规模地遭到了蹂躏……

把我们各大教堂的宝藏集拢在一起也是抵不上东方这所庞大的辉煌的博物院。里面不但有各式各样的艺术杰作，并且堆积着金银珠宝。是丰功伟绩，也是贼运亨通，这个胜利者把口袋装满，那个把箱箧装满，他们手拉手，笑嘻嘻地回到欧洲。这就是那两个强盗的历史。我们欧洲人是文明人，在我们眼中，中国人是野蛮人，可是你看文明人对野蛮人干了些什么？

在历史面前，这两个强盗，一个叫法兰西，另一个叫英吉利。不过，我要提出抗议（所以我感谢你给我抗议的机会），为什么要抗议呢？因为治人者所犯的罪恶是与治予人者不相干的。政府有时会做强盗，但人民是永不做强盗的。

在这种情况下，咸丰皇帝只得派奕䜣为全权大臣再去议和。英法联军以焚毁紫禁城为威胁，逼迫奕䜣分别与额尔金、葛罗交换了《天津条约》批准书，又分别与英、法两国签订了《北京条约》，作为《天津条约》的补充，之后英法联军陆续撤退。

《中英北京条约》主要内容有：清政府确认《中英天津条约》的有效性；清政府割让广东新安县的九龙半岛给英国；增开天津为商埠；增加《中英天津条约》的赔款至 800 万两；允许西方传教士到中国租买土地和兴建教堂；

允许外国商人招聘汉人出洋工作。

《中法北京条约》主要内容有：清政府朝批准《中法天津条约》，赔款增至800万两；归还从前没收的天主教财产；法国传教士可以在各省租买田地及建造住所；清政府同意开放大连为商埠。

英法联军攻入北京期间俄国也闻风而动，逼清政府签订了《中俄北京条约》，负责善后的奕䜣求和心切，最后签署了该条约，主要内容有：清政府承认1858年的《中俄瑷珲条约》的有效性，并将原先规定为中俄"共管"的乌苏里江以东至海之地（包括库页岛以及不冻港海参崴在内）约40万平方公里归俄国所属，从此中国失去了东北地区对日本海的出海口；规定中俄西段疆界，自沙宾达巴哈起经斋桑卓尔、特穆尔图卓尔至浩罕边界；开放张家口、库伦、喀什噶尔为商埠；俄国在库伦、喀什噶尔设立领事馆。

在英法联军攻占广州期间，俄国抓住了机会，以武力为后盾与清政府谈判"黑龙江问题"，俄国代表穆拉维约夫在2艘炮舰护送下来到瑷珲城与黑龙江将军奕山谈判，最终签订了《中俄瑷珲条约》，规定黑龙江以北、外兴安岭以南60多万平方公里的大清国领土划归俄国，乌苏里江以东的大清国领土划为清俄共管，原属大清国内河的黑龙江和乌苏里江只准大清国和俄国船只航行。恩格斯在《俄罗斯在远东的成功》一文中说，俄罗斯不费一枪一弹就"从中国夺取了一块大小等于法德两国面积的领土和一条同多瑙河一样长的河流"。

从第一次鸦片战争到1860年第二次鸦片战争再次惨败，将近20年过去了，中国非但没有丝毫的警醒与奋起，国运反而日益沉沦，列强对中国的侵略更加肆无忌惮，不是自甘堕落，也不是没有做过反省，实在是太多的问题和矛盾摆在中国人的面前，历史的积弊和现实的冲突加重了思想和体制的困局，无论是想励精图治的皇帝还是试图"睁眼看世界"的大臣，都无力摆脱这样的困局。

这20年就这样失落了，只从经济的角度看，经过这20年的变化清政府已经在经济上逐步被打垮了，政府的财政陷入了恐慌性危机，过去尚能"头痛医头、脚痛医脚"，现在连这个都显得十分吃力了，对外贸易也失去了主导和方向，外国经济进一步入侵，一系列不平等条约的签订就像一道道绳索套在了大清国庞大的躯体上，让它越来越感受到贫血与窒息。在这种情况下，中国百姓的生活也更加贫困，负担更为沉重，而朝廷的政治依旧那么黑暗，吏治依旧崩坏着，可怕的是朝廷的权威也严重地被削弱，这些通常都是新一轮改朝换代的前兆。

　　种种迹象都表明，这座曾经辉煌的大厦随时都有可能轰然倒塌，有时候差的也只是有人振臂一呼而已。

第四章

一群农民的自救

一、75 万两银子与一场起义

振臂一呼，说话间就来了。

这个人大家都知道，洪秀全。在第二次鸦片战争爆发的同时，大清王朝还在面临着另一个沉重的打击，这就是太平天国起义。对清政府来说，一场对外战争大伤了元气，战败后又未能反思和改革，致使自身的体制性问题更加严重，在内外交困的局面下，一场农民大起义的到来似乎并不让人吃惊。关于这场起义爆发的原因已有各种深入的论述，除了那些原因之外，从经济的角度又如何看待它的发生、发展以及最终失败的呢？

太平天国运动正式爆发以金田起义为标志，它发生在咸丰元年（1851年）1月11日，其时道光皇帝已经驾崩快1年了，表面看这场起义与他无关，但"冰冻三尺，非一日之寒"，这是一场酝酿数年之久才爆发的起义，所以与道光皇帝有着直接的关系。从间接方面看，道光皇帝执政的后期清朝的政治日益腐败、民生更加艰难，社会矛盾也越来越激化，才导致了这场起义；从直接方面看，这场起义的爆发与道光皇帝在世时主持的一项经济决策有关。

这件事就是清积欠，所谓积欠就是以往年度累积下来的所欠国库的赋税，这种情况唐朝也有，宋朝、明朝也有，本朝的"康乾盛世"也都有，算不上新鲜，只是到了现在，积欠越来越严重罢了。

发生积欠的原因主要是因为有些地方遇到自然灾害，赋税一时收不上来，朝廷特允减免或缓征，分为3种情况：一种是蠲免，免除赋税；一种是缓征，赋税不免除，日后再征，递延纳税；一种是免除一部分、缓征一部分，称蠲缓。清朝政府对这些制度很重视，乾隆三年（1738年）还出台过详细的规定，清人杨西明在《灾赈全书》里对此进行了归纳：

> 蠲免钱粮之分数，既按被灾之轻重以为多寡，则带征钱粮之年分亦应视被灾之轻重以定催科。嗣后被灾不及五分，有奉旨及督抚提请缓征者，分别缓至次年麦熟后及秋收后征收。被灾八分、九分、十分者，将缓征钱粮，分作三年带征；被灾五分、六分、七分者，缓作二年带征。

每次对某地减免或缓征赋税，皇帝都要专门颁布谕旨，以示仁政。还有像乾隆皇帝那样的，没有自然灾害也喜欢减免税赋，以树立"爱民皇帝"的形象。乾隆皇帝不仅多次大规模蠲减相关地区的赋税，还5次下达了普免全国1年钱粮的谕旨，3次全免南方漕粮，累计蠲免赋银2亿两。

乾隆皇帝生在了好时候，那时大清王朝正如日中天，洋人只敢来朝贺还不敢来示威，老百姓也比较安生，国库里存银好几千万两，所以才有这么大的手笔。到了嘉庆朝就不敢轻易减免了，但赋税却越来越不好收，各地报上来请求减免的次数也越来越多。减免频次的增加，对财政的影响也在加剧，缓征赋税如能及时补上，就会形成积欠：在户部的账面上有这笔钱，但实际上却没有这笔银子。

除自然灾害造成的积欠，还有人为的积欠，比如官员贪污造成的账面亏空，二者搅在一起，把户部和各省布政使司的账本弄成了一部部糊涂账。上面提到的道光二十二年（1842年）底发生的"张亨智捐纳案"，户部的库银账与实不符差了925万两银子，里面倒未必都被人贪去了，有一些也是积欠造成的。

鸦片战争后，道光皇帝整天为钱着急，只要能弄来钱的地方他都有兴趣，积欠相当于朝廷的"应收账款"，对于"差钱"的嘉庆、道光两位皇帝来说自然会多次过问，也多次让户部清查数目。嘉庆五年（1800年）进行过全国性的府库清查，各地积欠达2000多万两；嘉庆十三年（1808年）户部统计各省积欠为1540多万两；嘉庆十七（1812年）户部统计仅正项钱粮积欠就达1900多万两。

嘉庆二十四年（1819年），这一年是嘉庆皇帝的六十大寿，他一高兴免除天下积欠达2500多万两。对一部分官员来说，谕旨免除积欠是个好机会，因为他们可以偷偷地把自己造成的亏空转到积欠里，光明正大地作了销账处理。道光二十年（1840年）也免除过一部分积欠，但道光二十八年（1848年）10月户部又呈报："地丁为国家正供，不容丝毫短细。兹据户部查明各省未完地丁正耗，自普免道光二十年前道赋之后至今，又积欠正征缓征银二千三百九十万余两之多。"

当然这笔钱是不那么好收的，否则也不会欠了。这时道光皇帝已经被财政问题弄得焦头烂额，各个方面都在伸手向他要钱，他只有敦促户部去解决，同时让军机大臣们想办法。此时最受道光皇帝依赖的是首席军机大臣穆彰阿，另一位是从广东调回来任职的大学士耆英，实在被皇上逼得太急了，他们二位于是提出清收积欠的建议，认为如果把所欠的2000多万两银子收上来，那就解决大问题了。据《嘉庆道光两朝上谕档》，道光二十八年（1848年）11月穆彰阿、耆英以及定郡王载铨联名上奏：

其因公挪移者，设法弥补；无故亏短者，严行参办，仍着落赔缴。惟事期核实，若不宽其既往，势必始终隐饰，不得确实底里，若不严警将来，何以饬法纪而惩贪黩，相应请旨饬下各省督抚迅速查办。其报结省份，应请特派大员前往该省，无论道府州县，随地抽查，如有不符之处，即将侵亏之员严参加等治罪，并该管上司分别治罪严议。

道光皇帝最后批准了这项建议，决心以严厉手段清收积欠，增加财政收入。数日后，朝廷即向各省督抚布置有关事项，要求他们"赶紧先造四柱清册一分，每省各以一府为一册，统以文到之日，限八个月办齐。其短少之项、已有数目、从何支饰，各该督抚惟应迅筹弥补章程"，如果不据此落实，而被钦差查出亏短，将"立即讯明，执法从事，决不宽贷"。

一场规模浩大的"清积欠运动"就此展开了，为保证这场运动不会再走了过场，道光皇帝也狠了心，向下颁布谕旨，要求自道光二十九年（1849年）起各省布政使司除坐支扣解协拨款、水旱灾害应行蠲免钱粮外，其余应解往户部的地丁银两，必须如数解部，任何州、县敢贻误"请将该州县立即革职，同库书一并解交刑部"。同时，朝廷又重订了监守盗仓罪律，加重了对经济犯罪的打击：涉案100两以下至40两者，徒5年；100两以上至330两，杖100，流放2000里；至660两者，杖100，流放2500里；至1000两者，杖100，流放3000里；1000两以上的，"拟斩监候"。

户部干不了刑部的事，但让刑部去帮户部干事效率一定是很高的。各地官员看到皇帝真的急眼了，知道这一次没法再用抹稀泥的办法应对，他们不敢怠慢，赶紧投入到这项工作中。其实也没有太好的办法，只能强征硬收，不从者严办，仍然收不上来，有的官员竟然打起了当铺的主意，强行向当铺"借款"以充赋税，心软的官员则装病告假，或者干脆弃官。即使这样，当年仍有大批官员因清收不力而被惩处，据学者刘海峰从《道光朝上谕档》中统计，当时全国共有213位州县官受到革职留任等处分。也有人因此升官，山东藩司徐泽醇"所征地丁钱粮较道光二十七年以前多至四五十万"，结果升任巡抚。

根据王庆云在《石渠余记》的记述，道光二十九年（1849年）清朝国库收入为3719万两，支出为3644万两，这一年难得出现了75万两的盈余，不得不说这是清积欠的成果，但这75万两银子所付出的代价却极其惨重，在清积欠期间各地暴力抗税事件频频发生，最终导致了那场大起义。

二、财政危机另一面：基层被掏空

鸦片战争后国门逐渐被打开，政治、经济格局发生了巨变，思想领域也变得更加复杂，各种社会批判思潮蜂拥而起，而统治者的应对思路则明显滞后。

外国势力除武力入侵外，也加紧了对思想领域的渗透，由于对外国人在中国的活动尚有严格限制，当时渗透的主要手段是传教，基督教、天主教在中国的传播进程迅速加快。道光二十三年（1843 年）广东省花县有一位落第秀才受西方教义的影响，创办了一个拜上帝教，他就是洪秀全，这个教的骨干成员还有私塾先生冯云山、洪秀全的族弟洪仁玕等人。

洪秀全跟冯云山进行了分工，洪秀全在家乡埋头从事宗教理论创作，冯云山深入到广西紫荆山地区宣传组织群众。他们二人，一个是思想者，一个是行动家，干得都很出色。洪秀全先后创作了《原道觉世训》《原道救世歌》《原道醒世训》等理论著作，冯云山则在广西一带按照拜上帝教的教义建立了拜上帝会，发展了烧炭工杨秀清、萧朝贵以及农民石达开等人入会。

从形式上看，拜上帝教的基本教义来自基督教，洪秀全自称上帝的第二个儿子、耶稣的弟弟，称杨秀清为上帝的第三个儿子，洪秀全在他的理论著作中向世人描绘了一幅人间天国的图景："强不犯弱，众不暴寡，智不诈愚，勇不苦怯"，"天下多男人尽是兄弟之辈，天下多女子尽是姊妹之群"。洪秀全把社会分为两种对立的势力，即农民与封建统治者，一为正一为邪，一为神一为妖，洪秀全糅合西方基督教义和中国传统儒家思想，劝导世人拜上帝、学正人、惩富济贫，实现公正太平的社会理想，对于正深受苦难的下层人民而言，这些说法无疑具有很大的诱惑力。

道光二十九年（1849 年）前后广西遭遇灾荒，本来已民不聊生，各地官府又在强行清积欠，社会矛盾骤增，在基层有着广泛影响的天地会纷纷举事，洪秀全、冯云山等人经过商议，认为拜上帝会起事的时机已完全成熟。

道光三十年（1850 年）7 月，洪秀全、冯云山下达命令，要求各地拜上帝会成员变卖田产到广西桂平的金田镇集中，总指挥部设在金田村，在此创建团营，加强操练，筹集钱粮，准备起事，来此会集的男女老少竟多达 2 万人。这一年底，清军总兵周凤歧派兵前来镇压，被拜上帝教会众击退，毙敌 300 余名，杀死副将 1 名。咸丰元年（1851 年）1 月 11 日是洪秀全 38 岁寿辰，拜上帝会举行隆重庆典，并誓师起义，是为"金田起义"，正式向清政府宣战。起义军自称太平军，建国号太平天国，洪秀全称天王。这一年秋天，太平军攻克广西永安州，震动全国。

从太平军起事的经过看，他们与历史上的农民起义有很多不同，最突出的是长期准备和理论指导，他们不仅有详细的理论体系，而且以西方基督教义为基础，这是之前从未有过的。从组织发动过程看，他们进行了数年的发动和酝酿，深耕基层，有着深厚的基础，其主要成员多是农民、苦工，革命的意志最为坚决。

拜上帝会形成气候之后决定起事，有2万多人向一个村庄集结，动静不可谓不大，看来并不打算保密，这与之前的农民起义也不同。以往农民起义多是秘密筹划、突然一击，行事前因泄密而导致功亏一篑的不在少数，东汉末年有数十万徒众参与的太平道起义，就是因为叛徒告密而蒙受重大损失的。

拜上帝会行事如此高调，似乎没有把地方官府放在眼里，而事实上州、县官府也真的拿他们没办法，从这一点看，清政府这一时期的基层政权建设已经相当沦丧了。

清朝在县以下政权建设方面其实也有着严格的制度，最重要的是保甲制度。据《清史稿》，清世祖入关之后就颁布了编制牌甲的命令，"州县城乡十户立一牌长，十牌立一甲长，十甲立一保长。户给印牌，书其姓名丁口。出则注所往，入则稽所来。其寺观亦一律颁给，以稽僧道之出入。其客店令各立一簿，书寓客姓名行李，以便稽察"。《大清会典事例》也有记载："凡保甲之法，户给印单，书其姓名习业，出注所往，入稽所来，十户为牌，立牌长，十牌为甲，立甲长，十甲为保，立保长，自城市达于村乡，使相董率遵约法，察奸宄，劝儆行，善则相共，罪则相及，以保安息之政。"

根据这样的组织形式，自牌头到保长，形成了三级组织体系，这一套制度如果严格执行，不仅可以把全部农户的基本情况都掌握得一清二楚，把每一个村邑、家庭和社会成员都毫无遗漏地纳入基层管理体系中，而且对其中的所有个体的一切行动都能及时掌握。除了行政管理，保甲制度还承担了征收赋税、教化乡民、调解纠纷、救治灾荒、维持治安的功能，成为清政府稳定统治的根基。

但清中期以后保甲制度不断衰退，开始是由户籍制度改革引起的，清初规定每3年编审户籍一次，后来改为5年，编审户籍是保甲制度发挥作用的一种重要体现形式，编审频次的减弱意味着保甲制度作用的削弱。接着，康熙五十二年（1713 年）规定新增人丁永不加赋，雍正初年更规定摊丁入亩，人头税逐渐被取消，编审户籍最重要的作用是收税的依据，人头税取消后编审户籍也就没有那么重要了。乾隆三十七年（1772 年）朝廷干脆颁布诏令，停止了每 5 年编审一次户籍的制度。

如果说"户籍改革"和赋税征收体制变化削弱了以保甲制度为代表的基层政权系统建设，那么嘉庆、道光时期日益严峻的财政形势又使这些基层政权被进一步削弱。在财政普遍困难的情况下，服务于保甲组织的"基层公务员"实际待遇得不到提高，失去吸引力。保长、甲长、牌头一般由当地民众公举，报县官点充，这些人员虽不领官俸，但所需纸张牌册费用——也就是办公经费可以靠捐办、摊派筹集，根据多年形成的"陋规"，除办公所需经费外相关人员的补贴也会从中列支，"正税"之外的"乱收费"是解决基层组织建设所需费用的途径。

这种制度人为地造成了混乱，让人既"敢腐"也"能腐"，在广东做过知县的刘衡在《州县须知》中写道："良由地方官疲于案牍，不能不假手书差，而一切工科饭食夫马之赀，不无费用，大约书役取给于约保，约保摅之甲长，甲长索之牌头，牌头则敛之花户，层层索费，在在需钱，而清册门牌任意填写，以致村多漏户，户有漏丁，徒费民财，竟成废纸，此外省办理不善之由。"

这段话说得很透彻：让我们干事又不给钱，让我们自己筹，我们怎么筹你就别管那么细了。为取好处，户籍清册可以任意填写，汇集到上面的那些"报表"自然成了"废纸"。在这种制度下，基层人员实际收入的多寡取决于摊派的多少，而能够摊派的数量与"正税"征收情况挂钩，当财政相对宽松时，"正税"征收的压力相对不大，可摊派的空间较大；当财政紧张时，收"正税"都很困难，摊派自然更难，影响到基层人员的实际收入。

保甲制度是维系基层政权稳定的基石，朝廷却并没有为此支付相应的成本，而是要下面自己想办法，一方面纵容了"乱收费"，最终加重了百姓的负担，另一方面当"乱收费"越来越困难时，愿意当保长、甲长的人也就越来越少了。

还有一个原因，类似清积欠这样的差事都是吃力不讨好的事，皇帝施压大臣，大臣施压给地方，地方官员层层施压，但他们只是动动嘴、动动笔，真正跑到一家一户去落实的还是这些保长、甲长，要钱是得罪人的事，乡里乡亲，低头不见抬头见，不到万不得已，这种没有多少好处的事自然谁都不愿意去干。刘衡在《州县须知》里还说，这些基层人员"徒滋科派之烦，是以该处绅士齐民视保甲为畏途"。

基层政权的薄弱，为宗族、帮会势力的崛起制造了机会。历代均推崇以礼治国，宗族在地方半自治的功能多被官方认可，清代的一些地方，在实行保甲制的同时还并行有族正制，成为辅助地方政权、维持地方秩序的民间组织，与官方的保甲制不同，族正制与官府的经济体系关联不大，也不需要官府的财政支持，当保甲制日渐式微时，宗族势力正好趁机壮大。据《道光朝实录》的记载，道光十年（1830年）御史周作揖启奏，称江西"通省皆聚族而居，每省有族长、绅士，凡遇族姓大小事件，均听族长、绅士判断。一姓中之贤否，族长知之甚悉"，这件事引起了道光皇帝的警觉，命江西巡抚吴光悦进行调查。

宗族势力的壮大与官府基层组织的削弱是相伴而生的，所以会引起统治者的不安，但既然基层政权面临的现实困境无法改变，宗族势力的进一步发展也就不可阻挡。不过，这还不是统治者最担心的，相对于宗族势力，帮会趁机崛起才是真正的大患。

从经济的角度看，帮会的出现和壮大与经济发展模式的变化不无关系，人如果被完全束缚在土地上，帮会也就失去了发展的土壤。因为商业的发展，经济活动由单纯的纵向联系向横向联系扩展，因为经济流通的需要，人们就以地域或行业为纽带形成了很多组织，即各地区、各行业的商帮。随后，农村土地兼并日益严重，大量失地农民成为流民，为了生存他们也逐渐结成了帮会。

商帮、帮会也是对基层政权的瓦解力量，商帮与宗族势力类似，寻求的是与官府的合作而不是对抗，而帮会不同，它们与政权有天生的敌视，也不计较自身行为是否合法。嘉庆、道光时期是帮会空前繁荣的阶段，出现了天地教会、哥老会两大帮会系统，天地会主要活动在福建、两广以及湖南、江西、云南等地，哥老会兴起于四川，后向全国漫延。第一次鸦片战争后，南方各省的许多乞丐、盗窃帮伙，都逐渐被天地会和哥老会所控制和同化。

天地会是当时影响最大的帮会，其起源有多种说法，至今尚无定论，但各种说法都认为在清朝初年这个秘密组织就已经形成了，且带有强烈的政治目的，"反清复明"是它的主要口号之一。乾隆五十一年（1786 年）的台湾林爽文起义、道光二十七年（1847 年）雷再浩领导的"棒棒会"起义是天地会领导的较大规模的起义。拜上帝会在金田起义前，道光二十九（1849 年）天地会成员李沅发在湖南领导"把子会"起义，声势也十分浩大。

当时众多"天地会"组织中，所崇拜的偶像呈现出多元化，既拜如来佛祖和众多天神，又拜关羽、张飞，还拜天地会传说中的五祖及虚构的前明"小主"朱洪英，在思想上强调"忠心义气"，组织上也很松散，造成各地山堂林立、互不隶属的局面。洪秀全领导的拜上帝会诞生之初虽也带有民间秘密结会的性质，与"天地会"等帮会组织一样，在社会矛盾日益尖锐、清政府基层政权日益削弱的背景下得到了快速发展，但与一般的帮会不同，拜上帝会的理论基础更扎实，崇拜的偶像和主张更明晰，组织结构更统一、严谨，所以脱颖而出。

三、太平军的经济口号

太平军攻占永安后在此建制，分封诸王：杨秀清被封为东王，萧朝贵被封为西王，冯云山被封为南王，韦昌辉被封为北王，石达开被封为翼王，颁布了太平天国的官制、礼制和军制。

咸丰二年（1852 年）4 月，太平军北上，围攻广西的省城桂林，未克，之后继续北上，在全州蓑衣渡遭清军拦截，冯云山战死。5 月，太平军主力进入湖南，攻克道州、郴州。8 月，萧朝贵率军围攻湖南的省城长沙，萧朝贵在攻城时战死，洪秀全、杨秀清急率主力增援，清政府调集重兵守城，太平军攻城 3 个月未下，撤围。

咸丰三年（1853 年）1 月，太平军攻克湖北省会武昌，湖北巡抚常大淳举家自尽，太平军声威大震，总人数增至 50 万。之后太平军沿江而下，于 3 月 19 日攻克江苏省会江宁，即今南京，两江总督陆建瀛战死。洪秀全率太平军进城，改两江总督府为天王府，宣布改江宁为天京，在此定都。

从金田起义到定都天京太平军仅用了 3 年零 2 个月，他们横扫江南，控制的面积涉及数省，人口数千万，其进展之迅速不仅让北京城里的道光皇帝心惊肉跳，也让所有人都感到吃惊。论战斗力太平军与人数众多的清军自然无法比拟，论战场军事指挥洪秀全等人也并非无懈可击，太平军进军天京之路不是一帆风顺，他们多次在战场上失利，几乎被扑灭，但又总能重新振起。

对于一支农民起义队伍来说，人数的多少其实并不是最重要的武器，一句能打动人心的口号胜过千军万马，太平天国的燎原之势，来自于他们所提出的主张，其中经济方面的主张是重点，最重要的是圣库制度和土地制度两项。

圣库制度是一项经济纪律，它规定一切财务均为上帝所赐，所以必须交到圣库里来，由大家共享。金田起义时，参加举事的人都是变卖了全部家财后扶老携幼而来，到来后就把全部财产交给了公库，其个人衣食支出也都由公库开支。从此之后，太平军在作战中缴获的财物都一律上交，个人不得私藏，将士的生活需要也由公库供给。

太平军定都天京后，在天京小西门灯笼巷设立天朝总圣库，总管财富。据时任湖北抚辕巡捕官的张德坚在《贼情汇纂》中描述，太平天国的圣库设"总圣库、总圣粮正、副、又正、又副各四人，典圣库、典圣粮各四人，另有总圣库协理二人，分主库藏粮米之出纳；典油盐四人，主收发油盐；典买办二人，主采买物料；舂人四人，主舂碾粮米；浆人四人，主收发酱醋；宰夫四人，主宰割牲畜；典天茶二人，主收发茶叶；典茶心二人，主收发果品点心"，其日常供给情况，张德坚也有详细描述：

> 伪官虽贵为王侯，并无常俸，惟食肉有制，伪天王日给肉十斤，以次递减，至总制半斤，以下无与焉。其伪朝内各官一切衣食，皆向各典官衙取给，

军中亦然。虏劫充足，恣取浪掷；来源不继，亦甘淡泊。然诸剧贼莫不私藏秘积，足以自奉；若卑下伪官，日厌粗粝，有以盐水为肴者。每逢礼拜日，伪官必开单赴各典官衙领敬天父之物，典官亦视其官之当事与否，或盈筐以献，或戋戋塞责。惟礼拜钱及粮米油盐一律皆有定制：伪官每人每七日给钱百文，散卒半之；每二十五人每七日给米二百斤，油七斤，盐七斤而已。虽虏劫极多，亦毫无加增。若赀乏粮尽之时，或减半给发，或全不给发。

剔除其因立场不同而在用词上的轻侮，大致可以看出太平天国圣库制度的总体状况，那就是在财物和日常供给上实行平均分配，个人没有私财，虽然也有些许的等级差异，但对于受尽了欺压、看惯了官场腐败的穷苦百姓来说，这些主张无疑具有磁石般的吸引力。

另一项是土地制度，咸丰三年（1853年）太平军颁布了《天朝田亩制度》，其中一项重要内容是土地政策，它规定天下的土地分为九等，以户为单位按照土地的好坏搭配着平均分配，不分男女人人有份，16岁以上分全份，15岁以下分半份。还规定，每5家设"伍长"一人，每家出1人当兵，以25家为单位组成1个"两"，2个"两"设"两司马"主持，"凡当收成时，两司马督伍长除足其25家每人所食可接新谷外，余则归国库，凡麦、豆、苎麻、布帛、鸡、犬各物及银钱亦然"。农民除耕种外，还要利用农闲时间饲养猪、鸡、蚕，从事纺织、缝衣、制作陶器、木活、打石等家庭副业和手工业生产。

中国是传统的农业国家，土地是最重要的经济问题，土地关系解决得好坏事关历代政权的兴亡，所以历代统治者都很重视反兼并，也采取了很多措施，但经济发展的另一个规律是土地会向少数人集中，从而形成了所谓历史周期律：兼并严重、农民起义、王朝更迭、解决兼并、再兼并、再起义……土地兼并成为大规模农民起义的主要诱因，起义者也经常通过平均土地的口号吸引民众，宋代钟相等人提出"等贵贱、均贫富"、明代李自成提出"均田免粮"都是这方面的主张。正如列宁在《社会民主党在1905至1907年俄国第一次革命中的土地纲领》一文中指出的那样，"在反对旧专制制度的斗争中，特别是反对旧农奴主、大土地占有制的斗争中，平等思想是革命的思想"，"因为它反映了反对封建农奴制的不平等现象的斗争"。

清朝的土地兼并情况甚于以往，《皇朝经世文编》里有"一邑之中，有田者什一，无田者什九"的描述，还说江、淮之间的各州县，占人口1/10的地主"坐拥一县之田，役农夫，尽地利，而安然衣食租税者也"。对广大失地农民和那些佃户来说，拥有自己的土地是最大的梦想，为实现这样的目标可以为之尽全部力量去奋斗。

太平军正是依靠圣库制度和平均地权的口号得到了无数百姓的拥护，虽经历了多次低谷和挫折仍能不断发展壮大，最终用3年时间就实现了与清政府的南北对峙。

四、没有钱，只能给政策

突然爆发的太平天国运动波及18个省，席卷半个中国，让清政府措手不及。与丢城失地相比，一个更严峻和头痛的问题摆在清政府的当家人咸丰皇帝的面前：镇压太平军又要产生巨额的军费，该从哪里来？

为对付太平军，咸丰三年（1853年）之前朝廷仅向广西、湖南、湖北、贵州和江西等省的额外拨款就高达1800多万两，在中央财政已几近枯竭的情况下筹到这些钱，已经算是奇迹了。咸丰三年户部奏称："自广西用兵以来，奏报军饷及各省截流筹解，已至二千九百六十三万两，各省地丁、盐课以及关税、捐输，无不日形支绌。"此时户部存银仅20余万两，大学士文瑞的奏折让人触目惊心：

盖天下财赋东南为顷者，金陵失守，安徽、两湖等处又力量蹂躏无余，岂能复为征税，计今年入所亏又不下千万……

思之实可惊心。且内帑所存数百万，现用五十万。内务府南库久已告罄，北库所存约不过十余万，纵使以此接济业已不敷。而况军兴未艾，无日成功，源源请包饷又将何以应付耶……

水旱无定，难以预期，是财用将竭而补葺无方，深堪惧也。现在户部库存不过支三、四两月。兼之道路梗塞，外解不至，设使一旦空虚，兵饷亦停，人心猝变，其势岌岌不可终日！

别的钱都可以拖，兵饷不能拖，拖则生变，这个道理咸丰皇帝懂，可办法呢？

在清政府的财政收入结构里地丁是大项，其次是盐税、关税，这几样都是着急办不来的，况且太平军攻城略地之后，大片地区"沦陷"，税基大减，即使按正常情况把税都收上来，也较常年大为减少。在这种情况下，有人建议在传统税目之外征收新税，具体来说就是商业税。据《清代钞档》的记述，该税种的征收办法已经制定了，拟对经商的上等铺户每月征银2钱，中等铺户每月征银1钱，小本下户及工匠等，不论有无牌匾一律免征。该办法计划先在北京试行，之后推广到各省城，再在各州县实行。

但试行阶段就不理想，咸丰三年（1853年）2月，还没有正式向商户开征，只是向商户传达了征收新商税的律令，京城里的各家钱铺、粮店等便以闭市作对抗，给百姓生活带来不便。此时是非常时期，任何惊扰都可能产生无法预测的动荡，清政府赶紧收回成命。正当咸丰皇帝和大臣们一筹莫展的时候，来自江苏前线的一份奏折引起了注意，这份奏折提出了一个筹钱的好办法。

上这份奏折的人名叫雷以諴，咸丰三年初他以左副都御史的身份会同河道总督杨以增巡视黄河口岸，按照职责他是负责监督别人办事的。事毕，雷以諴突然来了豪情，上奏"杀贼自效"，得到咸丰皇帝的批准。雷以諴"广延豪俊，捐资募勇，自成一军，扎营扬州东南之万福桥"，此时钦差大臣琦善在扬州建江北大营，雷以諴所部归琦善节制。

打仗得花钱，按理雷以諴所部的经费应由琦善解决，但琦善还为自己的军费发愁呢，哪能顾得上一支杂牌军？雷以諴所部"尤无取资处"。正当雷以諴进退两难之际，一个浙江监生跑来向他献策，此人名叫钱江，跟洪秀全一样也是多次落第的书生，也很有两下子。

钱江科场失意后投笔出游，当时林则徐在广州禁烟，钱江素有大志，又仰慕林则徐，就去投靠，但到广州后林则徐已被革职，钱江遂留下参加民众抗英斗争并因此被捕，结果让他名扬海内。钱江被流放新疆，在此竟然与林则徐相聚，他在新疆辅佐林则徐治理水利，因功被清廷特赦。道光二十六年（1846年）林则徐重新被起用为署理陕甘总督，聘钱江为幕僚。道光二十八年（1848年）林则徐改任云贵总督，钱江不想去云南，与林则徐分手后四处出游。

这位奇才刚好在扬州，听说雷以诚为军费发愁，他献计："不请饷而抽厘，其事必集。"一语点醒雷以诚，他想到家乡湖北咸宁一带的会馆里也有抽厘章程，于是萌发了收取厘金筹措军费的办法，雷以诚用该办法在扬州仙女庙、邵伯等地试收厘金，效果很好，不久就筹得军费2万多两，手下人马扩充到3000多人。咸丰四年（1854年）3月雷以诚上《请推广捐厘助饷疏》，正式提出征收厘金的建议：

> 曾饬委员于附近扬城之仙女庙、邵伯、宜陵、张网沟各镇，略仿前总督林则徐"一文愿"之法，劝谕米行捐厘助饷，每米一石捐钱五十文，计一升仅捐半文，于民生毫无关碍，而聚之则多。计自去岁九月至今，只此数镇米行，几捐至二万贯。既不扰民，又不累商，数月以来，商民相安，如同无事。古人云："逐末者多，则廛以抑之。"捐厘之法，亦古人征末之微意，而变通行之。人少则捐少，入多则捐多，均视其买卖所入为断，绝不强民以所难。

厘金是对商户和商品征收的，之所以称为"厘金"，是因为最初的设计是"每百分仅捐一分"，"一分"又是"一厘"，故称"厘金"。由于之前并无法例，所以雷以诚只敢说是"捐厘"，把它归为"劝捐"这一类，但在实际操作过中肯定不是"劝"，而是强征。

接到报告后咸丰皇帝大为高兴，立即给两江总督怡良、江苏巡抚许乃钊、南河总督杨以增等人下旨，"各就江南、江北地方情形，妥速商酌"。办事效率一向低下的清政府这件事办得却很快，当年11月，以内阁大学士兼礼部尚书在江苏帮办军务的胜保就奏请在各省推行厘金制度，此后各省纷纷试行。

湖南巡抚骆秉章于咸丰五年（1855 年）4 月办起了全国第一个省级厘金局，这一年的 8 月以兵部侍郎在江西督办军务的曾国藩也在江西试办厘金，11 月湖北巡抚胡林翼在湖北试行，12 月四川总督黄宗汉在四川创办厘金。到咸丰七年（1857 年），全国各省基本都开征了厘金。

商业税分商品税、交易税、通过税等，厘金既类似于商品税，也类似于交易税，它的收取形式，一种是"坐厘"，类似于商品税和交易税，另一种是"行厘"，类似于通过税。也就是说，不仅购买外地货物到本地销售时本地要收钱，而且在贩运货物过程中，所经之地也要收钱，而后面这种"通过税"更是厘金的大头。

收取厘金的商品，最早主要是米、盐、布匹等百姓日常所需物品，到后来扩展到几乎所有门类，包括百货厘、盐厘、洋药厘和土药厘四种。其中"洋药厘"专指对进口鸦片征收的厘金，据对江苏、广西、浙江、四川和广东等五省的统计，其每省收取厘金的商品多达数百至上千项（见表 4.1）。

厘金的收取比率，设计时希望以 1% 的标准收取，但这个标准很快就有了突破，根据商品种类不同，各地分别制定了不同的收取比率（见表 4.2）。

表 4.1　　　　　　　　　各省征厘货物种类表

江　苏	广　西	浙　江	四　川	广　东
绸丝类	丝织物类	绸缎绫罗呢羽类	绸缎纱绫绒绢丝类	丝类
稀络类	毛织物类	绣货类	缨皮牙角羽毛类	服饰类
棉布类	布匹类	布匹类	衣帽靴鞋类	布匹类
绣货类	服饰类	皮货类	布匹花幔类	皮毡货类
洋货类	服用类	食物类	珍宝类	香粉花油类
京货类	珠宝类	油类	京货广货类	珍宝玩器类
广货类	皮料类	药材类	酒果食物类	海味食物类
血属类	毛类	木竹类	腌腊海味类	土产类
谷食类	米谷类	瓷器类	香椒类	茶类
牲畜类	牲畜类	锡箔纸扎类	药材类	杂货类
鲜果类	食品类	铜铁纸锡类	颜料纸扎类	药材类
腌腊类	果品类	杂货类	竹木藤器皿箱盒类	器用类

套牢中国：大清国亡于经济战

江 苏	广 西	浙 江	四 川	广 东
海货类	山货类		油蜡矾矿类	铜铁锡类
南货类	海产类		铜铁锡铅类	颜料纸张类
北货类	茶类	杂货类	杂货类	木类
油货类	烟类			
烟叶类	酒类			
药材类	药材类			
树木类	木料类			
竹货类	竹料类			
窑货类	瓷器类			
纸货类	纸类			
颜料类	颜料类			
铜铁类	金铁类			
杂货类	器具类			
	木器类			
	竹器类			
	矿产类			
	杂货类			
25 类	29 类	12 类	15 类	15 类
1241 项	1942 项	682 项	894 项	967 项

资料来源：罗玉东，《中国厘金史》，商务印书馆，2010。

表 4.2　　　　　　　　　各省厘金征收比率表

省　别	征收比率（％）	征收次数
江　苏	5	遇卡完捐
安　徽	2	遇卡完捐
湖　北	2	遇卡完捐
广　西	2	遇卡完捐
甘　肃	1 或 2	遇卡完捐
浙　江	5.5，10	浙西一起一验，浙东两起两验

省　别	征收比率（%）	征收次数
江　西	10	两起两验
福　建	10	两起两验
广　东	7.5	一起一验，兼收坐厘补厘及台炮经费
湖　南	6	一税一厘
四　川	4	一起一落
陕　西	4	一起一落
山　东	2	征收一次
奉　天	1	征收一次
黑龙江	1	征收一次
吉　林	2	分四厘、七厘、九厘三种货捐征收
云　南	5	不详
河　南	1.625	不详
山　西	1.5	不详
直　隶	1.5	不详
贵　州	不详	
新　疆	不详	

资料来源：罗玉东，《中国厘金史》，商务印书馆，2010。

　　一开始各地没有设立专门征收厘金的机关，除个别省份外征收工作由军队代理，隶属军需部门的各省粮台、军需局、筹饷局等都代收过厘金，后来随着征收量的增大，各省都设立了厘金局，作为厘金的专门征收机构，有的省也称厘捐局、捐厘局、税厘局等，从征收对象、税率和征收机构名称都不统一可以看出，厘金制度是仓促出台的，具有鲜明的地方特色。

　　各省一般设有厘金总局或类似机构，府县以及口岸设立大大小小的分局和分卡，同时还有稽查和缉私机关，有巡队、巡船等，形成"五里一卡，十里一局"的局面。据《清会典事例》，仅湖北一省，所设立的厘金局、卡最多时就达到了480多处。以设在江苏省上海道的浏阳厘局人员组成为例，可以看出其编制之庞大（见表4.3）。

表 4.3　　　　　　　　　　　　　浏阳厘局编制

职　务	编制人数
总办委员（候补知府充任）	1
帮办委员（候补知府充任）	1
司　事	20
巡　丁	14
十七分卡司事（每卡三人）	51
十七分卡司事（每卡三人）	34
共　计	121

资料来源：罗玉东，《中国厘金史》，商务印书馆，2010。

这仅是一个"县级"分局的编制，放在全省、全国，为征收厘金所投入的人员将是一个多么庞大的数字。由于朝廷对厘金局事实上无法管理，各省视所设机构的编制、人员、征收数额等都是"敏感"数字，所以缺少全国统一的相关统计数据，但可以想象，如此众多的官员和经办人员脱离生产、专事征收，仅人力成本一项就十分巨大。

但对朝廷和各省来说这项工作是相当有成效的，厘金的征收迅速解决了军费这个燃眉之急，据朱东安《曾国藩集团与晚清政局》的统计，在镇压太平天国期间曾国藩报销军费 2000 余万两，其中从厘金中支出的就达 1600 万两左右。除了支付军费，厘金还充当其他用途，成为财政的重要来源，据咸丰年间至同治初年的统计，全国每年厘金收取数额都在千万两左右（见表 4.4）。

表 4.4　　　　　　　　晚清厘金历年总收入分类统计表　　　　　　　单位：两

年　次	百货厘金	鸦片厘金	茶　厘	盐　厘	总　计
咸丰八年	8770347	146438		290585	9207370
咸丰九年	9618469	236783	117911	310759	10283922
咸丰十年	10287289	378551	172008	371137	11208385
咸丰十一年	12294229	417582	159672	548611	13420094
同治元年	13644813	505885	308456	1117323	15576477

资料来源：周育民，《晚清厘金历年全国总收入的再估计》，《清史研究》2011 年第 3 期。

五、一场轰轰烈烈的"乱收费"

站在公共财政的立场看厘金却不能称为"税",而只能称为一种收费。税收是筹集财政收入的形式,而收费是政府有关部门为机构和个人提供特定服务或被赋予某种权力而向直接受益者收取的代价。税收的主体是国家,收费的主体是行政部门;税收具有无偿性,收费则用于成本补偿的需要,特定的收费与特定的服务具有对称性;税收由国家列入预算统一安排,用于社会公共支出,而收费一般有专款专用的性质。

以筹集军饷为初始目的的厘金无法及时纳入政府的基本制度体系中,表现出来的情况是各地执行办法不一,各自为政,征收和管理权力基本也掌握在各地手中,朝廷的着眼点是筹集钱饷,对下面各行其是也只能睁一只眼闭一只眼,因而这种征收事实上难以纳入朝廷正常的财政预算管理,顶多是个"专款专用",从这个角度看,厘金不仅是一种收费,还是一种"乱收费"。

这种"乱收费"对国家经济秩序的破坏力是巨大的,有些方面恐怕是厘金制度的设计者所未能料到的。清人郑观应在《盛世危言》曾总结了厘金的"十弊",大意如下:

——一些土产要拿到远方卖,"逢卡纳税",增加了货物的成本,有的所纳厘金甚至超过货物自身成本,造成了"土物不能远流";

——有些货物"以鲜为美",讲究的是速产速销,但在运输过程中逢卡必检,"过一乡越一城,逢卡三四处",不仅时间耽搁了,而且货物被翻来翻去"已鲜色全无矣";

——丝、茶上市,商家得雇很多人贩运,长途运输,除货物以外还得携带"铺盖箱笼"等物,逢关过卡只能停车,被翻箱倒箧,"行同劫盗";

——关卡星罗棋布,那些"肩挑负贩"的小本买卖者也都得纳厘,有人试图绕道逃捐,结果被发现"重索苛罚",有人因此弃业他徙;

——规定土货收费、洋货不收费,有人把土酒盛在洋玻璃瓶内,结果即判定为洋货，不仅收费，而且被重罚；商贩携带自己用的一两面手巾，被卡丁发现，被判定为走私洋货，也受到重罚；

——有人用船载货，报关时斤两不符，不但货物受罚，"更要全船充公"，引起众商家罢市抗议；有商家随身携带一两支高丽参自己用，没报关，但被认为是有意走私，"执以苛罚"；

——携带商品去集市卖，能不能卖掉还未定，过卡时先得交费；有人从远方携行李返家，不了解厘金捐例，结果被查，后又为"匪类所窥"。

以上所列"十弊"有些是特例，有些是执行层面的问题，但回到普遍性和制度性的层面，至少折射出以下三个方面的问题。

首先，厘金的征收妨碍了商品贸易的正常进行。各地遍设局、卡，过则收费，形成一道奇观。日本学者高柳松一郎在《中国关税制度论》中说："国内分为无数关税区域，各省各道各县固无论矣，即一河一路之隔，货物流通，即行课税，甚至同一地方，都市与都市之间不许搬运货币，又禁止米谷出入。故一地方生产之经营，仅供狭小范围之需要为标准，而不能以供全国需要为目的者也。"要把湖北洋楼洞产的砖茶运到内蒙古，一路上须交厘金及正常关税 13 次，把羊毛从包头运往北京，要交 17 次。从自贡到重庆一路上有局、卡 21 个，从涪陵到重庆有 16 个。据汪敬虞主编的《中国近代经济史（1895 - 1927)》，在苏州的大运河上"几乎每隔 10 英里就有一个厘卡"。不仅关卡多，而且还常受到官役的刁难，反复翻检货物，耗费大量时间，有人开玩笑说，把绍兴的蚕茧运到上海，长出飞蛾也到不了。

其次，厘金的征收提高了商品价格，阻碍了商品生产。一种商品向其他地区流通，被反复征收厘金，流通成本加重。据 1874 年 10 月 24 日《申报》的一则报道，苏州和上海短短的一点儿距离，商贩就要"报捐" 3 次，交纳的厘金"适当资本的二成或三成不等"，如果把商品运到更远的地方，厘金在商品成本中所占的比例更可想而知。商品价格的提高，一方面加重了百姓的生活负担，使本已生活不易的下层人民生活雪上加霜；另一方面，许多商品本身也是原材料，价格的上涨造成连锁反应，无论这些成本能否转嫁出去，最终损害的都是本已脆弱的民族手工业和制造业的发展，进一步摊薄了早期民族资本的利润，使中国民族工商业迟迟发展不起来。广东新会县以生产葵扇而出名，该县自咸丰四年（1854年）开始征收厘金，由于"抽取过重"，百姓不敢再种葵，结果这项传统手工业因此而凋败。

再次，厘金的征收严重影响了中国商品的竞争力。为了鼓励对外贸易，一般国家都会对本国商品在税收上实行优惠，而对别国商品加重税率，清朝政府刚好相反：在列强的胁迫下，通过签订一系列不平等条约，不断降低国外产品的关税，而本国产品从原材料采购到生产、运输、销售等环节都在承担着越来越重的税费。这种局面长期维持，严重削弱了本国产品的竞争力，为洋货在中国的进一步倾销创造了条件。《南京条约》明确规定："英国货物自在某港按例纳税之后，即准由中国商人遍运天下，而路所经过税关，不得加重税例。"也就是说，厘金只能对本国商品征收，而不能征收于进口商品。厘金制推出后，进口商品要不要交厘金出现了争执，到《天津条约》签订时双方进行了补充，大意是英商贩运洋货入内地销售，和自内地运土货出口，所经内地各卡可一次缴纳，以免各卡重征，外商所经营的土货可在首次经过的子口上税、洋货可在海口完纳，即所谓"子口税"，但征收以"综算货价为率，每百两征银二两五钱"。虽然有了"子口税"，但税率仅为2.5%，且一次性征收，与本国产品在税负上有巨大差异。这样就产生了一个奇怪的现象，有些沿海地区的中国商人宁愿费时费力地用船把商品先运到香港，之后再以进口商品的身份重返内地市场，目的就是享受"子口税"的待遇而不用缴纳厘金。对这种现象，郑观应在《盛世危言》中说："资本纵相若，而市价则不同，洋货可平沽，而土货必昂其值，颠倒错案，华商安得不困？洋商安得不丰？"

一场大规模的"乱收费"虽然部分解决了清政府的财政难题，为对付农民起义筹集到了军费，延续了清王朝的寿命，但厘金的收取制约了商品贸易，进而制约了整个经济的发展，同时也破坏了对外贸易，削弱了本国产品的竞争力。

六、来不及实践的资本主义

在太平天国方面，自从占领天京以后进展却不很顺利。

1853 年 5 月，太平军的一部开始北伐，虽一度攻至天津附近，但孤军深入，被清军围困而失败。6 月，另一路太平军溯长江而上西征，攻下安庆、九江、武昌等地，后遭遇曾国藩领导的湘军顽强阻击，双方围绕武昌展开了激烈的争夺。正当对峙之时，1856 年太平天国内部爆发冲突，东王杨秀清被杀，翼王石达开两度出走，太平天国实力大损。湘军分多路进攻安庆、天京，太平军虽然在陈玉成、李秀成等后起之秀的率领下大破清军江北大营和江南大营，但清军又很快组织起力量进行反击，太平军渐处不利局面。

1861 年太平军第二次西征，计划分两路进攻武昌，但都未能得手。1861 年 9 月，曾国藩的弟弟曾国荃率湘军一部攻克安庆。1862 年 5 月，陈玉成兵败后在寿州被叛徒出卖被捕，次月被处死，洪秀全急令各地太平军回师天京。1863 年 12 月，苏州被清军攻陷。1864 年 5 月，常州失守。1864 年 6 月 1 日，洪秀全病逝，幼天王洪天贵福继位，同年 7 月 19 日天京失守，李秀成、洪仁玕等人护送幼天王突围，10 月，幼天王洪天贵福在江西石城被捕，11 月 18 日在南昌被凌迟处死。

至此，轰轰烈烈的太平天国运动全部失败。这场运动来如暴风骤雨，眼看就要把大清这艘风雨飘摇中的破船打翻，但经历了初期快速发展，太平军在后期却显得低沉不振，最终反被清军消灭，对于其中的原因，历来有多方面的总结和分析。

有人认为，太平天国没有科学的世界观和科学的理论做指导，无法摆脱宗教迷信和封建思想；有人认为，太平天国实行宗教、政教二元化，反孔教而倡西方天主教，后者无法迎合大多数中国人的心理，曾国藩等人利用这一点将其扑灭；有人认为洪秀全用理想汇聚社会力量，曾国藩等人用传统汇聚社会力量，洪秀全和曾国藩周围集中了当时中国社会最优秀的有识之士，然而就数量而言当时的才学之士无疑更多地站在了传统的一边，"他们以个人的选择表现了某种历史的选择";有人认为,太平军存在许多军事上的失误,如定都南京不久即偏师北伐,结果造成重大损失,后期同时西征和攻打江南、江北大营,造成三面作战,分散了力量;有人认为,"领导集团的腐败与政权的自毁完结"是太平天国运动的致命伤,太平天国以反封建为号召,最终却走向了另一种封建,运动初期即大封诸王,主要领导者生活腐化,在削弱内部力量的同时埋下内乱的祸根。

以上这些分析各有道理,尤其从思想基础上看,太平天国从拜上帝会起家,思想体系里既有西方宗教的教义,又有中国传统儒学的基因,虽然有所整合,但这些整合仍显粗浅和生硬,不可避免地存在着混乱和抵触的地方,造成了很大的局限性。不过,以上这些观点都没有从经济的角度去观察,如果从这方面看,这场运动的失败也有它的必然性。

如前所述,太平天国的主要经济口号包括圣库制和天朝田亩制,前一项主张平均主义,后一项主张人人有其田,这样的主张无疑都具有很强的吸引力,成为太平天国运动前期一呼百应、所向披靡的思想武器。但问题在于,这种美好的蓝图却很难完全实现,时代发生了巨大的变迁,延续了千百年的那些朴素的农民起义口号,现在面临着许多复杂的现实问题。

先说平均分配土地。《天朝田亩制度》把土地分成九等,按人平均分配,从操作层面上看,这就需要复杂的对现有土地和人口清查的过程,需要稳定的基层政权体系作保障,在太平军四处流动作战的情况下,这项制度客观上很难实施。

再说圣库制度。平均主义是其吸引人的地方,但"严禁私财"又成了它制约经济发展的另一面,从有关史料上可以看出,太平军对"严禁私财"的规定是认真的,但这也与前一项制度产生了矛盾:既然土地和生产资料已按人平均分配,现在又要求他们把一切收获都交公、所需生活资料实行统一配给,这又如何能做到?因为人的生产能力是有区别的,收获也有多少,同时人也是自私的,简单的平均主义加"大锅饭"这条路在任何时候都行不通。

这两项经济政策的执行情况在现实中很都不理想,就在太平天国定都天京后不久供给制就出现了困难,起因是粮食发生了危机,1854年夏东王杨秀清、翼王石达开等人联名上奏："建都天京，兵士日众，宜广积米粮以充军，储而裕国课。弟等细想：安徽、江西米粮广有，宜令镇守佐将在彼晓谕良民照旧交粮纳税。如蒙恩准，弟等即行谘谕，令该等遵办，解回天京圣库堆积。"天王洪秀全批示执行。这里说的"照旧交粮纳税"，就是在占领区按照清朝征收地丁、漕粮等政策和有关底册征收赋税。

太平天国呼应了民众的需求，借鉴历代农民起义的成功经验，试图通过平均分配土地和一切财物归公的政策建立"有田同耕，有饭同食，有衣同穿，有钱同使，无处不均匀，无处不饱暖"的理想社会，然而这样的理想在客观现实面前却无法实现。口号的力量可以让它兴盛于一时，但无法落实又会带来观望和失望，从而减弱新政权的号召力，表现在军事行动上，就是前期势不可挡，后期走向低迷。

与之前历代农民起义不同，太平天国还面临着社会经济发展的新变化。一方面，自明朝中后期以来传统小农经济占主导的状况逐渐发生了一些改变，手工业、商业兴起，城市得到发展，出现了大量手工业者和商人，他们的关注点和诉求与传统农民多有不同，比如他们对平均土地就不甚关心，而对"严禁私产"的规定则持反对的态度；另一方面，鸦片战争以后国门被打开，太平天国除了应对清朝政府以外，还要应对外部势力的干预，这是之前历代农民起义所未曾面对过的情况。

历史发展到现在，要管理好一个国家，已不单纯是调整土地政策就能包治百病的时候了，中国已经无法重回小农经济主导的时代，对于一个新生政权来说，必须有能力有效地推动整个国家的经济发展，商业、手工业、对外贸易以至于金融，都要提出符合实际的政策，要协调处理好方方面面的利益关系，而这些对太平天国来说都显得太难了。

显然天王洪秀全等人也意识到了这个问题，1858年洪秀全的族弟洪仁玕从香港来到天京，被封为干王，主理朝政。受过西方近代化思想熏陶的洪仁玕写出了一部划时代的作品《资政新篇》，根据太平天国革命形势的逆转和世界资本主义迅速发展的现实，提出学习借鉴西方先进科学技术发展资本主义经济的设想，得到了洪秀全的赞同。在这部著作里，洪仁玕从三个方面阐述他的治国之道。

在政治方面，提出"治国必先立政"，立政的关键在于用人，用人的关键在于"禁朋党之弊"，反对"结盟联党之事"，加强中央集权，"自大至小，由上而下，权归于一"。在地方上普设乡官乡兵，强化基层政权建设，严禁贪污，杜绝卖官鬻爵，建立新的刑法制度，创立"罪人不孥""刑止一身"的制度。

在经济方面，提出大力发展交通，造火车、轮船，修筑省、郡、县、市镇及乡村大道，疏浚河道，兴车马、舟楫之利，设邮亭、办邮政，发展采矿业，兴修水利，保护私产，鼓励私人投资，奖励发明，开办银行和保险事业，与各国自由通商、平等往来。

在社会方面，提出成立士民公会，拯困扶危，发展教育事业，设新闻馆，开办医院、鳏寡孤独院和育婴堂，反对传统迷信，禁止游手好闲、不务正业，禁止溺婴、买卖人口和使用奴婢。

如果说太平天国运动前期提出平均土地和财物的思想是一群农民试图用传统思想完成国家拯救的一次努力，那么《资政新篇》就是按照另一种思路的自救构想，这种思路的核心是发展资本主义。在前一种努力明显失败的情况下，洪秀全以及多数太平天国高层领导人也都意识到了必须有所改变才有出路，所以对《资政新篇》持赞同态度，洪秀全在洪仁玕所呈《资政新篇》的多数条文下都批示了"此策是也""遵刻颁行"，然而这时太平天国已处于被动防守阶段，上述主张已经根本来不及实施了。

七、列强"借力打力"

太平天国运动的失败，与西方列强所持的立场也有很大关系。

在太平军攻入天京前，尽管还没有与西方国家发生直接来往，但这场规模浩大的农民起义自然引起了世界各国的广泛关注，由于太平天国提出信奉基督教，所以西方国家开始都很兴奋，美国传教士、曾在1858年中美谈判期间任美国公使翻译的丁韪良（Parsons Martin）在其所著《花甲忆记》中的一

段话很有代表性:

作为旧国都的南京落入任何起义者之手,对于全世界来说都是一个非常严重的事件。然而当人们得知这些起义者是基督徒时——不仅仅是为了夺取帝国,而且是对中国的异教主义发动圣战——他们便觉得激动不已。商人们开始盘算这一胜利对于商业的影响;传教士们则讨论起它对传播基督教信仰可能会产生的意义;外交家们——他们是惟一能独立开展调查的阶层——寻找着最早的机会,通过访问南京来查清事实真相。

一位英国传教士在广州听说金田起义的消息,抑制不住激动的心情:"作为一名传教士,当我来到中国时,我发现一切都笼罩着午夜黑暗的阴郁。现在乌云被冲破了,虽然我不知道未来的岁月如何,我欢呼出现的曙光。"消息传到英国国内,同样引起了热情的关注,有人认为太平军是"伟大的道德奇迹",有人相信"斧头砍向偶像的老根,腐朽的躯干即将倒下"。

但也有一些人对太平军持怀疑甚至反对的态度,尤其那些曾亲临过中国内地传教的人,美国教士哈巴(Andrew P. Happer)曾到广东传教并在那里行医,他就反对太平军,他说:"在我们传教士中,我是唯一揭露太平军危险和错误的。"而外国商人们的态度更加谨慎,他们担心的是自己的商务活动会不会受到影响,但也幻想着太平军一旦夺取政权,他们在中国的商务活动会不会变得更为便利。

太平军攻入天京,在此定都,西方列强再也不敢忽视它了,他们急切地想知道两件事:一是太平天国最终能否战胜清政府,二是如果太平天国取代了清政府,他们对西方国家与清政府签订的一系列条约持什么态度。为了解答这两个问题,他们做出了许多考察和试探。

关于第一个问题,最早的看法来自1853年2月英国驻上海领事阿礼国(Rutherford Alcock)给在香港的英国驻华公使文翰的一份机密报告:"毫无疑义,南京陷入叛军之手的危险性是很显著的,没有目前迫切寻求的国外援助,其结果是可以预料得到的……叛党正在帝国心脏区域迅速无阻地进展中,目前这已使南京与北京同受威胁,从这方面来考虑情势的危险性,则可能立即发生的一切重大变动是难以估计的，我们决策的重要性也是毋庸过言的。"为保护英国的利益，阿礼国提出了自己的建议：

我相信，时机已到，谁也说不定这个机会将怎样转瞬即逝。毁灭性的战争正在迅速地摧毁一个稳固政府的一切基础，也正在破坏商务的一切命脉。大不列颠一国，或是在中国海拥有舰队的三个外强联合起来，去制止这个毁灭性的战争，趁中国皇帝还据有能够缔结条约的地位时，向他取得这种干涉的报酬……

为了挡阻叛军的进展，并最后扑灭叛党，鄙意以为只消做到两件事就够了：第一，大不列颠单独地或者和其他认为最适当的列强联合起来，派一支小小的舰队到扬子江的运河口去，宣布他们准备为北京皇帝掩护某些可以进出兵舰的重要地点……

第二，订有这些结论的条约应该公告全国，在三个签约的外强批准这个条约以前，并在其中条件已经履行以前，以三个签约外强的名义占领镇江府。

但文翰和英国政府并不打算立即冒险，还想作进一步观察。1853～1854年期间，包括文翰在内的英、美、法三国公使以及大批西方传教士陆续访问天京，近距离观察太平天国今后的发展可能，并试图就他们关心的后一个问题寻求明确的答案，令他们失望的是，太平天国的高层都回避了是否承认列强与清政府签订的条约这个话题，而他们眼中所看到的情况，也并不能表明今后的局势会一直向太平天国有利的一面发展。据丁名楠等著《帝国主义侵华史》引述文翰给英国政府的一份秘密报告："如果清政府请求英国海军帮助清军守卫南京，而给予商业利益作为报酬的话，可以接受这项建议。"

但西方列强并没有马上与清政府结盟以对付太平天国，一方面他们对局势如何发展还没有完全的确信，另一方面他们借太平天国为筹码正好可以向清政府施压，在当时已经开展的"修约"活动中攫取更大的利益。1854年4月，继文翰之后任英国驻华公使的包令派人给两广总督兼五口通商大臣叶名琛送去一封信，包令向派去的人指示："找机会提到中国的混乱状态问题，并陈述上海和厦门当局已经请求英国领事进行进一步的帮助。"

通过以太平军为威胁的筹码，加上发动了第二次鸦片战争，英、美等国终于如愿以偿，取得了所有的"修约"要求，长江作为开放的内河也纳入外国商人自由通商的范围，但毕竟长江流域的许多地方还在太平军掌握中，西方国家又派遣了大批传教士来到天京，希望进一步与太平天国进行沟通联络，此时洪仁玕总理朝政，他也主动邀请一些传教士前来，美国传教士罗孝全（Jacob Roberts）还被太平天国加封了爵位，委以重要官职。

1860年李秀成率军占领苏州，进而直逼上海。上海作为最早通商的5个口岸之一，此时已成为列强各种在华利益的重要集结地，面对太平军的进攻和清政府"借师助剿"的请求，西方国家这才最后下了决心，以武力帮助清政府剿杀太平军。而直到此时，李秀成等人对此还毫无察觉，在他看来英、法等国的舰炮正直驱天津，英法联军即将进攻北京，这些洋人跟满清是势不两立的死对头，怎么会联起手来？

1860年8月，李秀成仅率3000人去进攻上海，清军在此防守薄弱，这一仗本无悬念，李秀成还特意照会上海各国公使，宣布太平军即将抵达，将对外侨加以保护。但当太平军出现在上海城外时，英、法军队突然用大炮和来福枪向太平军发起攻击，停泊在黄浦江上的英国军舰也用大炮轰击太平军，李秀成本人被炸受伤。

这个时候，英法联军正在北方和清朝政府作战，现在又在南方帮助清政府镇压太平军，不仅李秀成不理解，就连英法侵略者自己都称这是一种"奇观"。其实这也好理解，西方列强先以太平天国作为筹码向清政府施压，攫取到最大利益后，还是选择了与清政府合作共同对付太平军，西方列强的军事干预也是太平天国运动最终失败的重要原因。对清政府来讲，"夷"和"匪"都是心头大恨，但也分"此恨"与"彼恨"，洋人只要钱、要利益，而不要政权、不要命，所以在"攘夷"和"剿匪"两件事上，自然把后者放在了优先。

八、集权开始崩塌

太平天国运动被镇压了，大清国逃过了一劫，但它也是个在大输家，政治、军事以及外交方面的打击自不必说，经济方面的损失也十分巨大，尤其对脆弱不堪的清政府财政更是摧毁性的打击。

清政府为对付太平军总共耗费了多少军费支出？这个数字已无法确切统计，可以参照对比的是嘉庆时期镇压白莲教的支出。那次起义前后持续了9年零4个月，参加的人数有几十万，波及湖北、四川、陕西、河南和甘肃等5个省，清政府为此耗费了2亿两白银军费支出。太平天国运动前后持续了15年，波及18个省，参加的人数难以统计，无论从时间还是规模来看，太平天国运动的"体量"都数倍、十数倍于白莲教起义，清政府为此耗费的各种直接支出，至少也有数亿两白银之多。有人统计，清政府为镇压太平军以及同期发生的捻军、西北回民起义、西南各族人民起义、两粤闽台各族人民起义等共支出经费超过4.2亿两白银，这还仅是列入"奏销"的费用，其全部费用已无法统计（见表4.5）。

表4.5　　　　　　　　清军镇压农民大起义军费奏销数总计表

项　目	银　两	百分比（%）
镇压太平军部分	170604104	40.4
镇压捻军部分	31730767	7.5
镇压西北回民起义部分	118887653	28.2
镇压西南各族人民起义部分	78736500	18.6
镇压两粤闽台各族人民起义部分	22336935	5.3
合　计	422295959	100.0

资料来源：彭泽益，《清代咸同年间军需奏销统计》，引自《十九世纪后半期的中国财政与经济》，人民出版社，1983年。

所以，太平天国运动扑灭后，作为一项"战时经济政策"，厘金制没有被取消，而是被长期保留了下来，为的是为"失血"过多的中央和地方财政"补血"，这项制度的最终取消居然是数十年之后的事了。厘金制的长期实行，不仅对经济发展产生了破坏作用，而且还影响到了政治层面。

从制度方面看，厘金制是实践先行下产生的，朝廷只能在政策上给予支持而无法做出制度上的统一和指导，各省分别制定了《征厘章程》，由于事情急切，对地方的情况又无法完全了解和把控，所以这些制度大多是在朝廷备个案而已，相关规定其实都由地方做主，对哪些商品征税、征收比率是多少，一切由各省说了算，因而造成了征收名目和征收比率的五花八门。

从机构方面看，各地设立厘金局、卡，在哪里设、设多少也都由督抚说了算，户部对此毫无发言权，其人事任免自然也掌握在地方手中，在各地实践中，通常都用候补道员担任局卡的委员，较重要的职务一般也由候补知府充任，各省总局委员由督抚直接任命。非常情况下，朝廷既无力对各地机构设置和官员任命情况一一过问，同时所设机构能否顺利开展征收也全仰仗地方支持，所以人事权力只能交给地方，户部原有的官吏铨选规则对此无法发挥效力。

从厘金的使用情况看，各地方既已掌握了厘金的管理权，在使用上自然更加灵活和自主，以前各省实行奏销，虽也有留支，但都在户部的全程监控之下，实行的其实是严格的"收支两条线"制度，该交的全部上交，该支的全部由上面划拨。厘金的出现改变了中央与地方财政的格局，在户部无法对各地厘金有效监管的情况下，截留和坐支也就成了各地的"福利"，既然收支已不能严格实现"两条线"管理，原有的奏销制也就产生了松动。

奏销制是清政府200年来赖以管控地方最有力的经济手段，厘金对它的动摇是一个重大事件，既是财权的下移，更是中央权力向地方让渡的标志，清政府的集权统治从此被分化，地方督抚拥有了更大的话语权。

与财政下移相应，地方督抚在人事上也获得了更大的权力。按照朝廷以往的制度，三品以上官员的任命由军机处在记名人员中初选，报数名候任者差额呈送皇帝圈定，三品以下官员的任命分两种情况：文官由皇帝、吏部、督抚任命，武官由皇帝、兵部、总督和提督任命，地方督抚的人事权有限。太平天国运动后地方督抚获得了更大的"保奏"权，司道以下的官员通常都由督抚直接奏定，甚至更高级别的官员任命督抚也拥有了发言权，曾国藩就以两江总督的身份保奏过安徽等省的巡抚。甚至，朝廷为了倚重那些手握实权的督抚，相邻省份的巡抚等重要官员任命也常向他们征求意见。

统一的财政和人事权是中央集权最重要的标志，财权的下移和地方督抚在人事权上的逐步扩大改变了原有的政治生态，清政府的中央集权体制开始崩塌了。对西方列强来说，没有比这更好的结果了，一个逐渐丧失权威的政府为维系自身统治，只能更加依赖他们，对他们更加言听计从。条约已经签了，想修改的也都按自己的意志修改了，中国这个庞大的市场这才真正地被一步步打开。

英国对印度等国实施了直接殖民统治，结果并不理想，引发了印度人民的强烈反抗，在中国太平天国运动的同时印度就爆发了1853年的贝拉尔起义、1856年的奥德起义和1857年的民族大起义。英国殖民者大概从中也在进行反思，在寻找着另一种殖民统治的新模式。在中国这里他们或许相信，不用消灭它的政权，不用替代它的政府直接对其人民进行统治，只要在经济上完成对它的彻底控制和深度剥削，就能控制起这个国家的一切，实现对这个国家长久的殖民。

第五章

精英们的强国梦

~~~~~~

一、一场宫廷政变

一群"在野"的农民试图以推翻政权、另起炉灶的形式改变自己和国家的命运，但是失败了，败得悲壮而惨烈，救国图存的重担落到另一群人身上。

在说他们之前，先回顾一下太平天国运动失败前后朝廷发生的变化。咸丰十一年（1861 年），英法联军攻入北京，咸丰皇帝携皇后钮祜禄氏、懿贵妃叶赫那拉氏以及一班亲信大臣逃往热河，留恭亲王奕䜣、军机大臣文祥等人在北京与外国人谈判求和。当时的军机大臣有 5 位，除文祥外还有穆荫、匡源、杜翰和焦佑瀛，他们都到了热河。

这年夏天《北京条约》的签订，对咸丰皇帝产生了致命打击，他本来身体就不好，在热河行宫一病不起。7 月 16 日，咸丰皇帝在热河行宫的烟波致爽殿寝宫召见身边的亲近大臣，除 4 位军机大臣外，还有怡亲王载垣、郑亲王端华、御前大臣景寿和协办大学士肃顺。咸丰皇帝示谕立皇长子载淳为皇太子，载淳时年 6 岁，生母为懿贵妃叶赫那拉氏，咸丰皇帝其实也只有这么一个儿子。

皇太子年幼，咸丰皇帝颁布谕旨："皇长子载淳现为皇太子，著派载垣、端华、景寿、肃顺、穆荫、匡源、杜翰、焦佑瀛，尽心辅弼，赞襄一切政务。"这 8 个人，就是历史上有名的"顾命八大臣"。

托孤在历史上并不少见，最著名的是蜀汉昭烈帝刘备在白帝城托孤给诸葛亮，因为托对了人，成为一段君臣知遇的佳话。也有托不对的，如魏明帝托孤给曹爽、司马懿，一个是肉囊饭袋，一个是大野心家，结果江山都弄丢了。可见托孤给什么样的人很重要，另外托孤的形式也很重要。汉武帝临终前托孤给霍光，是一个人；刘备托孤，其实除诸葛亮以外还有一个李严，不过以诸葛亮为主、李严为辅，是"一正一副"；魏明帝托孤给曹爽和司马懿二人，未明确谁主谁次；魏文帝曹丕也托过孤，托给了曹休、曹真、陈群和司马懿4个人。托给一个人，权力不容易制衡，托的人太多，且不明确主次，又容易引起权力斗争，但无论如何，像咸丰皇帝这样一口气指定了8位托孤大臣的，还是比较少见的。

要命的是，正在北京吃苦受累又替他"顶雷"挨骂的六弟恭亲王奕䜣不在托孤大臣之列，他的五弟敦亲王奕誴、七弟醇郡王奕譞、八弟钟郡王奕詥、九弟孚郡王奕譓统统都不在，另一位军机大臣文祥也不在，这几个人受顾命大臣的排挤，连来热河行宫都不让，这为内斗埋下了伏笔。

不仅如此，咸丰皇帝临终前还做出一项安排，授予皇后钮祜禄氏"御赏"印章，授予皇太子载淳"同道堂"印章，顾命大臣拟旨后须盖这两枚印盖才能正式颁行，皇太子的印章暂由生母懿贵妃叶赫那拉氏保管。这一下更麻烦了，顾命大臣权力再大，所有重大决定必须经过皇后和懿贵妃的同意才能执行，如果顾命大臣和皇后、懿贵妃关系搞不好，权力核心就得僵滞或分裂。

而二者的关系确实不怎么好，皇后钮祜禄氏是个老实人，不怎么管事，对权力没有渴望，懿贵妃叶赫那拉氏却精明而有心计，她与顾命大臣之间的裂痕据说与"钩弋夫人"的典故有关。《汉书》记载，汉武帝宠幸钩弋夫人赵婕妤，欲立其子，但又顾虑"年稚母少，恐女主颛恣乱国家"，于是将赵婕妤逼死，再立她的儿子为皇太子，以大司马霍光辅佐少主。据说咸丰皇帝生前肃顺等人秘密建议效仿该办法先除掉皇太子的生母懿贵妃，以免日后皇太后专权，但咸丰皇帝没有采纳。

这样一来，朝廷的政治格局就变得异常复杂了：顾命大臣为一派，人数虽多又各占要津，但受皇后、懿贵妃的制约；恭亲王奕䜣及其他兄弟为一派，没有多少实权，但招牌依然很亮，对顾命大臣的专权和对他们的排挤十分不满，未列入顾命大臣的军机大臣文祥也属这一派；皇后和懿贵妃为一派，皇后这时基本听懿贵妃的，她们虽然人单势孤，却掌握御赏的大印和皇太子这两样制胜法宝，她们也与顾命大臣有矛盾。三股势力中，顾命大臣同时受其他两股势力的敌视。

咸丰皇帝没有把弟弟奕䜣列为顾命大臣，可能也是刻意这么做的，他大概担心懿贵妃和奕䜣这一对叔嫂同时掌权会引起内斗，这在本朝历史上已有先例。顺治初年睿亲王多尔衮摄政，结果引起了激烈的叔嫂矛盾、叔侄矛盾，政局陷入动荡。咸丰是个苦命的皇帝，"三千年未遇"的几件大事都让他摊上了，临死前还不忘给大清国和皇太子设计出一套如此复杂的接班程序，处处设防、处处小心，但这同时也埋下了更大的祸根。

咸丰十一年（1861 年）7 月 17 日，咸丰皇帝驾崩，年仅 30 岁。皇太子载淳继位，即同治皇帝，尊先帝皇后钮祜禄氏为母后皇太后，徽号慈安；尊自己的生母懿贵妃为圣母皇太后，徽号慈禧。新朝廷刚刚建立，三股不同的政治势力便开始了角力，结果恭亲王奕䜣与两宫皇太后联手铲除了 8 位顾命大臣，8 人之中有 3 人被杀，其他人被革职流放，因为本年为辛酉年，此次事件史称"辛酉政变"。

政变的结果是，年幼的同治皇帝回京，奉慈安皇太后和慈禧皇太后在养心殿垂帘听政，以恭亲王奕䜣为议政王，以醇亲王奕谭为领侍卫内大臣。大臣们上朝时，在养心殿同治皇帝御座后设一黄幔，恭亲王奕䜣立于左，醇亲王奕谭立于右，慈安皇太后与慈禧皇太后并坐其后，引见大臣时吏部堂官递绿头笺，恭亲王奕䜣接后呈放在御案上，这一套程序史称"垂帘听政"。由于慈安皇太后性格内敛、不喜问事，帘幕后面的事实际上由慈禧皇太后说了算。这一年，同治皇帝 6 岁，慈安皇太后 25 岁，慈禧皇太后 27 岁，恭亲王奕䜣30 岁。

慈禧联手"小叔子"一举除掉先帝临终前指定的 8 位顾命大臣，政治上冒了极大的风险，当时包括军权在内的重要权力大多掌握在顾命大臣手中，稍有不慎就可能引来杀身之祸，但慈禧和奕䜣果断出手，通过突然发起致命一击而大获全胜。

慈禧和奕䜣也许考察过满人入关以来的政治斗争史，他们会发现在满清的朝廷上多次发生过政变，而结果总是主动发起者获胜。顺治八年（1651年），清世祖亲政仅2个月便取消了叔父摄政王多尔衮的尊号，采取政变的方式对多尔衮一派势力进行清洗；康熙八年（1669年），年仅16岁的康熙皇帝发动突然袭击，除掉了权臣鳌拜，将其一党全部清洗；康熙六十一年（1722年），雍亲王胤禛宣布父皇指定他继位皇位，经过一场争夺，胤禛弱势逆袭，最终如愿成为新皇帝。

此次"辛酉政变"也没有引起太大的混乱，英法联军刚从京津一带退走，百姓尚处于震惊、惶恐之中，悲愤之下也积攒了很多不满，外敌入侵时皇上和顾命大臣们远逃热河，这也是他们不满的一个方面。慈禧和奕䜣巧妙地利用了这种情绪，在除顾命大臣的同时把不抵抗的责任向他们身上引，把他们当成了替罪羊，起到一石二鸟的效果。

二、"老佛爷"的政治同盟

慈禧太后又被称为"老佛爷"，这其实是对清朝皇帝的特称。宋朝皇帝特称"官家"，明朝皇帝特称"老爷"，"老佛爷"是类似的叫法。满族的祖先是女真族，其首领最早特称为"满柱"，是佛号"曼殊"的转音，意思是"佛爷"，清朝立国，直接把"满柱"汉译为"佛爷"，并把它作为皇帝的特称。慈禧太后垂帘听政，众人也把她当皇帝看，所以称呼她为"老佛爷"。

不过，据著名文物专家朱家溍在《故宫退食录》一书中介绍，清朝官员见慈禧太后，一般是跪安说："臣某某某请皇太后圣安。"太监在值班时遇见慈禧太后，既不用行礼也无须说话，如果要奏事，也是跪下磕头说："奴才某某请皇太后圣安。"也就是说，无论官员还是太监见到慈禧太后必须称"皇太后"而不是"老佛爷"，"老佛爷"是大家背后对慈禧太后的叫法，就像黄埔军校的学生背后称校长蒋介石为"老头子"，而当面是不能叫的。

对慈禧太后来说，要在黄幔后坐得稳当不是那么简单的事，好在她也不是个简单的人，这个位子不仅坐稳了，而且一坐就是几十年。

慈禧太后，叶赫那拉氏，满族镶蓝旗出身，除"老佛爷"这个称呼外，还被称为西太后、孝钦显皇后，西方人喜欢称其为 Empress Dowager Cixi，再译过来即"穆德林"。她是咸丰皇帝的妃嫔、同治皇帝的生母，道光十五年（1835 年）年 11 月 29 日出生在一个满洲贵族家庭，从小生活优越。据曾在中国海关任职的英国人濮兰德（Percy Bland）所著《慈禧外纪》记述，慈禧"年十六时，五经成诵，通满文，二十四史亦皆浏览"，有人说她年轻时没文化，后来全靠"自学成才"，言之不确。咸丰二年（1852 年），17 岁的叶赫那拉氏经选秀入宫，赐号兰贵人。2 年后晋封懿嫔，再过 2 年因生下咸丰皇帝唯一的儿子载淳而晋封为懿妃，次年再次晋封为懿贵妃，在后宫里的地位仅次于皇后钮祜禄氏。

咸丰皇帝一向体弱多病，懿贵妃有文化，字也写得不错，咸丰皇帝经常通过口授代笔的方式让她批阅奏章，懿贵妃借此也经常发表自己对时局的意见。但由于见识有限，她的许多见解经常比较片面，如英法联军攻占天津，咸丰皇帝打算以狩猎之名逃走热河，慈禧曾谏阻说"洋人必不得入京"。恭亲王奕䜣在北京主持与英法代表谈判，当时中方扣留了英国谈判代表巴夏礼，慈禧太后向咸丰皇帝建议把巴夏礼杀了，从以上种种情况看，由于慈禧太后从小接受的是传统礼教教育，平时对外界的接触也有限，思想上偏于保守。

相对于慈禧太后，恭亲王奕䜣的思想更活跃一些，在主持与外国人议和期间，他目睹了中西方存在的巨大差距，深为触动，与部分大臣一起也在思考着中国变革图存的方法。咸丰十年（1860 年）12 月，在北京主持议和的奕䜣联名军机大臣文祥、文华殿大学士桂良上了《通筹夷务全局酌拟章程六条折》，认为太平天国和捻军是"心腹之患"，西方列强是"肢体之患"，当前应先灭内患再对付外患，认为英国虽然"并不利我土地人民，犹可以信义笼络，驯服其性，自图振兴"。奕䜣提出的具体办法是，成立总理各国事务衙门，设南北口岸管理大臣，全面负责对外事务，理由是"近年各路军机络绎，外国事务头绪纷繁，驻京以后，若不悉心经理，专一其事，必致办理延缓，未能悉协机宜"。

清政府的对外机构，此时仍为设在广州的五口通商大臣，此职一般由两广总督兼任，从林则徐到徐广缙、叶名琛，两广总督偏偏多是"强硬派"，外国人跟他们打交道经常劳而无功，还要受气，这让外国人很恼火，奕䜣在主持议和期间提出这项建议，也许是英法代表一再要求和授意的。而从奕䜣的角度看，提出这项建议也有着自己的盘算，当时大权掌握在军机处，军机大臣几乎都是顽固派和保守派，有的是自己的政敌，设立总理各国事务衙门等于再造一个军机处，实现从军机处分权的目的。

不过从当时的情况看，《天津条约》和《北京条约》签订后，通商口岸遍布南北，除沿海地区外，还有长江上的汉口、九江、南京、镇江以及内陆地区的张家口、库伦、喀什噶尔等，各国还要增开领事馆，以五口通商大臣模式管理对外事务的确无法适应现在的情况，所以咸丰皇帝临终前已经批准了这项建议。

同治元年（1862年）3月，总理各国事务衙门在北京东堂子胡同49号原大学士赛尚阿的府邸正式成立，组织体制"一切均仿照军机处办理"，设总理大臣数名，由恭亲王奕䜣任首席总理大臣，下设南、北洋通商大臣以及负责天津、营口、烟台事务的三口通商大臣，初期这些通商大臣都为全职，不再由地方督抚兼任。总理各国事务衙门开始主要主持外交与通商事务，以后权力逐渐扩大。

总理各国事务衙门成立时，把剿灭"匪患"作为当务之急，一方面寻求与西方列强的合作，通过组建洋枪队、雇佣军的形式直接参加对付太平军的行动，另一方面放手重用汉族官员，使曾国藩、左宗棠、李鸿章等一批汉族地方实力派在镇压太平天国运动中崛起。

清朝传统政治格局最突出的特点是"满重汉轻"，满族人享受特殊政治待遇，内务府大臣、理藩院尚书等明确规定只能由满族人担任，军机处虽有汉人，但首席军机大臣只能是满族人，六部则形成了"双尚书制"，各设一个"满尚书"和"汉尚书"，实权自然掌握在"满尚书"手中。军事领域对汉族官员排斥更严重，汉人要么别去执掌重要兵权，要么在执掌兵权后遭到猜忌，结局更惨。

但真正的满族人口只有几十万，即使加上与满族结盟的蒙古族科尔沁部、察哈尔部，人口也只有汉族的几十分之一，这制约着满族人口的整体素质和人才规模。满族入关后贵族化倾向日益严重，满族子弟普遍养尊处优、不思进取，在"辛酉政变"中被杀的肃顺经常骂"咱们旗人混蛋多""满人胡涂不通，不能为国家出力，惟知要钱耳"。如果继续坚持"满重汉轻"的用人政策，不仅将激起汉人官员的不满，而且也面临人才短缺的难题，所以从慈禧太后到奕䜣都认同重用汉人的策略。

对慈禧太后和奕䜣来说，他们以政变的形式上台，虽然暂时控制了政局，但"顾命八大臣"的余党在朝中的影响力也不小，短时期内无法一一根除，还有其他的政治对手，也未必会心甘情愿听命于他们叔嫂结成的政治同盟，重用汉人可以培植新的政治力量，消除政治对手对自己的抵触。

太平天国运动被扑灭后，在慈禧太后的主张下一批有功之臣按功劳受到封爵或提拔：两江总督曾国藩赏太子太保、封一等侯爵；曾国藩的九弟浙江巡抚曾国荃赏太子少保、封一等伯爵；闽浙总督左宗棠封一等伯爵；江苏巡抚李鸿章封一等伯爵、赏戴双眼花翎；湘军名将胡林翼病逝后追赠总督；曾国藩的幕僚郭嵩焘署理广东巡抚；曾国藩的旧部丁日昌授直隶州知州、赏戴花翎，后升任福建巡抚……一大批汉族官员坐在各地督抚的位子上，与之前的汉人督抚不同，他们手里还握有相当大的财权与人事权。除"满重汉轻"，以往清代朝廷里还存在"内重外轻"的情况，大权掌握在朝廷的中枢，地方督抚权力有限，这种格局也随之发生了改变。

慈禧太后和奕䜣重用汉人，以他们为"外援"进一步巩固自己的地位，这为汉人官员们施展更大的政治抱负创造了条件。

三、"洋务派"闪亮登场

在与太平军的交战中，曾国藩、左宗棠、李鸿章等人亲眼目睹了洋枪洋炮的威力，在上海等地与外国军队打过交道的李鸿章在一份奏折里坦承，之所以能战胜太平军，最重要的主要原因是"西洋火器，利赖颇多"。咸丰十一年（1861年）8月，曾国藩上《复陈购买外洋船炮折》，对西式武器也倍加称赞：

> 轮船之速，洋炮之远，在英法则夸其所独有，在中华则震于所罕见。若能陆续购买，据为己物……访募覃思之士，智巧之匠，始而演习，继而试造，不过一二年，火轮船必为中外官民通行之物，可以剿发逆，可以勤远略。

但是，以清朝当时的技术条件，要制造这些枪炮和火轮船谈何容易，所以应急之策是先购买。李秀成率太平军逼近上海，清政府获得情报说太平军"有汇银五十万两向美国购买船炮之事"，朝廷赶紧命令江苏巡抚薛焕等人，让他们迅速筹款购买外洋舰船。当时也有人主张"只租不买"，但考虑到这样做会受制于人，所以奕䜣"奏请饬下曾国藩等购买外国船炮"。

但一开始就走了弯路，交了不少学费。同治元年（1862年），清政府决定购买一批英国战船和各种火器，并募集外国水手军官组建一支舰队，经两广总督劳崇光谈判，决定以65万两白银购买7艘战舰，以英国退役上校斯纳德·阿思本（Sherard Osborne）为司令，此人曾参加过两次鸦片战争，很有军事经验。该舰队又称"阿思本舰队"，于同治三年（1863年）9月开到上海。

这是一支中国人花钱组建的舰队，但英国人对外宣称是"中英联合舰队"，舰队还在来中国的路上英国人就2次加价，把总费用增加到了80万两，清政府只得吃哑巴亏。到了中国，又发生了指挥、用人上的矛盾，英国人提出阿思本只接受英国方面"传递"的中国皇帝的命令，而不直接听命于中国皇帝本人，舰队只用洋人，所有人员的任用赏罚都由阿思本决定，中国海关拨1000万两作为舰队4年的经费，这些要求一经披露引起清政府上下一片哗然。一番争执，双方互不让步，美国公使主动跑出来"调停"，最终结果是舰队被解散，各船返回伦敦拍卖，军官和水手的遣散费还得由清政府出，在这起事情中清政府至少损失了70万两。

"阿思本舰队"化成泡影，留下了惨痛的教训，在国家的核心利益面前，外国的人是靠不住的。

同治元年（1862年），一名英国爱丁堡大学的医学博士进入了李鸿章领导的淮军，此人名叫马格里（Macartney Halliday），随英军来中国参战，在英军第99联队服役，与著名的"洋枪队"首领戈登关系很好。马格里要求退役，并加入了中国国籍，为表示对清朝的效忠，他还给自己取了个"清臣"的表字。马格里先在淮军任张遇春的"春字营"炮队教习，后追随李鸿章在上海、苏州等地与太平军作战，深得李鸿章信任。据马格里的日记，当他看到李鸿章对洋枪洋炮特别感兴趣，就劝李鸿章开办工厂自己制造：

我在被批准脱离英军后，便投效了李鸿章。第一件事就是向他指出，当时他购买外国军火所付的价格过高，买一颗从英国炮船上偷来的普通的12磅炮弹要费30两银子，买一粒最坏的铜帽也要16两银子，即6英镑。我告诉他，欧洲各国都开办大工厂制造军火。中国若要为本身利益着想，也应该建立这样的制造厂。

李鸿章就让马格里负责试制洋枪洋炮，没有先进的设备和现成的材料，这个医学博士凭借在英军服役时积累的武器知识，带领一些中国工匠"土法上马"，用黏土制成熔化炉，用简陋的工具东拼西凑地也造出了一些炮弹、药引等，经过试用，居然质量还行。李鸿章就让马格里雇用了50名工人，在淞江县一个庙宇里筹建兵工厂，于1863年4月建成，取名淞江枪炮局。

淞江枪炮局不久迁往苏州，改名为苏州洋炮局，陆续购置了蒸汽锅炉、化铁炉、铁水包和各种机床、铣车、磨车等，又花重薪雇用了数名外国工匠，制造出开花炮弹、短炸炮、迫炮弹、自来火以及枪弹等。其制造的短炸炮，炮耳在后，形如怒蛙，俗称"田鸡炮"，因炮身短、重量轻、射角大，所以射程较远，可用于攻城，也可装备在军舰上，这是当时中国制造的最先进的重武器。

在此之前，咸丰十一年（1861年）秋曾国藩率湘军攻占安庆后，在此设立了一个安庆军械所，用手工方式仿制开花炮、弹药，任用的全是汉人工匠，拥有华蘅芳、徐寿、徐建寅、张斯桂、李善兰等技术人员。在他们的努力下，居然用最原始的方法制造出了我国第一台蒸汽机，还试制成一艘小火轮。该所后迁往南京，更名为金陵内军械所。

同治四年（1865年）6月，时任苏淞太道的丁日昌报告了一件事，沪海关有个职员叫唐国华，曾留学外洋，但犯了什么事，要被收监，总税务罗伯特·赫德（Robert Hart）为其求情，唐国华还有其他几个人曾集资4万两白银买下了美国人设在虹口的旗记铁厂，愿意把它献出来用以赎罪。曾国藩此时正以钦差大臣的身份北上镇压捻军，李鸿章继任两江总督，接到丁日昌的报告，李鸿章便以该铁厂为核心，不断扩充规模，更名为江南制造局，由丁日昌为第一任总办，先后建起了十几个分厂，雇用工人2000多名，制造枪炮、弹药以及轮船、机器，成为中国当时最大的军工企业。这些军工企业陆续建立起来，形成了一个大办军工的高潮，这一时期以及随后各地开办的主要近代军工企业如表5.1。

表5.1　　　　　清政府经营近代军用工业概况表

局名	所在地	设立年	创始人	主要产品
安庆内军械所	安庆	1861	曾国藩	子弹、火药、炸炮
上海洋炮局	上海	1862	李鸿章	子弹、火药
苏州洋炮局	苏州	1863	李鸿章	子弹、火药
江南制造局	上海	1865	曾国藩 李鸿章	兵轮、枪、炮、水雷、子弹、火药和机器。设有炼钢厂
金陵制造局	南京	1865	李鸿章	枪、炮、子弹、火药
福州船政局	福州	1866	左宗棠	专业修造轮船
天津机器局	天津	1867	崇厚	枪、炮、水雷、子弹、火药、设有炼钢厂
西安机器局	西安	1869	左宗棠	子弹、火药
福建机器局	福州	1870	英桂	子弹、火药
兰州机器局	兰州	1872	左宗棠	子弹、火药
广州机器局	广州	1874	瑞麟	子弹、火药。制造小轮船
广州火药局	广州	1875	刘坤一	火药
山东机器局	济南	1875	丁宝桢	枪、子弹、火药
湖南机器局	长沙	1875	王文韶	枪、开花炮弹、火药
四川机器局	成都	1877	丁宝桢	枪、炮、子弹、火药
吉林机器局	吉林	1881	吴大澄	子弹、火药、枪

局名	所在地	设立年	创始人	主要产品
金陵火药局	南京	1881	刘坤一	火药
浙江机器局	杭州	1883	刘秉璋	子弹、火药、水雷
神机营机器局	北京	1883	奕谟	不详
云南机器局	昆明	1884	岑毓英	子弹、火药
山西机器局	太原	1884	张之洞	洋火药
广东机器局	广州	1885	张之洞	枪、炮、火轮船
台湾机器局	台北	1885	刘铭传	子弹、火药
湖北枪炮厂	汉阳	1890	张之洞	枪、炮、子弹、火药

资料来源：孙毓棠、汪敬虞，《中国近代工业史资料》，科学出版社，1957。

有了新式军事装备作基础，组建和训练新式军队也在进行之中，同治元年（1862 年）在天津创练洋枪队，次年更名为"练军"，士兵来源一方面从绿营中抽选，初期仅从直隶就抽选了上万名。另一方面将各地的营勇改编招纳为练军兵丁，装备的武器也更为先进，每营官兵员额 500 人，装备有劈山炮车 8 辆、炮 16 尊、开花炮车 2 辆、炮 4 尊，抬枪 48 杆，鸟枪 112 杆，马枪 32 杆，其余为刀矛等传统武器，使用火器的士兵达到 300 名，约占全营人数的 60%，而镇压太平军期间武器装备最先进的湘军，火器比例也只能达到 40% 左右。除新式陆军外还创建起了真正意义上的海军，即后来由李鸿章一手建立起来的北洋水师，创建时即已拥有大小军舰 25 艘、辅助军舰 50 艘以及运输船 30 艘，不过其主力舰大都由国外生产。

这场由近代军事变革引发的运动被称为洋务运动，主要参与者被称为"洋务派"，在朝廷以奕䜣、桂良等人为代表，在地方有曾国藩、左宗棠、李鸿章以及后来的张之洞等人。捻军被镇压后曾国藩改任直隶总督，不久受天津教案的影响声誉大损，后又回任两江总督，于同治十一年（1872 年）3 月病逝于南京，之后李鸿章逐渐成为"洋务派"的代表人物。慈禧太后后来虽然与奕䜣也发生了矛盾，并借故削弱了奕䜣的权力，免去了他议政王的职务，但对洋务派的主张慈禧太后基本上是接受的，并给予了支持。

军事工业不可能独立于整个国家的经济体系而存在，没有能源、钢铁等工业进行配套军事工业也无法顺利发展，同时，"强兵"也必须以"富国"为基础，这才是国家综合实力的体现。李鸿章曾在给友人的信中说："中国积弱，由于患贫。西洋方千里、数百里之国，岁入财赋动以数万万计，无非取资于煤铁五金之矿、铁路、电报、信局、丁口等税。酌度时势，若不早图变计，择其至要者逐渐仿行，以贫交富，以弱敌强，未有不终受其敝者。"

所以，李鸿章等人在大办军事工业的同时也提出了"求富"的口号，兴办了一批民用工业和新式交通运输业。1872年，李鸿章在上海建立了轮船招商局，这是洋务派创办的第一个民用企业，收到了很好的经济效益，开办仅3年就回收了1300多万两白银，还把业务发展到了外国。在此之后，中国近代的矿业、电报业、邮政、铁路等行业相继出现，一批纺织、自来水厂、发电厂、机器缫丝、轧花、造纸、印刷、制药、玻璃制造等企业诞生。到了19世纪的90年代，"洋务派"共创办民用企业29个，其中煤矿11个，各种金属矿12个，钢铁厂2个，纺织厂4个，中国民用工业得到了迅速发展，奠定了中国近代化工业的基础。

四、思想的禁区

洋务运动也算是一场改革或者"对外开放"，任何改革，有人支持也会有人反对，"洋务派"也面临着保守势力做出的攻击。这种反对和攻击的背后，既有所持思想不同而产生的理念交锋，也有新的政治势力崛起后与传统势力之间的利益冲突，"洋务派"虽然得到了最高决策者慈禧太后的支持，但他们所倡导的事业也并非一帆风顺。

同治六年（1867年），围绕同文馆招生事件新旧势力就发生了一次激烈论辩。同文馆设立于同治元年（1862年），由奕䜣一手创建，是中国第一所新式学堂，聘请英籍传教士包尔腾（John Burdon）担任首任总教习，初设英文馆，后增设法文、俄文、德文、日文、格致和化学等馆，又增设天文及算学等课程，学制分5年、8年两种，学习内容还包括医学、机器制造、西洋史地和万国公法等科目，这也是洋务运动的一部分。同文馆隶属于总理各国事务衙门，该衙门俗称总理衙门，其位于东堂子胡同49号的官署分为东西两部分，西半部为各部院大臣与各国使节进行外交活动的场所，东半部即同文馆。

同治五年（1866年），奕䜣以总理衙门的名义奏请在同文馆内增设天文算学馆，相当于新设一个系，这本是他职权范围内就可以决定的事，之所以上报，是因为他建议新设的天文算学馆计划选取20岁以上的满汉举人及其他科举"正途"出身的京外官经考试后入馆学习，这是一个不小的创举。

在保守势力看来，开馆学习夷人的语言和那些形同巫术的东西本来就不可忍了，现在又要招收科举和"正途"出身的人去学习，更加无法忍受，这等于"诱佳子弟拜异类为师"。山东道监察御史张盛藻首先上奏称"天文、算法，宜令钦天监天文生习之；制造工作，宜责成工部督匠役习之。文儒近臣，不当崇尚技能，师法夷裔"，他认为同文馆招收"正途"科甲人员学习"是重名利而轻气节，无气节安望其有事功哉"。清末笔记小说《春冰室野乘》有一段描述，说张盛藻的这份奏折在北京一部分官员中引起强烈共鸣，"广为传诵，以为至论"。但这篇奏折显然没有引起掌握实权的慈禧太后的"共鸣"，张盛藻接到了以同治皇帝名义对此事的御批：

朝廷设立同文馆取用正途学习，原以天文、算学为儒者所当知，不得目为机巧，正途人员用心较精，则学习自易，亦于读书学道，无所偏废，是以派令徐继畬总管其事，以责专成，不过借西法以引证中法，并非舍圣道而入歧途，何至有碍于人心士习？

御批虽否定了张盛藻奏折的内容，态度却十分温和，还有开解之意，大学士倭仁看到后以为品出了其中的味道，于是又上了一道奏折，继续对同文馆发难。倭仁是当时最著名的理学家之一，曾国藩做京官时常与他交往，对他敬畏有加，倭仁还有一个身份，他是同治皇帝的老师，所以这份奏折显得更有分量：

天文、算学为益甚微，西人教习正途，所损甚大。窃闻立国之道，尚礼仪不尚权谋；根本之图，在人心不在技艺。今求之一艺之末，而又奉夷人为师，无论夷人诡谲未必传其精巧，即使教者诚教，学者诚学，所成就者不过术数之士，古往今来未闻有恃术数而能起衰振弱者也。天下之大，不患无才。如以天文、算学必须讲习，博采旁求，必有精其术者，何必夷人，何必师事夷人？且夷人吾仇也。倘延夷人为师，祸患无穷，甚至亡国灭种。

"洋务派"有个口号，是魏源最早提出来的，叫"师夷长技以制夷"，倭仁在这份奏折里干脆全面否定了"师夷"路线，张盛藻的矛头还只是同文馆，倭仁对准的则是整个洋务运动了。慈禧太后把张盛藻、倭仁的这两份奏折让人抄送总理衙门，指示"该衙门知道"，这一回慈禧太后并没有明确表态。

奕䜣收到后，又上奏折进行自辩，并回敬倭仁，请皇帝颁谕旨，让倭仁按照他奏折里说的，"酌保数员，择地另设一馆，与同文馆互相砥砺，共收实效"。面对"洋务派"和保守分子，慈禧太后采取了平衡术，一面命总理衙门"即著就现在投考人员，认真考试，送馆攻习"，但招生的人数有所减少，一面真的让倭仁另保数名粗通天文、算学的中国教师，择地设馆进行教学。倭老师哪懂天文、算学？只得上折认输。

这场论争表面看"洋务派"占了上风，但论争出现的本身以及慈禧太后的最终态度都说明，相对于办厂建矿，思想领域里的变革要复杂得多，各种质疑和反对的势力依然很强大，以"洋务派"提出的修铁路一事为例，就可以看出他们遇到的阻力有多大。

同治十一年（1872 年）俄国入侵伊犁，李鸿章认为新疆路途遥远，"我军万难远役"，于是提出以"土车为铁路"，但此议一出，闻者"鲜不咋舌"，视为骇人听闻之论。2 年后李鸿章奉召进京，在面见奕䜣时又力陈修建铁路的重要，提出先行修建清江浦到北京的铁路，方便南北交通。奕䜣虽然是"洋务派"，但深知此中阻力极大，对李鸿章说此事"无人敢主持""两宫亦不能定此大计"。

修个铁路而已，连"两宫"都不敢拍板，还搞什么洋务？李鸿章不甘心，光绪二年（1876 年）"洋务派"丁日昌出任福建巡抚，李鸿章让他上疏建言在东南一带修建铁路，理由是台湾远离大陆，只有修铁路、架电线才能保证"血脉畅通"，避免列强的垂涎，但此事仍然无果。光绪六年（1880年）中俄因伊犁问题眼看要爆发军事冲突，李鸿章的旧部刘铭传应召进京就防务问题提供对策，李鸿章授意他上《筹造铁路以图自强折》，再次提出修建铁路的主张，认为这是自强的"关节点"，并提出可先从北京分别修建去往清江浦、汉口、盛京、甘肃等4条路线，朝廷这才命北洋大臣李鸿章和南洋大臣刘坤一进行研究，刘坤一也是"洋务派"，他也赞成修铁路。李鸿章看到了希望，立即上了一份4000多字的《妥议铁路事宜折》，从中国古代圣人剡木为舟、剡木为楫、服牛乘马、引重致远谈起，再分析了中国此时面临的严峻形势，提出修建铁路的9项好处，以反驳保守分子的意见。针对朝廷可能有所顾虑的一些问题李鸿章也专门作了说明，比如经费和主权问题，李鸿章认为钱应该是可以凑齐的，关键是决心，而一切招工、采购材料及铁路经营等都"由我自主"。

李鸿章满心希望地等着朝廷的批复，然而他却低估了反对派的力量，针对他修建铁路的主张，包括尚书、侍郎等在内的数十名官员出来反对，有人上奏指责："观该二臣筹划措置之迹，似为外国谋，非为我朝谋也……人臣从政，一旦欲变历代帝王及本朝列圣体国经野之法制，岂可轻易纵诞若此！"还有人认为铁路是洋人发明的，引进中国就是"崇洋媚外"，谁修铁路谁是卖国贼；有人认为修铁路会破坏风水，震动龙王、地神、山神，外国人不信这个，他们可以修，我们中国人不能，否则就是不忠、不孝；有人认为"君子喻于义，小人喻于利"，修铁路可以带来巨大的经济利益，但利益会使人心变坏，铁路一修，人心就变坏了；还有人认为男女授受不亲，陌生男女在一个闷罐子里待几天几夜，不知会做出什么事来。

修铁路本是经济问题，可以讨论修建的可行性，也可以讨论是否能收回投资回报，但反对者对此绝口不提，整出一大堆的道德和意识形态问题，现在看这些理由很可笑，但在当时却能操纵起舆论，而"洋务派"无法从道德和意识形态上做出更有力的回击，这场最接近成功的修建铁路计划最后无疾而终了。光绪七年（1881年）2月，朝廷颁布谕旨："迭据廷臣陈奏，佥以铁路断不宜开，不为无见。刘铭传所奏，着毋庸议。"李鸿章在给朋友的信中发牢骚说："天下事无一不误于互相牵掣，遂致一事办不成。"他还在一份上奏中直言："欲自强必先理财，而议者辄指为言利；欲自强必图振作，而议者辄斥为喜事。至稍涉洋务则更有鄙夷不屑之见横亘胸中。"

对于那些反对办洋务的人，曾国藩的儿子、外交家曾纪泽进行过分析，他认为这些人分3种情况：一种是所谓的"硁硁自守之士"，读死书、认死理，唯古是尊、泥古不化；一种"好名之士"，反对洋务更多是出于沽名钓誉、哗众取宠的需要；一种是投机钻营分子，"视洋务为终南捷径，钻营不得，则从而诋毁之"。

受这些思想的羁绊和制约，"洋务派"在思想上自觉或不自觉地束缚住了自身的手脚，尤其涉及政治和政体等重要问题上更是不敢越雷池一步。"洋务派"还有一句著名的口号，是洋务运动后期代表人物湖广总督张之洞说的，叫做"中学为体，西学为用"，后面这4个字比较好理解，也就是"师夷长技以制夷"换了个说法而已，但在它的前面又特意加上了"中学为体"4个字，意味就比较深长了。

"中学为体"，就要固守朝廷的政治制度，办洋务是为巩固这种制度服务的，李鸿章早年对英国的议会制颇感兴趣，也曾提出过改革官制，但后来又绝口不再提此类话题，在与日本首相伊藤博文会见时还说过"贵国之议院与中国之都察院等耳"的话。"洋务派"的其他人，也把精力都用在了办实业、建新军上，"中学为体"是他们思想里不可突破的禁区。在洋务运动中，对传统的教育、经济以及法律制度也有一些改革，但这些都属于具体制度的层面，其改革也多属于应急性选择，而不是制度本身自然演化的结果，也无法全方位地进行彻底变革。

五、体制的壁垒

办企业是个技术性很强的事情，能不能把企业办好，不是"政治正确"就能完全做到的。企业要办好，效率和效益是衡量的标尺，而效率和效益来自活力，活力来自机制，机制又取决于体制。

也就是说，体制决定机制，机制产生活力，活力决定了效率和效益。但不幸的是，除了思想上充满着桎梏和禁区，"洋务派"在兴办企业时还面临着体制上的壁垒。

"洋务派"所办的企业分为军工和民用两部分，军工企业的投资主要来自官方，对财政十分困难的清政府来说，挤出这些钱来十分不容易。等后面大办民用企业时，已无法再从政府财政里拿钱了，李鸿章等人于是广泛吸收民间资本来办企业。

做出这项决策还有另外的考虑，在经办军事工业时，官办企业模式带来种种弊端，企业成了第二个衙门，官场上的那些毛病统统带进了企业里，让正常的经营管理制度无法顺利实施。曾国藩在给友人的信中说福州船政局设立后"凡湘人之失职者，一概入局"，这等于把企业当成了"干休所""养老院"。人事关系复杂，朋党、裙带干扰严重，势必会出现大量的营私舞弊、领取干薪等现象，造成了很坏的社会影响，这也成为保守派攻击洋务运动的有力武器。同治十三年（1870年），户部侍郎宋晋曾上奏，提议停办福州船政局。

引进官方资本之外的其他投资，在"洋务派"看来可以改变企业经营上的弊端，轮船招商局成立时，李鸿章在写给该局的信中特别强调，一定要"免官场之气"。

另一方面，中国的官僚和民间资本也在不断增长着，传统的地主阶层通过土地兼并进一步把财富向自己手中集中，少数手工业者、茶场主通过辛勤积累也拥有了可观的财富，而最有实力的还数买办商人。《南京条约》签订后，公行制度虽然被取消，但外商在中国做生意仍喜欢雇佣中国人作代理，外国人称他们为"康白度"，由葡语comprador而来，他们既替外国商人经营钱物的进出和保管，也参与业务经营和交易事宜，经常代表外国商人深入内地开展购销，成为外商对华贸易的代言人。在近代历史上，泰来洋行的王铭槐、太古洋行的郑翼之、汇丰银行的吴调卿、宝顺洋行的徐润和怡和洋行的唐廷枢等人都是著名的买办。

这些掌握大量民间资本的商人和买办，也渴望投资"洋务派"所开办的企业。当时洋货在中国泛滥，加之厘金制等沉重的税费负担，本国手工业、制造业处境艰难，可供投资的地方并不多，民间资本认为"洋务派"所开办企业有政府做靠山，所以都乐于投资。

在此之前，一部分买办商人通过"附股"的形式也参股到外资公司中，虽然收益也较为可靠，但他们的股份无论多少，都只能是一种"财务投资"，即无法得到公司的经营权，所以他们的收入无论多么丰厚，也都无法与外国人相比，这让他们十分失落。而一些有民族自尊心的商人，初期因为谋生的需要主动为外国商人服务，在经商过程中的耳闻目睹无不让他们的民族自尊心受到触动，当他们的资本有了一定积累后，也渴望摆脱这种为洋人驱使的处境。

著名买办商人唐廷枢曾对朋友讲，有一次搭船去香港，途中遇到暴雨，为避雨停在某地，船主给每个人只发了一铁盒水，约一磅重，这些水包括饮用和洗脸，船上还有100多头羊，"满桶水任其饮"。唐廷枢感慨在外国人办的公司里"待人不如羊，殊为可恨"，后来唐廷枢在香港集资10万银元，租了2条船专门跑港沪之间的船运。

同治十一年（1872年）李鸿章筹建轮船招商局，在章程里即明确向社会集资，目标是100万两，每股500两，但初期只募集得40万两左右，其中包括直隶练饷制钱20万串，扣除预缴利息等实收18.8万串，约合12.3万两，李鸿章个人投资5万两，上海商人郁熙绳投资1万两，还有一些其他零散投资。后来每股标准降至100两，很快吸引到各类民间资本47.6万两，其中徐润投资12万两，唐廷枢投资8万两，陈树棠投资10万两，这样一来，轮船招商局100万两总股本中，民间资本占超过了60%。

轮船招商局创办章程的第一条即写道："轮船之有商局，犹外国之有公司也。"李鸿章也明确指出："轮船招商局本仿西国公司之意。"对此，社会各界给予广泛关注，《申报》在一篇社论里称"今日中国所设立之轮船招商局，公司也，此局为中国公司创始之举"。轮船招商局也照西方公司制的模式进行了一些创新，比如对企业的财务状况每年都编制资产负债表、损益计算书，并在《申报》《字林沪报》上公布于众，内部实行单独核算办法，各分局实行经费承包，或者以船为核算单位，这些都在一定程度上体现了股份制公司成本核算制度的要求。

按照李鸿章的构想，该局不仅要实施公司化运作，更要摒除官场恶习。他把有丰富经商经验的徐润、唐廷枢都拉入轮船招商局的"经营层"，还拉来了《盛世危言》的作者、同为著名买办的郑观应，让他们负责日常经营，对于企业日常的具体事务不做干预。

这种模式被称为"官督商办"，其核心可以概括为两个方面：一是"官总其大纲"，企业的实权和重大经营活动仍然由官方说了算，企业的高级管理人员也由官方任命和掌握；二是"商务应由商任"，即李鸿章所说的企业要"听该商董自立条议""不能由官任之"。这种做法，较以往的体制算是一种制度创新，受到商人们的欢迎，在初期也收到了良好成效。据郑观应《海行日记》，轮船招商局"每岁约可得回水脚银二百万两"，"我局督、会办及各董事均系熟手，立法亦极周密，与怡和、太古两公司已成鼎足之势"。郑观应曾参观汉阳铁厂，作《铁厂歌》，其中写道："斯时英雄气忽短，仰屋无聊但扼腕。奇谋猛得变通法，改官为商机可转。"之后"官督商办"成为洋务运动中民用企业的基本开办模式，继轮船招商局之后实行"官督商办"模式兴建的企业如表5.2。

表5.2　　　　　　　　官督商办企业一览表（1975～1894年）

企业名称	开办年份	创办人	资　本	经营方式
轮船招商局	同治十一年	李鸿章	2638000 两	官督商办
湖北广济煤矿	光绪二年	盛宣怀	186480 元	官督商办
安徽池州煤矿	光绪三年	杨　德	139860 元	官督商办
开平矿务局	光绪四年	李鸿章	2055944 元	官督商办
山东中兴煤矿	光绪六年	戴华藻	27792 元	官督商办
富川煤矿	光绪六年	叶正秋	12123 元	官督商办
天津电报局	光绪六年	李鸿章	178700 两	官督商办
热河铜矿	光绪七年	李鸿章	12 万两	官督商办

企业名称	开办年份	创办人	资　本	经营方式
临城矿务局	光绪八年	钮秉臣	139860 元	官督商办
江苏利国驿煤矿	光绪八年	胡思翼	800000 元	官督商办
云南招商铜局	光绪九年	岑毓英	40 万两	官督商办
上海机器局	光绪十六年	郑观应	699300 元	官督商办

资料来源：马宇平、黄裕冲，《1840—1987 国情手册》，解放军出版社，1989。

但是，这种制度创新却遭到了来自内外部的严峻挑战。从外部来说，国家长期以来的政策是"重农抑商""重本轻末"，商人无论多么富有，政治地位都是很低的，现在任用这些人参与企业经营管理，这让保守势力看不惯，他们多次提出应把所有企业都收归"官办"。光绪三年（1877 年）秋，山西道监察御史俊翰奏请"轮船招商局关系紧要，急需整顿"，为此他提出建议：

该局应仿照船政成案，专设大臣一员管理，臣愚以为，易商为官，徒滋浮费，且恐转多掣肘，不如仍存商局之名，由南北洋通商大臣统辖，庶查察较易周密，而经费无须再增。

此议虽最后没被通过，但把"商办"收为"官办"的呼声一声很高。光绪六年（1880 年）冬，国子监祭酒王先谦上疏弹劾轮船招商局，认为"局务漫无钤制，流弊不可胜穷"，再次要求收"商办"为"官办"。在李鸿章的庇护下，这些反对意见虽然最终没有形成定案，但对"洋务派"形成了很大的外部压力。

从内部来说，轮船招商局等企业的日常运营也的确存在着很大的问题，让保守派抓住了把柄。对这些问题最有发言权的是郑观应，他当过买办，又以商人的身份参与洋务，曾得到过李鸿章的重用，开始对"官督商办"也持肯定的态度，但在实际经营中郑观应越来越发现其中的弊病，在所著《商务叹》《盛世危言后编》等著作中他进行过总结性的剖析，根据他的描述，"官督商办"在实际操作中存在几个方面的不足：一是"官夺商权难自主"，公司"领导班子"里既有商人也有官员，重大事项最后实际上由官员拍板，不可避免地产生"外地领导内行"的情况，双方发生矛盾，商人被逼急了唯有以辞职相要挟；二是"名为保商实剥商"，在轮船招商局，官方委派的督办、总办、会办、座办等大员大搞任人唯亲的一套，投机钻营者趁机而入，上下其手，让正常的经营活动无法开展；三是"国家维持报效多"，"官督商办"企业背靠官府这棵大树，获得了一些优惠和特权，郑观应称之为"国家维持"，但这不是没有代价的，各级官府常找借口向企业进行摊派，据郑观应统计，轮船招商局开创后各级官府公开向该局勒索的"报效"就达130多万两。

郑观应最后得出结论："官督商办势如虎。"他的剖析不无道理，这些问题的产生其实是不可避免的，它来自于体制上的矛盾。企业从所有制性质上要么完全国有，要么完全私有，要么是公司制下的股权多元化，而像"官督商办"这样的模式，本身就是一种混乱的矛盾结合体，商人占有企业大部分股权，却无法拥有真正的经营权，"官督"就是"官权"，它是与股权相对立的，但"官权"想收回企业也无法找到让人信服的依据，在这种对抗和矛盾中，企业的经营体制自然无法顺畅。

用封建官僚体制办企业只能造成产权不清、权责不明、政企不分，在官僚化的体制下，企业的日常经营自然效率低下，机构庞杂、冗员充斥、办事效率拖沓、生产成本高昂是洋务运动开办的这些企业的通病。从某种意义上说，这也不是单纯的"人祸"，不是换一批人去经营情况就会好，这其实是一种内在的矛盾，不改变固有的体制，谁去都没办法搞好。

诺贝尔经济学奖获得者道格拉斯·诺斯（Douglass North）提出过一个悖论，认为国家具有双重目标，一方面通过提供产权获取租金的最大化，另一方面试图降低交易费用以推动社会产出的最大化，但这两个目标经常是冲突的，所以"国家的存在是经济增长的关键，然而国家又是人为经济衰退的根源"。在"洋务派"开办的企业中，官方为实现自身租金的最大化，肯定会下意识地从各方面牢牢控制企业，试图把它引向官僚资本主义；进行了巨人投资、又掌握着企业日常经营权的商人一方，希望官方继续提供良好的制度环境，但不希望官方过多干预，他们的目标是把企业引向民族资本的方向。

这是利益之争，也是方向之争，双方各有优劣，一时难分高下，而企业就在这种纷争中维持着艰难的经营。

六、金融的短板

其实反对"商办"的人也拿不出什么好办法，如果国家有足够的钱，自然不需要商人的参与，把所有企业都办成清一色的"国企"，但清政府还能到哪里筹钱呢？

办工厂、造机器还好说，投资进去还有回报，修路、架桥以及造枪造炮、买军舰、办学堂都是"只出不进"的花钱项目，洋务运动兴起的30多年间共兴办了19个军事工业、30个民用工业企业，还兴办了一批近代交通运输企业，全部都靠财政进行投入的话，根本不现实。

资金看来是个大问题，这也是洋务运动的"命门"。一开始，清政府并没有想引进商人来参与，所有投资都是政府来拿，初期的军工企业，投资来源主要是军费拨划，如江南制造局刚建立时每月需要经费约1万两，是从淮军军费中列支的，中央财政困难，有时就直接从上交国库的关税、厘金中留一部分充作经费，再不足时靠"洋务派"分掌的各地财政予以解决，但受财力所限，这部分投资并不高，洋务运动开办的前后30年时间，清政府财政直接投入近代工业企业的资金仅15700万两，平均每年不到500万两，见表5.3。

表5.3　　　　　　洋务运动时期清政府对近代企业投资概算表

投资项目	投资数额（两）	所占比重（%）
军事工业	54710000	35.96
新式海军	53127500	34.73
纺织工业	2363889	1.23
采煤工业	3000000	1.64
冶铁工业	4529629	2.65
金属采矿	1542000	0.68
铁路建设	15000000	9.56

投资项目	投资数额（两）	所占比重（%）
轮船航运	16943428	10.75
电报通讯	5000000	2.80
总　计	157216447	100.00

资料来源：邓绍辉，《晚清财政与中国近代化》，四川人民出版社，1998。

在这种情况下，清政府才不得已向社会募集资金，这一点与西方近代工业化国家有所不同。19 世纪 30 年代德国开始了近代工业化，其解决资金来源的渠道主要有两条，一是从银行融资，二是设立股份制公司吸引民间资本。同期的法国除了通过银行募集资金外还进行了金融创新，设立了"土地信贷银行""动产信贷银行"等类似于交易所性质的金融机构，将社会闲散资金集中起来支持工商业发展，在提高资金使用效率的同时也降低了融资成本。在日本明治维新运动中实现近代工业化是其中重要内容，其资金来源主要是国内已经有相当实力的金融业，1868 年日本维新政府上台，2 年时间就印出了4800 万日元的纸币，仅拿出其中的一半就解决了维新政府的日常运转问题，剩下的用来支持本国工商业发展。

从西方工业近代化的成功实践可以看出，其工业化的资金来源主要是本国金融体系以及通过设立股份制公司等手段募集社会资金，政府直接投入并不是资金来源的主渠道。政府的财政资金总是有限的，靠省吃俭用筹集建设资金难免捉襟见肘，更何况清政府的财政早已岌岌可危，依靠它推动近代工业化进程，不用说民用工业，就连朝廷力保的军事工业在关键时刻也经常靠不住。李鸿章曾费了很大力气为海军争得每年 200 万两的军费和相关军事工业投资，但实际拿到手的仅有 50 万两，一向强势的李鸿章也无可奈何，因为朝廷财政能挤出来这点钱已经费了九牛二虎之力。

政府不花钱也能办成事，而且办得更好，保守派不明白，一向标榜"师夷长技以制夷"的"洋务派"难道不明白这个道理吗？其实道理未必不明白，但面对现实"洋务派"们却无能为力，因为这个问题又回到上面所说的体制层面，而体制是不能轻易改变的。

从金融体制上看，清朝中期以后实行的是从明朝继承而来的银本位制，主币是白银，而且是银两，国家也没有真正意义上的银行，不能像日本那样通过准备金制度和杠杆效应发行信用货币，政府没有钱，能想到的就是加捐加税。当时也有钱庄和票号这样的金融机构，但它们与近代银行有很大不同，钱庄、票号一般规模较小，经营上以家族管理为主，业务仅限于国内或某个地区，借款利率较高，向它们借款的人多以应急为主，很少用于生产性资金周转，这些特点决定它们无法代替银行的作用，也满足不了政府大宗借款的需求。

维持政府运营需要钱，巨额军费需要钱，办洋务也需要钱，省吃俭用无济于事，加捐加税也有极限，没有自己的银行又不能举内债、不能印钞票，清政府建立的第一家官办银行——大清户部银行的诞生已经是 20 世纪初的事情了，在此之前许多有识之士不断呼吁建立自己的银行，但清政府一直迟迟未能响应，一方面是决策者先进金融知识的缺失，另一方面是固守旧制的惯性和惰性早已消弭了创新进取的精神，近代公司制度在中国迟迟不能落地生根，也与此有关。

近代公司制是各国工业化进程的重要推手，但在中国传统社会里，千百年来习惯地认为工商业者是社会的"末流"，无论其如何富有，终究没有与国家及其代理人谈判、签约的资格，所以在很长时间里相当多的人无法设想由民营公司控制着国家的某些重要领域，自然也没有人主动思考并为公司制的建立做出制度的上安排，尽管洋务运动中不少企业对外出售股份，但这与"股份制公司"完全是两个概念，前者只是吸引公众财务投资的一种形式，企业所有制形式和经营方式并不受此影响。也是到了 20 世纪初，清政府《公司律》颁布后，才标志着这一局面的结束，而这时喧闹一时的洋务运动也已经结束了。

货币并不等同于资本，把货币转化为资本无外乎两条最便捷的途径：一是通过银行等金融机构为中介，把货币募集起来贷给企业；二是注册成立公司，通过参股的方式直接投资。偏偏这两条路在晚清的中国都行不通，没有银行、不能注册真正意义上的公司，这就是当时洋务运动所面临的体制壁垒，是它无法突破的底线，这不仅决定了洋务运动开办企业资金来源渠道的单一性和匮乏性，也决定了这些企业在体制和机制上的困局，从而决定了它们的前途命运。

七、不公平的竞争

第二次鸦片战争后，根据新签订的一系列条约，列强在中国又获得了更多的利益，出现了许多新的变化，除了获得了新的战争赔款和割让的土地，在中国通商也更加自由，各国还在北京派驻了公使。

要不要在北京派公使，清政府与列强之前已进行了多次较量，双方对这件事都很看重。阿思本曾说："公使驻京以后，清朝皇帝就可代替英国士兵执行起警察任务来，可以通过各级政治机构镇压具有反侵略思想的爱国人民，也可以用行政手段惩罚那些对外国人不完全驯顺的官吏。"恩格斯在《俄国在远东的成功》一文中尖锐地指出："不难想象，在北京设立常驻使馆将有什么样的结果。请回想一下君士坦丁堡或德黑兰吧。"

后来法国人抢先在北京建立了公使馆，时间是同治元年（1861年）3月25日，《北京条约》签订不过3个多月，英国人不甘落后，公使馆第二天就成立了。7月，俄国公使入驻北京，次年2月，美国公使也来了。一些暂时没有在北京入驻公使也没有签订条约的国家，如普鲁士、葡萄牙、荷兰、丹麦等国，在英、法等国公使的帮助下，也纷纷取得了在中国的部分特权。不是英、法等国喜欢助人为乐，是因为这些后续的条约、协议也有他们的利益，根据片面最惠国待遇，只要后来一国与清政府签订了新协议，其最新规定的特权其他国家也都同时享有，所以英、法等国可以不用拿着舰炮逼清政府修约，而只需通过协助其他国家与清政府签订新约，一样能达到目的。

在"辛酉政变"中各国公使都站在了慈禧太后和奕䜣这边，英国第一位常任驻华公使弗雷德里·布鲁斯（Frederick Bruce）从北京向英国政府报告说"政变对英国有利，而且受英国所执行的路线的极大影响"，"在过去12个月中，造成了一个倾心于和相信（同外国）友好交往可能性的派别，有效地帮助这一派人掌权，这是一个非同小可的成就。在北京建立了令人满意的关系，在某种程度上，（我们）已成为这个政府的顾问"。

在列强眼里，清政府是帮助自己镇压爱国人民的"警察"，而自己是清政府的"顾问"，这种局面较道光、咸丰时期已发生了质的改变，列强协助清政府镇压太平军和捻军，又使双方的关系向前更进了一步。与清朝这个政府打交道的近几十年来，列强们也逐渐摸清了它的脾性，遭受到一系列的内外打击，这个政府已虚弱不堪，只想苟延残喘地维持着它的统治，已不会对列强构成决定性的威胁。在这种情况下，列强们也乐意扶持它，以维护自己在中国的最大利益，至少在19世纪的60~70年代情况是这样的。

但是，这种合作和扶持是有限度的，涉及政治和经济利益，列强丝毫不会让步。在经济领域，各国公使都极力扩大本国在华的经济利益，利用各种手段推动本国企业在中国的发展。第二次鸦片战争后，随着通商口岸的大幅增加和通商限制的减少，外国洋行在中国的数量得到空前快速的增长。以上海为例，道光二十五（1845年）只有外国洋行11家，同治四年（1865年）就增加到88家，包括银行11家，经纪商行13家、船坞3家和其他各类商行35家，烟台、天津等新开辟的通商口岸也引来外国洋行的大量进驻，在烟台，仅代办船运业务的洋行就有中印航运船运公司、洲岛与东方轮船航运公司、加拿大太平洋轮船公司、哀莱尔曼与布克纳尔轮船公司、东亚澳轮船公司等，最多时一度达到了19家。

这些国外洋行实力雄厚，在中国享受特殊待遇，在许多领域都拥有着垄断地位，以造船业为例，洋务派虽然开办了江南造船厂，但尚无法取得中国造船业的支柱地位，因为外国人开办的造船厂遍布中国南北，数量多、实力大，使本土少数造船企业处于"群狼"之中，仅在香港和五口通商地区，英、美两国开办的造船厂就有20家，见表5.4。

第二次鸦片战争后，在不平等条约的庇护下，外商在各通商口岸纷纷设立洋行，到19世纪80年代，外国在华开办的各类洋行多达400多家，他们大力推销国外产品，以低价掠夺中国的生丝和茶叶，同时投资于各种实业，规模和实力还不是它们最大的优势，对技术的垄断让中国本土企业更无法与之

套牢中国：大清国亡于经济战

表 5.4 　　　　　　香港和五口通商地区英、美两国开办的造船厂

成立年份	厂籍	厂址	厂　名	
			原　文	中　文
1843	英	香港	J. Lamont	榄文
1844	美	香港	Emery & Fraser	
1845	英	黄埔	J. C. Couper & Co.	柯拜
1846	英	香港	P. Badenoch	巴登诺奇
1846	英	香港	Young husband	杨赫士板
1848	美	上海	J. Dewsnap	杜那普
1850	美	黄埔	Thos Hunt & Co.	旗记
1851	英	香港	Perkins & Anderson	
1851	英	黄埔	J. Rowe	诺维
1851	英	上海	Geo. Purvis & Co.	伯维
1851	英	上海	M. Lamond & Co.	拉蒙
1851	英	上海	Peter Cougon	彼得果刚
1852	英	上海	James Rogers	罗吉士
1853	英	黄埔、香港	Union Dock & Co.	于仁
1854	英	福州	Dobie & Co.	道比
1856	美	上海	Baylies	贝立斯
1856	美	上海	M. L. Potter	包德
1856	英	上海	A. Mitchell	密契尔
1857	英	香港	Hope Dock	何伯
1857	英	上海	Trannack & Co.	丹拿克

资料来源：汪敬虞，《十九世纪西方资本主义对中国的经济侵略》，人民出版社，1983。

竞争。恩格斯在《反杜林论》中指出："大工业最发达的国家差不多掌握了建造舰船的垄断权，土耳其的全部装甲舰、俄国的几乎全部装甲舰以及德国的大部分装甲舰，几乎全部是在英国建造的，凡是可用的装甲几乎都是在谢菲尔德制造的，在欧洲能够独自制造最重的火炮的三个钢铁厂，有两个（乌里治和埃尔斯维克）在英国，另一个（克虏伯）在德国。"

以英国人开办的怡和洋行为例，早期主要从事鸦片走私和茶叶买卖，鸦

片战争后其发展迎来了新机遇，先后在香港、上海设立了总行和分行，在沿海和内地20个城市设立了分支机构，除继续鸦片走私和生丝、茶叶出口等传统贸易外，还经营起航运、造船、码头、仓库、缎丝、公用事业、地产等，继而投资银行，对京沈、沪宁、沪杭、广九等铁路进行贷款，包揽铁路建设的材料采购和工程建筑，取得铁路监督与管理权，成为"巨无霸"企业。

在与外国企业的竞争中，中国本土企业还面临许多其他问题。开平煤矿是洋务运动中办得相对比较成功的企业，总资产一度达到600万两，成为"洋务派"引以为傲的标志性企业。唐廷枢是该矿第一任总办，第二任总办是江苏候补道张翼，他对经营企业并不在行，他的专长是攀缘权臣，与慈禧太后跟前的"红人"内务府大臣荣禄等人关系密切，因此受到重用。

张翼来开平煤矿上任后，经常利用各种方法侵吞该矿的财产，此人不仅贪财还很崇洋媚外，在他主持下开平煤矿募集"洋股"，成为中外合办公司。后来张翼为避乱躲进天津的英租界，英国人找了个理由把他逮捕，张翼向天津海关税务司、德国人德特林求助，德特林于是跟开平矿务局总工程师合谋下套，以任命德特林为开平煤矿总代理、全权处理矿务为条件实施搭救，张翼为保命只得答应，后来二人又利用张翼不懂外文、粗心大意，用作了手脚的合同实施诈骗，竟把该矿的资产全部转为己有，使"洋务派"一手创办的"样板企业"开平煤矿成了"外资企业"。

这件事轰动一时，朝廷震怒、大臣弹劾，张翼不得不硬着头皮跑到英国去"跨国诉讼"，但结果可想而知，损失无法挽回。官督商办、缺乏经济立法，一切都是"土法上马"，靠的是人治和官权，但关键时刻朝廷却没有能力为本国企业保驾护航，2个外国人敢明目张胆地对一家中国著名企业下手，早已瞅准了这一点。

值得补充的是，那位开平煤矿的总工程师是个美国人，名叫赫伯特·胡佛（Herbert Hoover），毕业于美国斯坦福大学，是一名采矿工程师，24岁来到中国"打工"，后来参加了第一次世界大战，战后担任美国粮食总署署长和商务部长，1928年竞选美国总统并当选，成为美国历史上第31位总统。

八、"同光中兴"的真相

同治皇帝6岁继位，在位13年后死了，他是咸丰皇帝的独子，本人没有子嗣，咸丰皇帝这一支脉到此就断了。在谁来继承大统的问题上，开始有人推荐了溥侃、溥伦两个人选，而慈禧太后中意的是自己妹妹与醇亲王奕譞所生的儿子载湉，经过一番明争暗斗，最后载湉被过继给已故的咸丰皇帝，立为新帝，这就是光绪皇帝。

光绪皇帝继位时仅4岁，他登基后奉慈安太后居紫禁城里的钟粹宫，俗称"东太后"；奉慈禧太后居紫禁城里的长春宫，俗称"西太后"。两宫太后仍垂帘听政，其中起决定作用的还是慈禧太后。从同治皇帝继位，到光绪皇帝在位的前20年，这30来年政局突然平静了下来，太平天国、捻军等农民起义被镇压下去，再也没有大规模的农民起义发生；第二次鸦片战争后列强入侵中国的步伐似乎也没有那么急迫，其间发生过一次因法国入侵越南而起的中法战争，双方虽然难说胜负，但清军取得了著名的镇南关大捷，直接导致法国费里政权垮台，也算是一件了不起的事。

这30来年，清政府的颓势似乎有所改观，又大兴洋务运动，扩建军备，成立北洋舰队，清政府的年财政收入也由3000万~4000万两跃升至8000万两左右的水平，有人认为清朝的统治出现了"中兴"，把30来年称为"同光中兴"。

所谓"中兴"，是指王朝发展到一定阶段，在走下坡路的时候突然重新振起。历史上第一个王朝"中兴"大概是"少康中兴"，夏启的儿子太康继位后声色犬马，被东夷部落首领后羿乘机起兵夺取了政权，几十年后太康弟弟仲康的孙子少康收拢旧部，重新将政权夺回，从少康开始夏朝进入平稳发展期，迎来了鼎盛。历史上有名的"中兴"还有"昭宣中兴""光武中兴"等，"开元盛世""康乾盛世"也属于这一类，每当王朝出现长期低迷和困顿，统治者总希望来上一次这样的"中兴"，重新开启新的纪元。

有人认为"同光中兴"不仅存在，而且是一种对历史的超越，比如曾国藩在同治时就说过，唐朝安史之乱后的中兴，势力并未扩展到黄河以北，宋代也出现过中兴，它中兴的势力末扩展到长江以北，同治时期就已展露出来的王朝中兴却囊括了整个帝国。曾国藩的说法站在历史的角度可能存在争议，但即使他说的"中兴"真实存在，也绝不是另一个"开元盛世"或"康乾盛世"，因为清王朝总体下行的发展走向已经确定了，不同的只是这根向下的抛物线走势的急与缓。正如美国学者芮玛丽（Mary Wright）在《同治中兴：中国保守主义的最后抵抗》一书中揭示的那样，清政府的每一项改革，一方面是向近代化的有限而富有意义的迈进，但在根本上"它的眼光是向后看的"，是希望通过努力得以退回到那个熟悉的、封闭宁静的世界中去的，它并没有意识到它已站在了一个过去的经验中所找不到的要么死亡要么永远向前的十字路口。

洋务运动虽然表面很热闹，也取得了不少看得见、摸得着的成果，但这样的成果总体来说还是有限的，正如芮玛丽分析的那样，包括曾国藩、李鸿章、左宗棠等这些当时中国最有眼光和头脑的实力派人物，"他们感兴趣的是恢复传统经济的'富强'，对牺牲传统制度以获致国家'富强'的措施则兴趣索然"。这样的改革无疑是不彻底的，只能浮于表面，枪炮甚至战舰自己虽能造一些出来，但大都也只是停留在仿制的水平，仿得再好、手艺再精，失去了创造和创新精神，你就至少落后别人20年、30年。江南制造总局造枪30年却没有一支具有本国知识产权的步枪，天津机器局可以造炮弹，但当时最先进的爆破弹却造不出来，只能进口，其他的民用企业也都在所谓的"官督商办"体制下死气沉沉、效率低下。"同光中兴"如果真的存在，从技术的层面看也只能算是模仿的水平，是一个零敲碎打弄出来的样子货。

模仿当然也是必要的，尤其是在起步阶段，但模仿只是手段而不是目的，模仿的下一步是"取神"，求"神似"，而这仍然不是最终的目标，再下一步应该是创造，创造出一个完全不同于别人的自己。这就如同一个画家，刚开始学画的时候临摹大师的作品入手无疑起步最快，先求"形似"，再求"神似"，最后创造出自己的风格，成为新的大师。而笨拙的人和懒惰的人会把自己一味地停留在机械模仿的阶段，他们或者没有能力创造，或者惧怕创新，他们以为只要能模仿出大概的样子做到别人有我也有就行了，岂不知这种满足是十分有害的，陶醉在这种满足里更是危险的，因为在与对手的竞争中，不发展是落后，发展太慢同样是落后。

在这方面中国远不如日本。在洋务运动之前，日本与中国的处境差不多，在中国大搞洋务运动的时候日本也在进行了一场他们的洋务运动，这就是明治维新。

在2世纪的后半期，在日本主要岛屿上还是小国内战频繁的时代，3世纪中叶，中国正处于三国鼎立时期，日本出现了较大的"大和国"，经过长期扩张，逐步征服了中部地区，首领称"大王"，后改称天皇。其后，日本又经历了古坟时代、飞鸟时代、奈良时代、平安时代等最后进入到幕府时代，1600年关原会战奠定了德川幕府的天下，德川幕府此后统治日本长达260多年。

在政治上德川幕府实行幕藩等级制，占全国人口10%的将军、大名和武士等为统治阶级，工商业者另占约10%，剩下的是农民，约占80%，各等级界限森严、世袭不变、互不通婚，衣食居住也都有严格区别。在对外方面，德川幕府也实行闭关锁国政策，以防外部势力的渗透，驱逐外国商人和传教士，只允许与中国、朝鲜等近邻以及荷兰等少数西方国家通商，但通商口岸仅限定在长崎一地。

为打开日本的大门欧美国家也进行了努力，最早来"叩关"的是美国人。1853年，美国海军将领佩里率领舰队闯入江户湾，以武力为威胁迫使日本开港通商，历史上称这件事为"黑船事件"。当时，在日本眼里无比强大的中国都败在了西方列强的手下，德川幕府不敢反抗，与美国等列强先后签订了《日美亲善条约》等25个不平等条约，这激起了日本民众的反抗，发起了"倒幕运动"。

日本庆应三年（1867年），孝明天皇驾崩，其次子睦仁继天皇位，依据中国《易经·说卦传》"圣人南面而听天下，向明而治"，改元明治。明治天皇继位后倒幕派发动政变，推翻了德川幕府，成立了新政府。明治天皇继位时只有16岁，政治经验还不丰富，政权为大久保利通、伊藤博文等人掌握，与奕䜣等官僚出身的文人不同，日本的这些代表武士集团利益的政治家具有军人特质和进攻精神，同时受变革思想的影响也很深，在人心普遍思变的情况下，他们于 1868 年 4 月颁布了《五条誓义》，拉开了全面改革的序幕。

日本明治维新的主要措施有：在全国推行版籍奉还、废藩置县政策，结束了长期以来封建割据的局面；仿效西方制度订立刑法和民法，推行西方式教育；引进西方近代工业技术，设立专门机构管理工商业，废除原有土地政策，允许土地买卖，实施新的地税政策，废除各藩设立的关卡，大力发展经济，尤其是工商业；统一货币，开办银行；兴建铁路和公路，在中国还在为要不要修路而争吵不休时，日本大规模的铁路建设已经上马，明治维新开始后还不到 5 年，东京至横滨的铁路就已建成通车。

日本用了 20 年时间便迅速崛起，经济实力与日俱增，更重要的是在政治、文化、法律制度等层面实现了与西方国家的接轨，是日本这个传统亚洲国家第一次完成了"脱亚入欧"，日本从此迈入强国行列，不仅与西方国家之前签订的一系列不平等条约也相继废除，而且强盛后的日本也加入到侵略他国的行列，日本由被侵略者变成了侵略者。

到 1893 年，日本的各类工厂已发展到 3334 家，银行 703 家，铁路 2039英里，以蒸汽为动力的船舶总吨位达到 11 万吨。而根据 1895 年的统计资料，此时中国洋务运动开办的军工、民用企业加在一起不到 50 家，其他各类民办的近代工业企业相加才 100 多家，铁路仅 364 公里，真正意义上的银行则没有一家。

"洋务派"开办的企业后来也大都因经营不善或其他原因而倒闭、被兼并，江南制造总局经过过辉煌后走向山穷水尽，被迫改变经营，天津机器局后更名北洋机器制造局，被后来的八国联军焚毁，黑龙江漠河金矿遭俄军侵占，天津电报总局后来被收归国有，上海机器织布局因遭受火灾而重创，后更为了华盛纺织总厂。除轮船招商局等少数企业外，"洋务派"开办的大多数企业都没能传承和发扬光大，更无法实现当初确立的强兵、富国的目标。

明治维新的成功和洋务运动的失败引起很多人的深思，有人认为日本在起点还不如中国的情况下能奋起超越，主要因为双方政治制度上深层次的差异。虽然同属封建集权统治，但日本经历了倒幕运动，新上台的武士集团过去政治地位不算太高，与封建集权的关联度也没有那么深，所以改革的意愿更强烈，改革的措施更彻底，中国的洋务派坚持着"中学为体"不放，而明治维新却能从政治层面大刀阔斧地推行全方位的改革，改革的力度和深度都不能同日而语，结果自然不同。还有人从教育、文化以及制度建设上分析二者的差异，包括前文所述在金融层面上如何解决发展经济所需要的资金等，这些都决定了双方"同途"却不能"同归"。

除此之外，还有一点其实更重要，那就是列强的因素。

在对待日本和中国上，欧美列强事实上有两种不同的态度：对待中国，因为经济规模、人口都极为庞大，虽然屈服于西方列强，但在他们眼里这始终是一头"睡着的狮子"，随时都有可能翻过身来，所以必须把它看好、看牢，从各个方向给它绑上一道道索链，既不让它死，也不让它恢复自由，对任何可能让中国实现富强的地方，欧美国家都会予以掣肘和破坏；对待日本，由于该国面积不大，地理位置也相对次要，对欧美国家的威胁比较小，与其同样征服它、打压它，不如把它培养起来，成为替列强"看护"中国的帮手。

日本的倒幕运动得到了西方国家尤其是英国的大力支持，这也是其最终成功的重要原因之一。明治新政府成立后，欧美国家不仅给予承认，还从多方面给予扶持，正如徐泰来在《洋务运动新论》中说的那样："后来，明治政府的内外政策始终得到英国的支持，这一点也是洋务运动所不曾有的条件。"

但是，崛起后的日本能否完全按照欧美列强设想的方向去发展，那就是另一回事了。

第六章
史上最激烈的变法

一、奇怪的贸易政策

被国人寄予厚望的洋务运动，轰轰烈烈却成果了了，留下了一地鸡毛。无论官办还是商办，还是"官督商办"，中国的民族产业没有发展起来，外国商品在中国更加畅通无阻了。比起军事上的侵略，这种经济上的侵略虽然隐形却更加彻底。

在第二次鸦片战争后的修约中，进一步降低关税是欧美列强提出的一项重要条件，通过这次修约，主要进口商品的关税税率又有了降低，降幅在12%～65%之间，平均水平降到5%以下（见表6.1）。

表6.1　　1858年中英重修进口税则前后几种主要进口货物的税率水准

货　物	单　位	1843年税率（%）	1858年税率（%）	1858年税率较1843年税率减少百分数（%）
棉花	担	6.54	5.72	12.54
斜纹布	疋	7.89	5.05	35.99
斜纹布（美）	疋	4.63	4.63	—
印花布	疋	14.25	4.98	65.05
袈裟布	疋	10.68	4.98	53.37
棉纱	担	6.94	4.86	29.97
羽缎	丈	9.46	6.31	33.30

资料来源：严中平，《中国近代经济史统计资料选辑》，北京科学出版社，1955。

上述 5% 左右的进口税率就这样大致确定了下来，一直实行了 80 多年，中间虽然有过 4 次修改，但整体水平保持不变。收取关税是一国主权的象征，进口商品税率的高低由进口国根据有利于经济发展、有利于保护民族经济而定，但中国的关税却不能这么做，而必须按照商品输入国的意志去办。

根据两次鸦片战争期间签订的条约，外国商人只能在指定通商口岸进行经商，但外国商人经常闯入中国沿海开放的口岸，造成了沿海全面开放贸易的既成事实，为了避税，一些中国商人也愿意雇佣外国商船运送货物，针对这种情况，总理衙门打算实行重税，以阻止外国商人进入内地。经过一番交涉，最后规定外国船只可以在中国从事"土货"的沿岸贸易，在出口地按税则征收出口税，在入口地按半额征复税，称"复进口半税"。

此后，外国商船不仅可以在镇江、九江、汉口等开放的内地口岸航行贸易，还可以向清政府有关部门领取所谓"江照"，在整个长江航道上经商，这种既成事实，经同治二年（1863 年）中国与丹麦签订《天津条约》时正式写入条文，根据片面最惠国待遇其他各国也同时享有了这项权利，中国沿海、沿江的全部口岸对外国商人和商品已没有了禁区。

在之前的条约中，规定了外国商品在中国缴一次税，不重复征税，于是各国又援引这一条，认为复进口半税只针对中国"土货"，"洋货"不在其列，这样一来，"土货"即使借用外国商船在本国的 2 个口岸间贸易，至少也要缴 7.5% 的复税，而"洋货"仅需缴 5% 的进口税。比如，"洋煤"进口时每吨纳税 0.05 两，"土煤"由甲口岸运往乙口岸，按照本地要缴纳出口税每吨 0.0672 两，然后又须纳复进口税 0.0334 两，超过 0.1 两，是"洋煤"进口税的 2 倍，在这种高税率情况下"土煤"自然失去竞争力。再比如棉花，在华南市场，中国华北等地出产棉花综合税负是印度棉花的 150%，损伤了广大棉农的利益。

中国的船运业也受到打击，同治元年（1862 年）上海船商王永盛向朝廷上书："现在各口通商，凡属生意码头，外国已占十分之九。"大批外国商人涌入中国，在一些商埠长期居住，他们在那里租地盖房，建礼拜堂、医院，成为一个个特殊的居住区，各国均效仿英国在上海的做法，建起了所谓的

"租界"。

英国人在上海的租界起于外滩，最初仅 830 亩，由英国人以租地的方式使用，每亩年租金仅 1500 文，连"白菜价"都算不上。第二次鸦片战争期间英国提出扩充租界的要求，经过协商，英租界向四周扩展至 2820 亩，后来"小刀会"起义占领上海县城，大批避难华人涌入英租界，英租界出现了空前繁荣，1852～1862 年的 10 里，英租界的房价涨了 200 倍。继英租界后，法、美等国也先后以同样方式在各地建立租界，到 20 世纪初，列强在中国共建立了 27 处租界，仅天津一地就有 8 处。

英租界当局单方面修改了与清政府签订的《上海土地章程》，不断地自我扩大权力，在租界内行使行政权、立法权、司法权和警务权，中国政府无权干预，成为"国中之国"，也是其对中国实施经济侵略的基地。

19 世纪 60 年代欧洲资本主义国家陆续完成了产业革命，1869 年 11 月 17 日连接地中海和印度洋的苏伊士运河正式开航，从英国伦敦港或法国马赛港到印度孟买的航程较以往绕行好望角分别缩短了 43% 和 56%，从沙特阿拉伯吉达港到黑海康斯坦察港之间的航程缩短了 86%。航运费用的降低和航时的缩短更加重了外国商品在中国的倾销，从 19 世纪 70 年代到 20 世纪初中国外易形势不断恶化，由顺差国变成逆差国，且逆差逐年增大，见表 6.2。

表 6.2 进出口贸易净值 单位：百万元

指数：1871～1873 = 100

年　份	出　口	指　数	进　口	指　数	出超（＋）或入超（－）
1871～1873	110	100.0	106	100.0	＋4
1881～1883	108	98.2	126	118.9	－18
1891～1893	167	151.8	219	206.6	－52
1901～1903	311	282.7	473	446.2	－162

资料来源：严中平《中国近代经济史统计资料选辑》，北京科学出版社，1955。

从进口商品的种类看，增长最快的是棉纱，进口数量在 1872～1890 年间增加了 21 倍，棉布增加了 66%，糖、煤油、火柴及五金器材等均有大幅度增加，除此之外还粮食以及染料、油漆、凡立水等，涵盖了生产、生活的方方面面，一时间"洋布""洋油""洋火"充斥了中国广大城乡市场。除此之外，鸦片贸易仍在继续，并长期保持对华出口量的第一位，所不同的是，此时的鸦片贸易以"洋药"的名义已经合法化了。

咸丰八年（1858年）中英签订《天津条约》后，涉及关税税则的谈判在上海进行，咸丰皇帝特派大学士桂良、吏部尚书花沙纳等去上海谈判，行前专门谕令桂良："该夷条约以派员驻京、内江通商，及内地游行、赔缴兵费，始退还广东省城四项，最为中国之害。桂良等能将此四项一概消弭，朕亦尚可曲从。"对于英国人之前已提出的鸦片贸易合法化问题，咸丰皇帝也认为"万难应允"，齐思和在《第二次鸦片战争》中讲述，咸丰皇帝甚至不惜以免除全部进口关税作为交换条件阻止以上各条，但英方代表坚持"条约以外各事，均可商量，条约既定之说，万不能动"，这次谈判后，鸦片贸易即完全合法化了。19世纪70年代至20世纪初，中国12项主要进口商品所占比重如表6.3。

表6.3　　　　各年十二项主要进口货物所占进口总值的比重　　　进口货总值＝100

年 份	1871~1873	1881~1883	1891~1893	1901~1903
鸦片	37.7	37.0	20.5	12.3
棉布	30.2	22.8	20.5	19.7
棉纱	2.8	5.8	14.6	18.6
棉花	3.8	2.1	0.9	0.8
染料、颜料、油漆、凡立水	0.9	0.8	1.4	1.3
煤油	—	—	3.7	4.9
糖	0.9	0.5	2.7	5.5
米	0.9	0.3	5.9	4.2
小麦	—	—	—	—
面粉	—	—	0.5	1.3
钢及铁	0.9	1.1	1.8	1.7
机器及工具	—	—	0.5	0.4
其他	21.9	29.6	27.0	29.3

资料来源：严中平，《中国近代经济史统计资料选辑》，北京科学出版社，1955。

而从出口的情况看，中国传统的优势出口产品茶叶和生丝的竞争力均有明显下降，生丝出口竞争力的下降主要来自日本的竞争，到 20 世纪初，中、日生丝出口占比已几乎旗鼓相当。茶叶的出口值下降更快，主要原因是印度、锡兰、荷属东印度等地茶叶种植的崛起，1873 年中国茶叶在国际市场上的占比还超过 90%，到 1893 年下降为不到 50%，19 世纪 70 年代至 20 世纪初世界主要产茶国茶叶输出统计情况如表 6.4。

表 6.4　　　　　　　　　世界主要产茶国茶叶输出统计　　　　　　单位：千磅

年份	总计	中国	印度	锡兰	荷属东印度	其他
1873	233488	215701	—	—		17787
1883	302123	264976	—	—		37147
1893	495315	242777	115617	82296	6034	48591
1903	675958	223670	209552	149227	21333	72176

资料来源：严中平，《中国近代经济史统计资料选辑》，北京科学出版社，1955。

中国茶叶在国际市场上优势地位的丧失还与国际电讯事业的发展密切相关。以往，为优先满足英国市场的需要，英国商人总是在中国茶叶上市的季节尽可能多地进行囤积，之后运往伦敦，多余的茶叶才在其他市场销售，在信息传递不便的情况下，供销关系常常因时间的因素而迟滞，世界茶叶市场的定价事实上取决于中国产地丰歉情况，而不取决于消费市场，这种情况后来发生了改变。

19 世纪 40 年代，欧洲研究成功了架设陆上电线的技术，50 年代前期可在浅海水下架线，50 年代后期可架设深海电线，1866 年英美两国间架设了横跨大西洋的海底电线。1871 年 4 月，英国人架设了香港通上海的海底电线，同年香港至伦敦的海底电线也接通，伦敦到上海的信息传递时间由 90～120 天缩短为几个小时，这极大地改变了国际贸易的方式。当时英国人在上海开办的《字林西报》描述说："如果今天伦敦的需要超过供给，这个需要立刻可以得到满足……从印度向伦敦运送货物，只要一个月的时间，从中国或澳洲来货，也不过 2 个月，电讯在几天甚至几小时内便可传遍全世界。"如此一来，英国商人不必把资金全部用于囤积茶叶，而只需要盯住伦敦市场上消费情况的变化就行，国际市场上茶叶的定价权就这样从中国转到了伦敦，1880年10月16日出版的《字林西报》就此总结说"世界贸易中的重要大宗货物的价格都是在中国以外决定的"。

传统出口优势不复存在，只能以增加原棉、豆类、畜产品、矿产品等缩小逆差，这样一来，中国就成为世界经济强国工业产品的倾销地和原材的来源地。

二、被"承包"出去的海关

商业活跃起来，按理来说清政府的税收应该增加一大块，尤其是关税，至少还有进口额5%左右的税收，但这件事不说则已，说了也让人闹心。

清政府历来重地丁、盐课而不重视商业税，更不重视关税，五口通商之前口岸只有广州一地，粤海关是全国唯一的海关，清政府在这里收税，其负责人为粤海关监督，全称为"钦命督理广东沿海等处贸易税务户部分司"，归户部管理，税收中有相当比重解交内务府，所以道光二十年（1840年）以前担任过粤海关监督的33人全部是内务府出身。

嘉庆四年（1799年），朝廷为粤海关钦定了85.55万两的税收定额，规定此为税收底线，收不够的要处罚，但超额部分也是要尽收尽解。五口通商后，各通商口岸分别设置了海关，但通商事务大都由地方官兼管，其中福州、厦门2个口岸由福州将军管理，上海的江海关由苏松太道兼理，宁波口岸由宁绍道台兼理，只有粤海关仍由粤海关监督管理，各海关互不统属、各自为政，不仅组织体系不统一，税则、税率也千差万别，按照当年朝廷对粤海关的做法，各海关基本上每年向朝廷缴纳一定数额的款项，超出部分则归地方支配。

这种局面一直到了咸丰三年（1853年），这一年9月"小刀会"占领上海县城，苏松太道吴健彰仓皇避入英国租界，英美领事借此机制订了一份《海关行政停顿期间船舶结关暂行章程》，提出由各国领事暂代中国政府征收关税，在此期间外国商人不用缴纳现金，只需要出具一种承诺日后兑现的期票就行，后来外国人发现这么做有些傻，因为中国海关已完全丧失了管辖能力，连这种期票其实都不用出，于是各国先后退出了"暂行章程"。

吴健彰后来在苏州河北岸的虹口租赁房屋重建上海海关，但外国商人根本不理会，吴健彰于是在通往内地的要道上设立了闵行镇、白鹤渚等2个关卡，向外国商人征收关税，遭到了外国商人的集体抗议。咸丰四年（1854年）6月，吴健彰与英国领事阿礼国、美国领事麦莲和法国领事爱棠开会，商讨上海海关如何改组，最后达成了一个协定，其第一条规定："兹因关监督深知难得诚敏干练熟悉外国语言之人员，执行约章关章上一切事务，惟有加入洋员，以资襄助。此项洋员应由道台慎选遴委，道台亦应予以信任事权，俾资改良一切。"

在书面协定中把"洋员"引入中国海关这是第一次，根据这个协定，会后成立了一个关税管理委员会，由上述三国的领事各提1名外国人组成，负责原上海海关的"夷税"征收。《天津条约》签订后，在其附件"海关税则"中把这种管理模式进一步固定化：

> 通商各口如何收税，如何严防偷漏，自应由中国设法办理，条约业已载明。然现已议明，各口划一办理，是由总理外国通商事宜大臣或随时亲诣巡历，或委员代办。任凭总理大臣邀请英（美、法）人帮办税务并严查漏税，判定口界，派人指泊船只及分设浮椿、号船、塔表、望楼等事，毋庸英（美）官指荐干预。其浮椿、号船、塔表、望楼等经费，在于船钞项下拨用。至长江如何严防偷漏之处，俟通商后，察看情形，任凭中国设法筹办。

根据这份附则，中国关税征收今后须"邀请"外国人"帮办"，咸丰九年（1859年）5月，两江总督何桂清兼各口通商大臣，他任命了英国人李泰国（Horatia Nelson Lay）为海关总税务司。李泰国随后到上海，向上海道台呈送《江海关呈送税务条款清折》，提出各通商口岸建立"划一海关"的方案。在用人问题上，《天津条约》的附则并没有说明海关其他办事人员如何任命，李泰国要求何桂清授予选洋人并决定洋人去留的权力，何桂清只许他保举，由此发生冲突，李泰国以辞职要挟，英国公使也来干预，最后定下来"募用洋人，上海先定上海章程，各口仿行"。

同治元年（1862 年）总理衙门成立，把海关总税务司作为其内部机构，这也算是奕訢从军机处和户部分权的一项成果。海关总税务司负责全国关税征收后，从第一任总税务司李泰国开始，一直到 1927 年该机构撤销，历任总税务司都是英国人（见表 6.5）。

表 6.5　　　　　　　　晚清总税务司职务一览表

姓　名	国　籍	时　间	职　务
李泰国	英　国	1859 年 5 月至 1861 年 4 月	总税务司
费事来	英　国	1861 年 4 月至 1863 年 5 月	署理总税务司
赫　德	英　国	1861 年 4 月至 1863 年 5 月	署理总税务司
李泰国	英　国	1863 年 5 月至 1863 年 11 月	总税务司
赫　德	英　国	1863 年 11 月至 1908 年 4 月	总税务司
裴士楷	英　国	1908 年 4 月至 1910 年 3 月	署理总税务司
安格联	英　国	1910 年 3 月至 1910 年 10 月	署理总税务司
安格联	英　国	1910 年 10 月至 1927 年	总税务司

在这些总税务司中，赫德影响力最大，他把持总税务司长达 40 多年，与中国许多重大历史事件都有关联，在晚清的历史上是一个传奇人物。

罗伯特·赫德（Robert Hart）出生于北爱尔兰，毕业于贝尔法斯特王后学院，19 岁时来华，在英国驻宁波领事馆担任翻译，后辞去领事馆的职务加入中国海关，任粤海关副税务司，后来到上海，代李泰国任海关总税务司，同治三年（1864 年）被清政府加按察使衔，正三品。赫德早年的经历是这样的：大学毕业来到中国，成为英国政府驻外机构公务员，后来自己砸了"铁饭碗"，跑到中国某事业单位打工，是外籍雇员，再后来被清政府聘任为事业单位的主管，享受高级公务员待遇。

即便是《天津条约》也没有否认关税是中国自己的事，"洋员"只是帮办，但在实际操作过程却不是这回事。赫德就任后向总理衙门呈递了《各口募用外国人帮办税务章程》，该章程共 26 条，把过去分口管理纳入统一管理，成立了总税务司署，作为总税务司的工作衙门，又在各口岸成立各口税务司，直接听命于总税务司，不受地方和其他部门管理，使关税征收由条块分割改成了垂直管理。随着通商口岸的增多，赫德及时跟进，建立海关网络，到20世纪初，设立有海关机构的口岸竟达到了84处。

在征收办法上，过去海关收税都是由指定的银号具体办理，由于环节多、交接不清以及缺乏检查监督，整个关税征收其实就是一笔糊涂账。赫德接手后引入西方先进的税收理念和征收方法，堵塞中间的漏洞，比如规定"银号收到外商完纳的税款之后，即发给与海关挈发的'验单'相符的号收；号收转送海关构成实收税款季度报告的根据"，这样一来就形成了有效的过程监控，避免有人从中做手脚。

科学化的管理是进步的一面，但由此也形成赫德的大权独揽。赫德还向总理衙门呈递了《通商各口募用外国人章程》，明确了总税务司的用人权，规定"各关所有外国人帮办税务事宜，均由总税务司募请调派，其薪水如何增减，其调往各口以及应行撤退，均由总税务司做主"。海关总税务司里虽然大部分是华员，但他们之中听差、轿夫、更夫、匠人和杂役等占了大多数，重要岗位都由洋员包揽，薪俸方面有很大差距。总税务司拥有了绝对的人事权，海关总税务署名义上是清政府的一个衙门，其实是外国人的天下，《海关通志》就此评介说："关员之任免，全由总税务司做主，其势力之伟大，在于全国海关上，几有一国元首之权威。"

但是，清政府的主要官员对赫德却是满意的，一方面赫德这个人比较注意自己的语言和行为，在跟中国官员打交道时较为温和，而不像其他外国人那么高傲、霸道，这一点让中国官员印象颇佳，恭亲王奕䜣说"赫德虽系外国人，察其性情，尚属驯顺，语言亦多近礼"，奕䜣经常称赫德为"我们的赫德"，李鸿章、郭嵩焘等洋务派也对赫德给予赞誉，就连慈禧太后对赫德也比较满意，亲自进行接见；另一方面，赫德接手总税务司后，清政府的关税不断增长，1861年为503.6万两，1870年即达到970万两，1880年达到1434.6万两，1890年达到2198.4万两，1900年达到2409万两，如果以10年为周期，从1865～1904年的40年间海关税收增长态势如图6.1。

清政府一开始没有邮政系统，各国使馆要寄送邮件只得派专差传来送往，

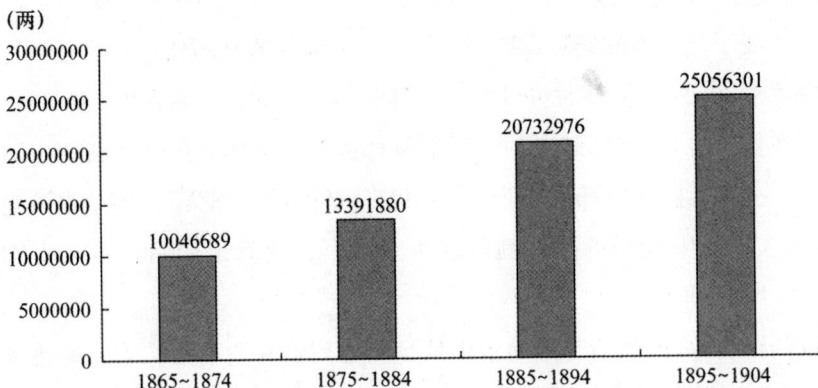

图 6.1　1865～1904 年 40 年海关税收 10 年平均值增长态势

资料来源：曹传清，《赫德对晚清中国社会的影响》，湖南师范大学，2010。

十分不便，他们一直要求清政府把邮政办起来，后来这件事落到了新成立的总理衙门头上。总理衙门接手后发现这是件苦差，因为当时内乱还没有平息，北方的捻军势力仍然很大，送中国的人邮件还好说，丢就丢了，如果送的是洋人的邮件，万一丢了被人家讹上，那就麻烦了，所以总理衙门一直想把这个事甩出去。总税务司成立后，总理衙门以为找到了"替死鬼"，就把办邮政事的事交给了赫德，这样赫德又掌握了中国邮政大权，光绪四年（1878 年）7 月发行了第一套邮票，共 3 枚，即如今每套拍卖价格可达数千万元的大龙邮票。

赫德后来被晋升布政使，官位最高至正一品，清政府灭亡的那一年他病逝于伦敦，被清政府授予太子太保衔，《清史稿》视赫德为"客卿"，认为他"能不负所事"，许多当时的中国人对赫德也评价较高。诚然，赫德利用他掌握的先进管理知识帮助中国建立了海关、邮政等最早的基本管理体系，在海关方面，其垂直管理、人事管理、考试录用、绩效考核、财务管理、统计、稽核以及港口管理、保税、进出口检疫等方面制度的建立，使中国在这些领域实现了与世界的初步接轨，打破了清朝政府原有的僵化落后和腐败的管理体制，但无法掩盖的是，一个外国人掌握中国海关数十年，无论如何都是对中国主权的严重侵害。

第六章　史上最激烈的变法

郭嵩焘曾跟赫德有过一次对话，郭嵩焘问："君自问帮中国，抑帮英国？"赫德答："我于此都不敢偏袒，譬如骑马，偏东偏西便坐不住，我只是两边调停。"郭嵩焘又问："无事时可以中立，有事不能中立，将奈何？"赫德笑言："我固是英国人也。"在郭嵩焘的追问下赫德道出了他的心里话，赫德自然会考虑中国人的利益，因为他一再说自己只是清政府的"雇员"，但他更清楚自己是英国人，当中国与英国的利益发生矛盾时，他肯定会站在自己祖国的一边。

赫德的"骑马论"清楚地揭示出他是西方列强利益的落实者，赫德早年在英国公使馆任职期间，就凭借良好的中文以及善于同中国官员打交道的特长与广东巡抚柏贵等建立了良好的私人关系，并由此掌握到许多重要情报，如第二鸦片战争打响后咸丰皇帝对各国公使进驻北京的态度、在天津一带阻挡英法联军的主力是僧格林沁所部等，赫德把些汇报上去，显示出他的情报工作能力。这样一个人，又怎能指望他去维护中国人的利益？

中国官员对赫德评价甚高，说到底看中的是他的专业特长，认为他有本事，税收得多。但是，关税的增收并不是赫德个人的功劳，国门被打开，外国商品如潮水般涌入，面对疯涨的口岸数量和倍增的税基，多收关税是完全应该和正常的，清政府佩服赫德，只能说自己无能，一些可以做好也能做好的事，他们也已经做不好了。

三、靠借外债过日子

咸丰三年（1853 年）上海闹起"小刀会"，上海道台（又称苏松太道）吴健彰向上面报告说，准备雇佣 3 艘英美舰船助剿，经与外方交涉，谈妥佣金为 13000 银元，上面说这个办法很好，但是没有钱，你自己想办法。

换成一般人就拉倒了，但这位前面已提到过的吴健彰其实不是"一般人"。吴健彰出身贫寒，后入广州"十三行"当杂役，比较会看眼色，又练得一口流利的英语，擅长跟外国人打交道，因为勤奋和会来事成为行商和买办，后携巨款到上海从事鸦片走私和茶叶贸易。有了钱，他多次花钱捐纳，先捐了个监生，后来又捐到候补道，在与洋人打交道的过程中显示出能力，被朝廷认为是"通夷之才"，实授上海道兼上海海关监督。

从本质上说，吴健彰是个买办和生意人，所以雇船的事难不倒他，他向上面提出，由他出面向上海的外国洋行借款，之后再还本息。报告打上去，江苏巡抚、两江总督都不敢做主，因为这还没有先例，报告又打到了朝廷，户部也不敢做主，一直报到了咸丰皇帝那里，咸丰皇帝朱批："奏均悉，自应如此办理。"吴健彰不知道的是，他经办的这笔不足2万银元的生意象征意义巨大，后来发展成了10多亿两的"大生意"，因为它是清政府对外借债的起源。

太平天国起义期间，原有的财政制度已无法照常执行，先是各省不按规定及时奏销，往往先斩后奏，为了"剿匪"朝廷只得默认了。后来应该协解他省的也不再按时协解，理由是本省的钱也不够支用，朝廷也默认了。再后来更严重的事件发生，协解的京饷路过有的省，竟然被强行截留，如咸丰二年（1852年）有4万两京饷从湖南经过，曾国藩将其扣下，之后奏称自己正招募湘军，急需这笔钱，朝廷还能说什么，只得默许；咸丰三年（1853年）有7万两银子从安徽过境，安徽方面也如此效法，将其扣留。

非常时期，负责中央财政的户部非但不能、也无力追究这些事，还得为这些地方督抚打圆场，说他们也是"艰难险阻之中，力求通变权宜之法"。但这么干下去岂不彻底乱了套？所以朝廷又一再重申财经纪律，尤其是京饷，再三强调各省必须每年"将库款尽数报拨解部"，至于地方上的困难，朝廷允许"就地自筹"。

有了默许，各地都大显神通，利用一切手段筹钱，像吴健彰这样向外国人借债就是其中之一。咸丰四年（1854年）广东发生天地会"红巾军"起义，两广总督叶名琛向广州的美商旗昌洋行借款26万两"以助军饷"；咸丰七年（1857年）闽浙总督王懿德为镇压福建"小刀会"起义，向福州英商借款50万两。

外国洋行敢把钱借给这些地方督抚，因为他们不担心这些钱还不了，一来他们有本国政府撑腰，而这些地方督抚最怕的就是洋人，不敢不还；二来这些借款都有抵押，比如王懿德的借款，签订协议时就明确"以本埠及其他贸易港口的关税为担保"，当时清政府的关税还没有统一，各通商口岸的海关还在地方督抚手里。有海关的地方，官员们发现这真是个好东西，不仅是地方上的一个财源，而且还可以拿来抵押贷款，而没有海关的就拿厘金去抵押借款，拿现在银行的说法就是收费权抵押，在同治三年（1864 年）之前，清政府所借外债情况如表6.6。

表 6.6　　　　　　　　　　　　　1864 年前清政府外债表

借项名称	起债时间	债权者	款额（库平银：两）
上海洋商借款	1853 年 3 月至 1854 年 4 月	上海洋商	127728
广东旗昌洋行借款	1854 年 7 月	美商旗昌洋行	260000
福建借款	1857 年 5 月 2 日	福建英商	500000
广东旗昌洋行借款	1858 年 10 月 7 日	美商旗昌洋行	320000
苏松太道借款	1861 年 12 月	英商怡和洋行	91241
福建借款	1861 年底至 1862 年	福建厦门英商	404880
江苏借款	1862 年 3 月	上海英商	187044
苏松太道借款	1862 年 4 月 13 日	英商怡和洋行	182482
苏松太道借款	1862 年 5 月 2 日	英商阿加剌洋行	264964
福建借款	1862 年 5 月	福建厦门英商	100000
苏松太道借款	1862 年 7～8 月	上海法商惇裕银行	273720
苏松太道借款	1862 年 12 月	英商阿加剌洋行	91241
英国借款	1863 年 5 月	英国	150000
上海借款	1863 年 5 月		120000
江苏借款	1863 年 6 月	上海洋商	217452
江苏借款	1863 年 11 月	上海美商银行	146674
遣散"阿思本舰队"借款	1863 年 11 月		375000
福建借款	1864 年 3 月	福州、厦门洋商	270000
江苏借款	1864 年	上海美商洋行	80990
福建军需借款	1864 年 11 月至 1865 年 1 月		300000（番银）

资料来源：许毅，《清代外债史论》，中国财政经济出版社，1996。

套牢中国：大清国亡于经济战

以上借款大多数是各地方经办的，后来清政府统一了海关，相应的把用关税作抵押借外债的权力也上收了，但清政府随后发现这其实并不是一件好事。

同治元年（1862年）陕西发生回民起义，后在陕甘总督左宗棠的进剿下向西退守，这次起义最后虽然也被镇压下去了，却引起新疆各地豪强趁乱而起，伊斯兰教白山派首领马木提艾来木占据喀什噶尔称王，后被柯尔克孜族部落头目司迪克替代，同治六年（1867年）新疆冒出来一个"洪福汗国"割据称王。此事在朝廷内部引起了一场大讨论，李鸿章当时正力主发展海军，主张海防优先；左宗棠主张收复新疆，塞防优先，这场讨论其实并没有分出明显胜负，朝廷虽然肯定了左宗棠的看法，但也拿不出充足的军费供他去平乱。

左宗棠深知军费是困扰朝廷决策的唯一原因，对于军费支出他进行了精确测算，他认为入疆平叛至少得8万人马，每一名军人、每一匹马每日需要的粮草是多少、路上运输得消耗多少、是用毛驴还是骆驼驮还是用车拉省钱，这些他都进行了详细测算，最后得出的军费需要求是800万两，为保险起见上报朝廷是1000万两。此事关乎社稷，朝廷咬了咬牙，承诺了500万两，剩下的"敕令允其自借外国债五百万"。

有了"政策支持"左宗棠就去找了著名的"红顶商人"胡雪岩，通过他联系上汇丰银行，经过多轮磋商，双方就利息、期限、偿还方式等细节达成一致，经胡雪岩之手左宗棠先后向汇丰银行、丽如银行等6次借款，本息合计1870万两之巨，远远超过核准的500万两的规模。

这次"西征借款"影响很大，之所以规模上有了突破，一来是左宗棠入疆平叛实际军费支出浩繁，他入疆作战的主力是楚军，原有2万人，后扩充到4万人，有人测算过仅军饷一项在入疆作战的几年里就高达1254万两，原有的测算过于乐观；二是借款的利息太高，这6笔借款的年息普遍在10%以上，最高达18%，见表6.7。

不仅利息高，折扣也很大。所谓折扣，就是借款的发行费用，向银行借款，银行借的通常也不是自己的钱，而是现发债券，等于替你发债，这里面

表 6.7 　　　　　　　　　　　左宗棠"西征借款"一览表　　　　　　　　　　单位：两

借款名	利息率（%）						期限
	中国借款所付		借款经手人所报		洋商或洋行贷出		
	月息	年息	月息	年息	年息		
1867 年 4 月第一次上海洋商 1200000	1.5	18	1.3	15.6	8		半年
1868 年 1 月第一次上海洋商 1000000	1.5	18			8		10 个月
1875 年 4 月第三次丽如银行 2000000		10.5		10.5	10		3 年
怡和银行 1000000		10.5		10.5	10		
1877 年 6 月第四次汇丰银行 5000000	1.25	15	1	12	10		7 年
1878 年 9 月第五次汇丰银行 1750000	1.25	15	1.25	15	10		6 年
1881 年 5 月第六次汇丰银行 4000000		9.75		9.75	8		6 年

资料来源：沈其新，《左宗棠"西征借款"试析》，《兰州学刊》1986 年第 6 期。

就有手续费支出，所以要打折扣。当时国际金融市场上借款一般是九七折，而中国借款通常是九三折甚至九折，你借 100 万两，将来归来的本金也是这么多，但实际上拿到手的只有 90 万 ~93 万两，还没用就亏了一大笔。

最后一笔"西征借款"办完，有个英国人告诉清政府驻英公使曾纪泽，在英国国内如果承办此类借款，通常的月息不过 3.5 厘，最多不过 4 厘，也就是年息在 4.2% ~4.8% 之间，曾纪泽听后大为震惊，在日记中写道："奸商谋利，病民蠹国，虽藉没其资财，罪以汉奸不为过也！"曾纪泽是曾国藩的儿子，左宗棠是他的前辈，他不愿深究。然而纸里包不住火，还是有人把这件事捅了出来，朝廷命两江总督曾国荃去查，曾国荃自己干过焚烧天京城、截留太平天国财物的事，明白其中的"潜规则"，调查了一下，上报"因公支用，非等侵吞"。朝廷不信，又派人查，这件事弄得没完没了，左宗棠死后还在查他的部将，胡雪岩被查得倾家荡产。

左宗棠收复新疆是一件有功于社稷的伟业，不过这次"西征借款"的确也办得让人起疑，是他与胡雪岩等人借机中饱私囊，还是不了解外国的情况被人坑了，个中原委已无从确证，左宗棠一直喊委曲，也让他与李鸿章彻底决裂，临死前还大骂李鸿章祸国。

对外国洋行和银行来说，他们愿意向中国政府借款，因为这些借款无风险、有抵押，利息又特别高，这样的"贷款项目"并不好找，以后各国商人还为向中国方面借款而经常发生争执，谁要是没争到，都要搬本国政府来施压。据统计，从清政府统一海关到甲午战争前，清政府共向外国借款4600万两，这些借款基本上都用关税进行了抵押，利息也都很高，让许多外国的商行和银行发了财，但这也仅仅是个开头而已。

四、巨资打造的"形象工程"

李鸿章反对"塞防"，他力主的是"海防"，认为海防的形势很严峻，除了英美等国，日本新近崛起，对中国的危害更大。

明治维新后的日本国力迅速上升，随后立即加入到侵略中国的行列中，而美、英等国出于对日本的战略定位，对其侵华行为也给予支持。同治十三年（1874年）5月，在美国帮助下日本出兵3600多人入侵中国台湾，屠杀高山族同胞，清政府无力救援，被迫与日本签订了《北京专条》，根据条约，日军限期从台湾撤退，清政府赔偿50万两，并承认琉球为日本保护国。

日本的崛起和侵略意图引起中国人的警惕，李鸿章等人疾呼要赶紧建立自己的海军。同治十四年（1875年）5月，清政府任命林则徐的女婿沈葆桢为南洋大臣，任命直隶总督李鸿章兼任北洋大臣，负责筹建南北洋北师。根据当时的权力构成，南北洋大臣归总理衙门，此时的首席总理大臣仍为奕䜣，筹建两洋水师每年的经费是400万两，来自关税和厘金收入。

根据清政府的海军建设规划，未来至少要打造3支舰队：北洋水师负责山东及以北的黄海水域，南洋水师负责山东以南及长江以外的东海水域，福建水师负责福建和南海。沈葆桢提出"外海水师以先尽北洋创办为宜，分之则难免实力薄而成功缓"，于是朝廷决定先创建北洋水师，待其实力雄厚时"以一化三，变为三洋水师"。

同治十四年（1875年），北洋水师在山东威海的刘公岛立军，当年李鸿章即通过总税务司赫德在英国订造了 4 艘炮船，拉开了大规模购舰的高潮，到 19 世纪 80 年代，这些舰船纷纷回国，其主力舰艇包括表 6.8 所列舰只。

表6.8　　　　　　　　　北洋水师主力舰艇

舰名	舰种	排水（吨）	马力	航速（节）	火炮（门）	鱼雷（枚）	乘员（人）	管带	制造地	下水（年）
定远号	铁甲舰（旗舰）	7335	6900	14.5	22	3	331	刘步蟾	德国	1882
镇远号	铁甲舰	7335	7200	15.4	22	3	331	林泰曾	德国	1882
来远号	装甲防护巡洋舰	2900	4400	15.5	14	2	202	邱宝仁	德国	1887
经远号	装甲防护巡洋舰	2900	4400	15.5	14	4	202	林永升	德国	1887
致远号	穹甲防护巡洋舰	2300	7500	18	25	4	202	邓世昌	英国	1886
靖远号	穹甲防护巡洋舰	2300	7500	18	25	4	202	叶祖珪	英国	1886
济远号	穹甲防护巡洋舰	2300	2800	15	18	4	204	方伯谦	德国	1883
平远号	岸防铁甲舰	2100	2400	14.5	11	1	145	李和	福建	1889
超勇号	撞击巡洋舰	1350	2400	15	18	3	135	黄建勋	英国	1881
扬威号	撞击巡洋舰	1350	2400	15	18	3	135	林履中	英国	1881
镇东号	炮舰	430	350	10	3	—	55		英国	1879
镇西号	炮舰	430	350	10	3	—	54		英国	1879
镇南号	炮舰	430	350	10	3	—	54	蓝建枢	英国	1879
镇北号	炮舰	430	350	10	3	—	55	吕文经	英国	1879
镇中号	炮舰	430	350	10	3	—	55	林文彬	英国	1881
镇边号	炮舰	430	350	10	3	—	54		英国	1881

光绪十四年（1888 年）12 月颁布《北洋水师章程》，分船制、官制、升擢、事故、考校、俸饷、恤赏、工需杂费、仪制、钤制、军规、简阅、武备等 14 章，规定了舰队的编制和管理方法，此时北洋舰队拥有大小军舰 25 艘、辅助军舰 50 艘以及运输船 30 艘，官兵 4000 多人，被认为是东亚第一舰队，可以在世界海军舰队中排在第 9 位，还有人甚至说可以排在第 6 位。

在采购这些军舰过程中，赫德又发挥了他独特的影响力，北洋舰队的主力舰中至少有 12 艘是经过他手采购的，甚至一些英国人对他都产生了疑虑，赫德向他们解释说，自己推荐购买的都是那些吨位和作战能力无法对英国远东舰队构成威胁的舰只。

19世纪60年代，时任闽浙总督的左宗棠在福建创建马尾船厂，同时创办了一所海军军官学校，即福州船政学堂，北洋舰队各舰舰长和高级军官大多来自该学堂，有的还在英国海军中见习过，所以大多都能说一口流利的英语。水师提督丁汝昌早年参加过太平军，后归湘军和淮军，深得李鸿章器重。

当年"阿思本舰队"组建，阿斯本和第一任总税务司李泰国为舰队设计了一面旗帜，三角、黄底，上有用羽纱镶嵌的青色五爪飞龙，龙头向上，此旗被北洋舰队采用成为军旗。以后李鸿章参与许多外交活动，看到别的国家都有国旗而中国没有，感到很尴尬，奏请慈禧太后，请求颁发一面能代表大清国的旗帜，慈禧太后让李鸿章设计，李鸿章呈上了几种方案，其中一个就是北洋舰队的这面黄龙旗，不过依据国际惯例改成了四角形，此方案被慈禧太后选中，成为大清国的"国旗"。

除了旗帜，北洋舰队还创作了军歌，据《北洋水师章程》，定远和镇远两艘铁甲舰人员编制中还有数量不等的海军陆战队及军乐队，其中军乐队大都由十六七岁的孩子组成，称为乐童，他们穿着专门礼服，使用中式的乐器演奏军乐和凯歌，北洋舰队的军歌歌词如下：

宝祚延庥万国欢，景星拱极五云端。
海波澄碧春辉丽，旌节花间集凤鸾。

北海洋舰队成军后，的确产生了一定的"威慑力"，中国的周边难得消停了几年，但形势稍一好转，有人对北洋舰队还要不要这么"烧钱"下去提出了质疑。光绪十四年（1888年）户部尚书翁同龢提出北洋水师以后不再添置新的舰炮和军火，北洋水师不仅军备采购被叫停，日常经费都时常出现困难，那时候船舶的动力主要来自燃煤，北洋水师的煤依赖开平煤矿，该矿经常拿一些劣质煤充数，丁汝昌给开平煤矿总办张翼写信说"煤屑散碎，烟重灰多，难状气力"，但张翼根本不理会。丁汝昌想发作，打听张翼跟荣禄等朝廷大员关系非同一般，而开平煤矿的股东里更是"大牌云集"，丁汝昌也没了脾气。丁汝昌还向朝廷提出在主要舰船上配置速射炮，以抵消日舰速射炮的优势，预算 60 万两，报告打到户部，没有下文。

腐败、掣肘、权争，这些官场恶习侵蚀着北洋舰队的战斗力，真打起仗来北洋舰队还能排第几？这个估计没有多少人去细想，但有些外国人对此看得很明了，就在户部提出北洋舰队停止采购新舰的这一年，伊藤博文出使中国，回去后谈到对中国军队的印象："虽此时外面于水陆军俱似整顿，以我看来，皆是空言。缘现当中法战事甫定之后，似乎发奋有为，殊不知一二年后，则又因循苟安，诚如西洋人形容中国所说又'睡觉'矣。"

北洋水师的官兵未必都在"睡觉"，但"表面风光，其实沧桑"已成其真实写照。光绪十二年（1886 年）丁汝昌率"定远""镇远""济远"等 6 艘军舰前往朝鲜东海岸海面操演，后奉命前往海参崴接当时参加中俄关于吉林东界勘定谈判的代表吴大澂，铁甲舰长途航行需要上油、修理，李鸿章命"定远""镇远"等 4 艘舰前往日本长崎大修，不料竟酿成一场骚乱，个别中国水兵跑到妓院寻欢，与日本警察发生冲突。《长崎快报》报道说："有一群带有醉意的水兵前往长崎一家妓馆寻乐，因为发生纠纷，馆主前往警察局报告。一日警至，已顺利将纠纷平静，但由于中国水兵不服，不久乃有 6 人前往派出所论理。非常激动，大吵大闹，引起冲突。日警 1 人旋被刺伤，而肇事的水兵也被拘捕，其他水兵则皆逃逸。"

光绪十七年（1891 年）俄、日矛盾加剧，日本与中国之间的关系暂时缓和，日本邀请北洋舰队访日，以示拉拢中国对抗俄国，同时顺带摸一下北洋舰队的底，丁汝昌又率"定远""镇远"等 6 艘主力舰先后到访了马关、横滨等地。鉴于上次出访闹出的风波，此次李鸿章特意强调要加强军纪，1891 年 7 月 8 日的《东京朝日新闻》以《清国水兵现象》为题报道了参观北洋舰队的感受：

登上军舰，首先令人注目的是舰上的情景。以前来的时候，甲板上放着关羽的像，乱七八糟的供香，其味难闻之极。甲板上散乱着吃剩的食物，水兵语言不整，不绝于耳。而今，不整齐的现象已荡然无全；关羽的像已撤去，烧香的味道也无影无踪，军纪大为改观。水兵的体格也一望而知其强壮武勇。

惟有服装仍保留着支那的风格，稍稍有点异样之感。军官依然穿着绸缎的支那服装，只是袖口像洋人一样饰有金色条纹。裤子不见裤缝，裤裆处露出缝线，看上去不见精神。尤其水兵的服装，穿着浅蓝色的斜纹布装，几乎无异于普通的支那人。只是在草帽和上衣上缝有舰名，才看出他是一个水兵。

在此次出访中，丁汝昌的一位幕僚也写下了对日本海军的感受："今夫与日本之海军力比较，当在伯仲之间，然日本年购大舰，月增强盛。我若安于目前之海军，不讲进取之术，将来之事未易遽言。"谁也没想到是，这位幕僚笔下的"将来之事"来得竟这么快。

摸清了清朝水师实力的日本，于光绪二十年（1894 年）9 月 17 日在黄海主动向北洋舰队的主力发起了进攻，从当日上午 8 时开始，只用了 5 个小时北洋舰队的主力舰"致远""经远""超勇""扬威"号便被击沉，其余多舰受伤，"广甲"号触礁后自毁，死伤官兵 1000 多人，日本虽有多艘战舰受伤，但未沉一艘。

在这场"黄海之战"中，清政府巨资打造的北洋舰队严重受挫，其他舰船被迫退入威海卫，黄海的制海权落入日本海军之手。

五、更贪婪的侵略者

"黄海之战"发生的背景是朝鲜战争，当时朝鲜爆发了起义，朝鲜亲华政府向清政府请求出兵，清政府派直隶提督叶志超、太原镇总兵聂士成率淮军精锐 2000 人于光绪二十年（1894 年）6 月 6 日在朝鲜牙山登陆，还没有经过战斗，这场起义就以和平方式结束了，朝鲜政府与起义军达成了和解协议。

一直对朝鲜很有想法的日本觉得这是个机会，于是也派兵进入朝鲜，经过不断增兵，总兵力达到 8000 多人。朝鲜政府提出中、日两国撤兵，日本提出中国军队先撤，中国提出中、日同时撤，就这样打起了外交战，而日本一边搞着外交，一边悄悄地做着战争准备。

7 月 23 日凌晨，经过精心准备的日军突袭汉城朝鲜王宫，挟持朝鲜国王李熙，解散了朝鲜的亲华政府，扶植李熙的生父兴宣大院君李昰应摄政，唆使他断绝了与清政府的关系。2 天后日本不宣而战，在朝鲜丰岛海面袭击清军运兵船"济远"和"广乙"号，还将清军借来运兵的英国商轮"高升"号击沉。8 月 1 日，中日双方正式宣战。

同年发生的"黄海之战"是中日军事交锋的转折点，在此之前中国人心目中的主要对手还是英、法这些传统欧洲国家，对于日本的实力和侵略性大多数人并没有清醒的认识，这时大家才发现，原来一直被自己看不上眼的日本，实力不输于欧美强国，而侵略的本性更强烈。

"黄海之战"后的次月，日军进攻中国的九连城和安东县，只用 3 天时间就摧毁了 3 万清军驻守的鸭绿江防线，紧接着占领了北洋舰队的重要基地旅顺口，制造了旅顺大屠杀惨案，4 天之内屠杀中国居民 2 万多人。光绪二十一年（1895 年）1 月，日军向山东威海卫发起进攻，2 月 3 日占领威海卫城，北洋舰队所在地刘公岛成为孤岛，3 月 17 日刘公岛陷落，北洋舰队全军覆没。

中日间的这场战争即"甲午战争"。左宗棠西征后清政府财政已无力去支撑任何一场大的战争，清政府为甲午战争支出的军费大约是 5800 万两，这些军费里绝大多数都是借来的（如表 6.9）。

表 6.9　　　　　　　　　　甲午战争战费借款表

| 年月 | 借款名称 | 款　额 | | 年利率（%） | 折扣（%） | 期限（年） | 担保 |
		借额	实收额				
1894 年 9 月	上海洋商借款	规元 5000000 两（库平银 456204 两）	规元 5000000 两（实收 456204 两）	7		20	关税
1894 年 11 月	汇丰银款	库平银 10000000	库平银 9945255 两	7		20	关税
1895 年 1 月	汇丰镑款	英金 3000000 镑（库平银 18653962 两）	英金 2865000 镑（库平银 17118871 两）	6	95.5	20	江苏盐厘
1895 年 6 月	瑞记借款	英金 1000000 镑（库平银 6217987 两）	英金 960000 镑（库平银 5736166 两）	6	96	20	盐课

套牢中国：大清国亡于经济战

年月	借款名称	款 额		年利率（%）	折扣（%）	期限（年）	担保
		借额	实收额				
1895 年 6 月	克萨镑款	英金 1000000 镑（库平银 6217987 两）	英金 955000 镑（库平银 5716166 两）	6	95.5	4	厘金
合 计	按库平银计	41546140 两	38962786 两				

资料来源：徐义生，《中国近代外债史统计资料》，中华书局，1962。

在这场中日战争中，陆上的清军节节溃退，这倒也不让人震惊，而号称海上无敌的北洋舰队竟然也不堪一击，惊呆了国人。慈禧太后不敢再打了，她想跟日本人和谈，做这种事恭亲王奕䜣最擅长，只是 10 年前已被她夺去了实权，慈禧太后放下架子，重新请奕䜣回来主持总理衙门，让他负责谈判。奕䜣出面请求英国联合美、俄两国调停这场中日战争，并派天津税务司德国人德璀琳（Detring Gustavvon）做代表到日本商谈。

军事上的节节胜利刺激了日本人，日本军部制定了"直隶平原作战计划"，攻击山海关的军队已整装待命，他们准备发起更大规模的军事进攻，直捣北京，消灭清政府，但已任日本首相的伊藤博文反对这个计划，理由有二：一是欧美列强在中国都有利益，日本向中国发起全面进攻，将损害这些国家的利益，到那时它们就会联合起来反对日本，被欧美国家欺负了很多年，日本对欧美各国一向敬畏有加，他们的态度日本不能不考虑；二是即使不考虑欧美的态度，但消灭满清政府后，以日本的实力无法立即有效控制和管理中国，中国将陷入混乱和割据，这其实对日本也不利，到那时找一个合法的勒索对象都不可能了。

所以，出于战略利益的考虑日本也同意和谈，只是德璀琳到日本后，日本人拒绝和他谈，要求清政府派"具有正式资格的全权委员"来。清政府随后派户部侍郎张荫桓、湖南巡抚邵友濂为全权大臣赴日求和，日本人仍认为"全权不足"，将其驱逐回国，伊藤博文亲自点名要恭亲王或李鸿章来当全权代表。

第六章 史上最激烈的变法

慈禧太后获悉日本人的条件后，立即召直隶总督兼北洋大臣李鸿章入京，任命他为全权代表赴日议和。光绪二十一年（1895年）3月13日，李鸿章以头等全权大臣的名义率100多人的使团前往日本马关，与日本首相伊藤博文、外务大臣陆奥宗光进行谈判。日本提出的主要条件包括：确认朝鲜独立；中国向日本赔偿军费3亿两；中国割让台湾岛及其附属岛屿、澎湖列岛、辽东半岛给日本；中国向日本开放北京、沙市、重庆、苏州、杭州、湘潭和梧州等七处为通商口岸；日本拥有长江、西江、吴淞江及运河等内河航行权。尽管行前已有充分的思想准备，但这些条件仍让李鸿章感到震惊，他一面奏报朝廷，一面对朝鲜独立之外的条款向日方逐条驳回。

但主动权已完全不在中国一方，经过6轮谈判，光绪二十一年（1895年）4月17日李鸿章代表清政府与日本在马关签订了《中日马关条约》，主要内容包括：中国承认朝鲜独立；割让台湾岛及其附属岛屿、澎湖列岛、辽东半岛给日本；赔偿日本2亿两白银；开放沙市、重庆、苏州、杭州为通商口岸；允许日本人在通商口岸开设工厂。

根据各国在华享有的片面最惠国待遇，其他各国自动获得了除战争赔款和割地以外的其他各项权力，等于是列强的又一次集体胜利。但是，这时俄国正在中国辽东半岛扩充力量，《马关条约》的签订阻碍它向中国东北伸张势力，于是联合法、德国两国进行干涉，日本不得不放弃辽东半岛，但提出中国以3000万两白银将其"赎回"。这样，甲午战争后日本一共勒索了中国2.3亿两白银。

《马关条约》签订的消息传到台海和澎湖，"若午夜暴闻惊雷，惊骇无人色，奔走相告，聚于市中，夜以继日，哭声达于四野，风云变色，若无天地"。民众鸣锣罢市、涌入省府，抗议朝廷的割台行为，台湾著名诗人丘逢甲写下血书"抗倭守土"，并带头联名致电清廷，表示"桑梓之地，义与存亡"。《马关条约》签订2个月后，清政府全权代表李经方与日本委任的"台湾总督"桦山资纪在基隆海面的日军舰上完成台湾的交接手续，但台湾人民则以"台湾民主国"的名义在岛上与日军展开长时间的殊死斗争。

关于战争赔款的偿付时间，《马关条约》有严苛的规定，要求全部赔款分

作 8 次交完:

第一次五千万两,应在本约批准互换六个月内交清。

第二次五千万两,应于本约批准互换后十二个月内交清。

余款平分六次,递年交纳,其法列下:第一次平分递年之款于两年内交清,第二次于三年内交清,第三次于四年内交清,第四次于五年内交清,第五次于六年内交清,第六次于七年内交清;其年分均以本约批准互换之后起算。

又第一次赔款交清后,未经交完之款应按年加每百抽五之息;但无论何时将应赔之款或全数或几分先期交清,均听中国之便。

如从条约批准互换之日起三年之内能全数清还,除将已付利息或两年半或不及两年半于应付本银扣还外,余仍全数免息。

2 亿两赔款 7 年内交清,"赎辽费"3000 万两一次交清,第一次赔款交清后"未经交完之款"每年按 5%付息。除此之外,日本还在威海卫驻军,以"保证"赔款顺利交付,而驻军费每年 50 万两也须清政府买单。如此大的胃口,如此精确的算计,让中国人彻底领略了日本人的手段。

李鸿章去日本前,海关总税务司赫德向他提了一个建议,赫德说"对于其他条件,我提不出什么意见,关于赔款问题,请设法使日方同意分若干年摊付,这样中国政府就不必负担外债了。日本人可能要两万万两,如果分十年摊付,海关能够支付"。后来听说赔款分 7 年支付,赫德在给总税务司驻伦敦办事处的电报中说:"事情弄糟了,李鸿章应该能做到分 10 年摊付,那样就可以使中国免受 40 年的奴役,节省 5000 万英镑!"

不管这是不是赫德在故意"卖好",但对清政府来说从财政里挤出 2 亿多两,别说 7 年、就是 70 年也办不到,靠加税、加捐拼命去搜刮也办不到,那就只剩下一个办法了,借款。《马关条约》签订后,清政府就成立了筹措借款委员会,派恭亲王奕诉等人办理借款事宜,从 1895~1898 年,清政府先后向俄、法、英、德等四国进行了 3 次集中借款,分别如表 6.10 所示。

表 6.10　　　　　　　　　　　　　甲午赔款借款表

年月	借款名称	款 额		年利率（%）	折扣（%）	期限（年）	担保
		借额	实收额				
1895 年 7 月	俄法借款	400000000 法郎（98968370 两）	3765000000 法郎（90517517 两）	4	94.125	36	关税
1896 年 3 月	英德借款	16000000 英镑（97622400 两）	15040000 英镑（91425152 两）	5	94	36	关税
1898 年 2 月	英德续借款	16000000 英镑（112776780 两）	13280000 英镑（80727078 两）	4.5	83	45	苏州、松沪、九江、浙东货厘，宜昌、鄂岸、皖岸盐厘
总计（库平银）		309367550 两	262669747 两				

资料来源：中国人民银行参事室，《中国清代外债史资料》，中国金融出版社，1991。

赔款才 2.3 亿两，为什么要借 3.09 亿两？一方面是因为日本的赔款有利息，只得多借；另一方面借款有折扣，3 笔借款中有 2 笔打了九四折，有 1 笔竟然打了八三折，这样实收款只有 2.63 亿两。上述 3.09 亿两借款的年利率在 4%～5% 之间，期限长达 36～45 年，所以利息也很惊人，高达 2.5 亿两以上。

这几次借款都以关税、厘金作担保，设置了苛刻的担保条件。如在俄法借款中，提出以中国海关税收及存票为抵押，合同规定"中国政府决不以任何名义、任何利益，关于中国境内税收之行政及管理事项让与任何一国，若中国政府对于列强之中任何一国给以此种利益，则此利益，俄国亦就参与"，在英德续借款合同中规定"在 45 年内中国不得提前还清此款，不许借别国债来还此债"，还规定"此款未还清前，海关总税务司之职仍由英国人担任"。

对日本来说，一笔巨款从天而降，发了大大的"横财"，除了巨额战争赔款，日本还从中国、朝鲜掠夺了各种物品，包括舰船、武器和大量金银货币等，有人估算约 5.1 亿日元。2.3 亿两白银才折合 3.6 亿日元，也就是说日本掠夺走的其他财富远远超过了战争赔款，对此，日本学者加藤佑三在《东亚近代史》中说：

如按明治二十八年（1896 年）的财政收入计算，这笔赔款相当于 4 年零 2 个月的财政收入。这意味着中国对日本的战争赔款数额之大，以至于即使日本人全都不工作，他们也能够在生活水平不降低的前提下过上三四年。

日本当时国库年收入不过 8000 万日元，仅 3.6 亿日元的赔款就是天量的财富，又由于战胜了中国，日本在国际上的"信誉"大增，各种资本竞相输入，到 1903 年时至少有 1.9 亿日元的外资涌入日本。

有一个说法，说日本政府把甲午战争赔款全部用到了教育上，促进了日本的进一步腾飞，这个说法其实不靠谱。的确，日本拿到这笔巨款后，立即制定了《教育基金特别会计法》和《考试基金法》，用甲午战争的赔款作为发展教育的补助费用，如增加市镇村立小村的设备费用及教育奖励费，通过了"市町村立小学教育费国库补助法案"，创立了京都帝国大学、第二高等学校、高等工业学校、高等农业学校等，这些使日本的教育水平有了突飞猛进的提高，日本学龄儿童就学率在甲午战争前夕是 58.7%，1896 年即提高到 64.2%，1900 年猛增到 81.5%，1912 年达到了 98.2%，几乎消灭了文盲。

但是，日本用到教育上的甲午战争赔款仅有 1000 万日元，占比不到 3%。1896 年 3 月日本政府为管理对清朝的战争赔款和赎辽费设立了特别会计法，要求对赔款进行专项管理并将结果公布，到 1902 年末相关统计数字已基本明确。

收入部分：总收入为 3.6451 亿日元，包括战争赔款 3.1107 亿日元，赎辽费 4491 万日元，运用赔款赢利 853 万日元。

支出部分：总支出 3.6081 亿日元，余额 370 万日元，支出主要包括甲午战争时日方军费 7896 万日元、扩军费用 2.2606 亿日元（陆军 5680 万日元，海军 1.3926 亿日元，军舰鱼雷艇补充基金 3000 万日元）、建钢铁厂 58 万日元、运输通信费 321 万日元、台湾经营费补助 1200 万日元、皇室专款 2000 万日元、防灾基金 1000 万日元、教育基金 1000 万日元。

也就是说，84.5％的战争赔款被用在了战争费用和战后的扩军方面，这使得日本的陆军从战前的 6 个师团增加到战后的 12 个师团，海军舰艇的吨位数从 5 万吨猛增至 25 万吨，日本的军力翻番式地增长，进一步拉开了与中国的差距，助长了其今后进一步侵略中国的野心。

扩军不仅刺激了日本军事工业的迅猛发展，也带动了民用工业的进一步腾飞，依靠战争期间从中国掠夺的财富和从战争中获得的赔款日本完成了"殖产兴业"计划，战前日本还处在产业革命的初期，战后日本逐步建立起了以造船、钢铁、机械制造等为主的重工业体系，加上轻纺工业的发展，初步形成了资本主义扩大再生产的体系，以极快的速度完成了产业革命，实现了对欧美发达国家的追赶。

从甲午战争前的 1893 年到战争后的 1903 年，这 10 年是日本经济发展最为迅猛的时期，各项工业发展指标都在大幅度提高：公司总数由 2844 家增至 8895 家，增长了 2.31 倍；投资总额由 2.45 亿日元增至 9.31 亿日元，增长了 2.8 倍；雇用 10 人以上工厂总数由 3740 家增至 8274 家，增长了 1.19 倍；使用原动力工厂数由 675 家增至 3741 家，增长了 4.54 倍；日均开动纱锭数由 38.2 万锭增至 129 万锭，增长了 2.38 倍；铁路营业里程由 2039 英里增至 4495 英里，增长了 1.2 倍；轮船总吨数由 110250 吨增至 656745 吨，增长了 4.96 倍；出口贸易金额由 8971 万日元增至 28950 万日元，增长了 2.23 倍。

六、"四万万人齐下泪"

光绪二十一年（1895 年）4 月 20 日，在《马关条约》上签完字的李鸿章怀着沉重的心情乘船回到中国，船停在天津大沽口，让人想不到的是，岸上没有抗议的人群，反而到处是锣鼓，军乐声声、礼炮轰鸣，这让随行的美国前国务卿科士达（John Foster）都感到了困惑，他在日记中写道：

他们对总督举行一个大的欢迎，好像他不是签订屈辱的合约，而是凯旋归来。大沽炮台鸣炮致敬，铁路沿线排列的军队举枪敬礼，管理们叩头致敬，表示完全的顺服，似乎整个天津到车站都在奏军乐、鸣礼炮来欢迎他。

科士达是李鸿章此次马关之行的顾问，也是中国使团的法律顾问。但码头热闹的情景无法消除李鸿章此时的悲伤、压抑和恐惧，吴永在《庚子西狩丛谈》里说，甲午战争一役使李鸿章"至一生事业，扫地无余"，此时的他已心力交瘁，签订《马关条约》虽是奉命之事，出使也是因为日方"点名"要他去的结果，但黑纸白字一旦落笔，他这个民族的罪人就当定了，熟悉朝争和党争的李鸿章知道下面会发生什么事，所以一到天津他就请了病假，不再出门。

《马关条约》的生效却无法阻挡，对中国人来说《马关条约》就是一记闷棍。震惊过后，当明白这一切都是真的，明白这一切都无法更改，中国社会炸开了锅，从各方面的反应来看，"体制内"与"体制外"却有所不同。

先说"体制内"。

光绪皇帝成人后，慈禧太后宣布退居颐和园，表面上光绪皇帝此时已经亲政了，作为大清国名义上的最高领导人，光绪皇帝当然知道条约的分量，也知道自己和国家都因为这个条约而事实上陷入了空前的危局。据《大清德宗景皇帝实录》的记载，光绪皇帝先是悲痛，"宵旰彷徨，临朝痛哭"，这时有人提出"废约再战"，光绪皇帝的不满和抱怨彻底迸发了："近自和约定议以后，廷臣交章论奏，谓地不可弃，费不可偿，仍应废约决战，以期维系人心，支撑危局，其言固皆发于忠愤，而于朕办理此事，兼权审处，万不获已之苦衷、有未能深悉者。"李鸿章躲着不来见，光绪皇帝对他也十分不满："身为重臣，两万万之款从何筹措；台湾一省送予外人，失民心，伤国体！"

光绪皇帝为什么愤怒？为什么对李鸿章有这么大的意见？因为他其实只是个没有实权的皇帝，许多军国大事并不是他决策的，有时他更像是个旁观者，事情是被"别人"弄砸的，而失地赔款的恶名却要他来背。

正在署理两江总督的张之洞，因为大办实业而出名，实力和影响力都上升得很快，他反对与日本乞和，在《马关条约》签订前曾提出过一个方案，向英国借巨款与日本作战到底，借款的条件是"以台湾作保"，并"许英在台湾开矿一二十年"，他认为这样英国人就会力保台湾，当然这个计划没有实施。《马关条约》签订，张之洞在得知这一消息的当天说："闻议和已定，种种可骇，从此中国不能自立，实属痛恨！"另一位重量级督抚刘坤一在致张之洞的电报里也说："朝廷任坤不能办贼，则徒俯乞和，款议各条，屈损实甚，无力回天，何地自容！"

震惊、悲痛、无地自容，这是朝廷重臣们普遍的心态，光绪皇帝的老师翁同龢在日记写道："无所补救，退，与高阳谈于方略馆，不觉涕洒横集也。"战前曾任驻大阪总领事的郑孝胥在日记中写道："闻之心胆欲腐，举朝皆亡国之臣，天下事岂复可问？惨哉！"第二天想到台湾被割让，又悲愤地写道："百万生灵如何处置？外洋能不生心，宇内亦将解体！"

那些爱国的知识分子反应更强烈，郑观应"痛哭椎胸"，连呼"痛哉"；严复在给朋友的信中说"金瓯既缺"，"中国之民长与身毒之民等尔"，每每想到这些，无不"中夜起而大哭，嗟乎，谁其知之"；谭嗣同写下了一首传播很广的悲愤诗："世间无物抵春愁，合向沧冥一哭休。四万万人齐下泪，天涯何处是神州？"大家把丧权辱国的罪责都发泄到李鸿章身上，痛斥李鸿章"苟无助之为恶者，亦必不能毫无忌惮，今乃明目张胆如此之横者，恃李鸿章与之狼狈为奸也"，还有人说李鸿章是日本人的内应，有的提出"杀李以谢天下"。

这些都是悲愤之情的宣泄，悲痛之后也有人进行了反思。战前中国舆论普遍认为，中国打英、美不行，打小小的日本不在话下，《申报》在一篇文章中写道："合五大洲而论，中国亦强大之国也。以五大洲中强大之国与东海区区一岛国相较，知其渺乎不足比数矣！土地之大，人民之众，物产之富奢十倍于倭、百倍于倭而已。"《申报》也发表过赫德的言论，他认为"现在中国除了千分之一的极少数人以外，其余999人都相信大中国可以打败小日本"。但结果是，中国被日本人打败了，败得而那么快、那么惨，这让人不理解，康有为的一番话代表了那时许多中国人的心声："夫以中国二万里土地，四万万之民，比于日本，过之十倍，而小夷嫚侮侵削，若刲羊缚豚，坐受剥割，耻既甚矣，理亦难解。"

对于战败的原因，有的人认为并非日本太强大，而是朝廷没有应对好，1895年1月《申报》发表了一篇题为《论用兵谋国当先审机料敌》的文章，认为战败的原因有三："一失于因循，不能自占先著；再失于粉饰，讳败而为胜；三失于将帅无人，兵士解体，而事遂不可为矣。"《申报》还发表文章说，战败主要是朝廷"不知选将之故"。但是，也有许多人认识到了与日本的巨大差距，对20多年来中国洋务运动的结果进行了反思，对日本明治维新更加关注，在"仇日"的同时也开始"师日"，对日本全面学习西方科技、文化、政治和军事的经验表示认同，《马关条约》签订的次年第一批中国赴日留学生便东渡日本，到1899年达到了200人，1901年为274人，1903年为1300人，1904年为2400人，1905年猛增至8000人。

再来说说"体制外"。

与"体制内"的痛思、反省和自强不同，"体制外"更多的是批判，革命的呼声越来越强烈。《马关条约》的签订不仅让民众进一步认识到清政府的腐败和无能，更让民众对其合法性提出了严重质疑，当时即有人提出："我国故大有人在，我君可欺，而我民不可欺，我官可玩，而我民不可玩！"

在对战败的反思中，认为清政府及其最高统治者因腐败而导致战败的观点十分普遍，据阿英《甲午中日战争文学集》，当时出现了不少联语讽刺和揭露慈禧太后，其一："万寿无疆，普天同庆；三军败绩，割地求和。"其二："何人持算盘盘错，当局枯棋著著难。"其三："台湾省已归日本，颐和园又搭天棚。"

上面讲的"万寿无疆"和"颐和园"，指的是慈禧太后在甲午战争期间大办寿诞庆典的事。光绪二十年（1894年）阴历10月10日是慈禧太后60岁寿辰，朝廷计划大办一次庆典。慈禧太后的行事做派处处模仿乾隆皇帝，乾隆皇帝晚年营建了颐和园的宁寿宫，以备将皇位传给儿子嘉庆皇帝后作为太上皇在此养老，慈禧太后5年前宣布"撤帘归政"，搬入了宁寿宫居住。乾隆皇帝过生日时搞过一次大典，慈禧太后想按照那次庆典的规模再搞一次，除了在皇宫和颐和园进行相关改造和布置外，还将在西华门到颐和园间几十里的大道旁搭建经坛、戏台、彩殿和牌楼等，据说整个庆典的预算高达3000万两。这个数字当然有些夸张，但费用肯定不少，丁汝昌当初申请更换速射炮未果，户部的理由就是钱要用来为"老佛爷"办庆典，这也成了慈禧太后"截留海军军费办寿诞"传说的由来。

生日还没到，中日战端已大开，许多庆典项目不得不停下，但仍然很豪华，生日这天日本人攻陷了大连，而北京的庆典却进入了高潮，慈禧太后照样升殿受贺、大宴宾客，并且接连赏戏 3 天，场面极为奢华，如此高调行事，又如此不合时宜，肯定会遭到世人的诟病。社会上还有传说，有人反对花这么多钱办一个寿典，慈禧太后发下话来："今日令吾不欢者，吾亦将令彼终生不欢！"慈禧太后说没说过这样话已经不重要，因为中国的惨败需要有人承担责任，相对于并无实权的光绪皇帝，慈禧太后想跑是跑不掉的。

除了愤怒的揭露，下层人民的反抗活动也更多了，既然政府不能为百姓带来安全感，大家就联合起来加入到大刀会、哥老会这样的秘密组织中，这一时期在北方地区出现了义和拳组织，势力发展得很快。在国破家亡面前，他们悲愤地呼喊"我民何罪，为此中国民！怕官吏如虎，民自视如鼠。慈哀思我后，后来吾其苏"，他们提出"扫清灭洋"的口号，目标直指清政府："天听震怒，命诸神降世，不分尊卑，普查人间。罪魁乃当今皇帝，业已后断无人，断子绝孙。满朝文武，花天酒地，纸醉金迷，难以言状，毫无悔过从善之心。"

北方地区的义和拳组织最终演化为轰轰烈烈的义和团运动，而城市里，也有大批以推翻清政府统治为目标的秘密社团，孙中山在檀香山主持成立兴中会是在 1894 年 11 月，这时《马关条约》还没有签订，他们便提出了"亟拯斯民于水火，切夫大厦之将倾"，发出"振兴中华"的呐喊，其后兴中会在誓词中明确提出了三大目标："驱除鞑虏，恢复中华，创立合众政府。"

七、"围园杀后"与流血变法

《马关条约》的消息传到北京时，清朝乙未科进士会试刚考完，参加考试的举子们正等待发榜，条约的内容也让他们极为震惊，来自台湾地区的举人更痛哭流涕。

广东籍举人康有为写成了 1.8 万字的《上今上皇帝书》，受到 18 省举人的响应，共有 1200 多人签名连署，光绪二十一年（1895 年）阴历 4 月 8 日，在康有为以及另一位广东籍举人梁启超的带领下，举人们与数千市民集中到都察院，要求将上书代奏光绪皇帝，古时以公车接送应试的举人，故称其为"公车"，这次上书即被称为"公车上书"，康有为在其自编的年谱中这样描述：

电到北京，吾先知消息，即令卓如（梁启超）鼓动各省，并先鼓动粤中公车，上折拒和议，湖南人和之……

各直省莫不发愤，连日并递，章满都察院……

时以士气可用，乃合十八省举人于松筠庵会议，与名者千二百余人，以一昼二夜草万言书，请拒和、迁都、变法三者……

遍传都下，士气愤涌，联轨察院前里许，至四月八日投递，则察院以既已用宝，无法挽回，却不收。

在这篇上书中康有为提出了富国、养民和教民等 3 个方面的 10 余条主张，富国方面的主张有，户部用精工造钞票、设官银行以扩充商务，建筑铁路、收我利权、设邮政，制造机器、轮舟、奖励新制造，发展、保护民营工业，开设矿学，选才督办、不滥用私人；养民方面有务农、劝工、惠商、恤穷；教民方面有分立学堂、开设报馆，"化导愚民，扶圣教而塞异端"。

这次上书虽因都察院拒为代奏而无果，却在社会上产生了极大影响，康有为、梁启超也声名大噪。发榜后康有为中进士，被授工部主事之职，立即又上书光绪皇帝，再次提出自己的主张，都察院代呈后被光绪皇帝看到，随后康有为不断上书，引起了光绪皇帝的注意，亲自召见，进行长谈。之后，康有为在北京发起筹组强学会，每 10 天集会一次，每次集会都有人宣讲"中国自强之学"。康有为还著《日本变政考》《日本书目志》等书，办《万国公报》《强学报》，梁启超任《万国公报》主笔，写了大量介绍西方政治、文化、科技方面的文章，同时宣传他们的主张。

这一时期各地所办学会组织有 60 多个，形成了"学会林立，万众沸腾"的局面，其中有北京的"强学会"、湖南的"南学会"等政治性很强的学会，也有上海的"农学会"、湖南的"法律学会"偏重于技术救国的学会，甚至还有"不缠足会""戒鸦片烟会"这样的社会改良学会，在这些学会和大量新出现的报刊鼓动呼吁下，维新变法的思潮逐渐形成。

到了光绪二十四年（1898 年），光绪皇帝命康有为条陈变法意见，康有为上《应诏统筹全局折》，并把自己新著的《日本明治变政考》《俄罗斯大彼得变政记》2 本书进呈光绪皇帝，在《应诏统筹全局折》中，康有为认为波兰、埃及、土耳其、缅甸等国因为守旧不变，所以遭到了分割或危亡，对于变法，康有为认为"能变则全，不变则亡；全变则强，小变仍亡"，所以不仅要变法，而且要实施全面变法。康有为再次分析了日本明治维新成功的经验，认为核心是 3 个方面：

一曰大誓群臣以革旧维新，而采天下之舆论，取万国之良法；

二曰开制度局于宫中，征天下通才二十人为参与，将一切政事、制度重新商定；

三曰设待诏所，许天下人上书，日主以时见之，称旨则隶入制度局。

康有为认为，中国要实现顺利变法，必须学习日本，也要马上做三件事：一是在天坛或太庙或乾清门召集群臣，宣布维新变法，"诏定国是"；二是在午门设立"上书所"，派御史二人监督，准许人民上书，不得由堂官代递，有"称旨"的召见察问，量才录用；三是在内廷设制度局，订立各种新章，"下设十二局"。按照康有为的构想，光绪皇帝如果决心全面变法，当务之急是召维新派进入朝廷参政，同时改革中央机构，之后再逐项实施新政。

光绪二十四年（1898 年）6 月，光绪皇帝在颐和园勤政殿召见康有为，任命他为总理衙门章京，准其专折奏事，筹备变法，杨锐、谭嗣同、林旭、刘光第等维新派并加四品卿，充军机章京，时人称"军机四卿"。

随后，在康有为的幕后主持下，光绪皇帝推动了一系列的改革，内容涉及政治、经济、军事、文教等方面，包括拟定宪法、开制度局、禁止妇女缠足、裁冗官、置散卿、废漕运、撤厘金、裁绿营、放旗兵、废八股试帖楷法取士、改书院、废淫祠等，既是一次经济改革，更是一次政治改革，与中国历代改革相比，其内容之广泛、改革力度之大，都是空前的。

对于变法，掌握着大清国真正权力的慈禧太后有着矛盾的心理，她也知道朝廷面临的危局，知道不改变就是死路一条，所以初期对维新派并未进行过多干预，但当变法的举措不断推出后，慈禧太后感到这些措施中有很多是冲着她和她掌握着的集权核心来的，有些损害的是"祖宗定制"，有些损害的是既得利益，一些被触犯到切身利益的人结成了保守同盟，对变法百般反对，他们千方百计影响慈禧太后，希望由她出面废止变法活动。

康有为、梁启超等人的思想在当时显得十分激进，就连主张"中体西用"的"洋务派"里的许多成员也难以接受，张之洞就曾与维新派发生激烈论争，核心在于要不要废除儒教和八股，而维新派在政治上显得缺乏成熟的经验，在一些复杂问题面前显得操之过急。如裁撤冗员闲衙，由于宣传不到位，缺乏善后，极短时间内从朝廷到地方就开始了大裁大撤，仅在北京就有上万人失去了职位，这些被裁人员没有必要的安排，失去出路后必然强烈不满，所以"朝野震骇，颇有民不聊生之戚"。再如废八股、兴学堂，政策急进，也招致当时全国数百名翰林、数千名进士以及数万名举人和数十万名秀才的广泛反对，因为这等于断了他们的仕途，他们辛辛苦苦为之努力奋斗，一觉醒来突然被告知统统作废了，自然会与维新派"嫉之如不共戴天之仇"，甚至有人扬言要行刺康有为。而裁绿营、取消旗人特权，这又断了数十万人的生计和财路，所以他们"日夜相聚，阴谋与新政为敌"。

这场匆忙上阵的变法运动虽然有长时间的思想发动，也有明确而具体的学习榜样，但实施起来却显得既仓促又不成熟，3个多月里发出的改革上谕多达100多道，每一项改革措施看起来都很重要，但缺乏重点，没有轻重缓急，都重要也就都不重要了，加上清政府一向以官僚机构臃肿庞杂、行政效率低下而著称，这样密集地出台改革措施，除了造成混乱，不可能产生太大的实际效力。

之所以如此急进，是因为改革者急于速成，这样就使改革措施显得激进和盲目，结果把太多的人推向了变法的对立面，加上变法者所依靠的光绪皇帝本身并不掌握实权，所以失败也是必然的。

这时，礼部有个叫王照的官员上书建议皇帝与太后到外国考察，一来显示帝、后的团结，二来开阔眼界。按照制度级别太低的官员奏折只能由礼部堂官转呈，礼部有6位堂官，相当于6名正副部长，但他们都不愿意转呈，并说王照此议心怀叵测。王照也不含糊，直接跟领导论战，发生了冲突。

光绪皇帝获知此事，认为礼部堂官们阻挠新政，为了立威，把他们全部罢免，其中一位堂官的妻子跟慈禧太后能说上话，将此事报告。慈禧太后深居颐和园后，在人事权上跟光绪皇帝有过约定，二品以上官员任免仍由慈禧太后说了算，光绪皇帝免了礼部主要官员却未事先请示，引起慈禧太后的警惕。慈禧太后还接到秘密情报，说维新派正在暗中联络在天津训练新军的袁世凯，要利用他的兵权发动政变，还说维新派请了湖南一个叫毕永年的好汉，招募了100名敢死队员，要冲进颐和园捕杀她。

秘密联络袁世凯这件事已有定论，是谭嗣同亲自去的，但被袁世凯告了密，这件已人所共知。"围园杀后"这件事过去都认为是民间传说，直到有中国学者在日本看到了毕永年事后追写的日记，才证实了这个说法。

光绪二十四年（1898年）9月19日傍晚，慈禧太后突然离开颐和园返回紫禁城，宣布光绪皇帝自当日起迁居中南海瀛台，事先得到消息的康有为、梁启超逃出北京，谭嗣同、杨深秀、林旭、杨锐、刘光第、康广仁、徐致靖、张荫桓等维新派人士被捕。9月28日，在菜市口将谭嗣同、杨锐、刘光第、林旭、杨深秀、康广仁等6人杀害，史称"戊戌六君子"，徐致靖被处以永远监禁，张荫桓被遣戍新疆，慈禧太后随即宣布除开办的京师大学堂外所有新政措施废止。这场变法前后只经历了103天，又称"百日维新"。

第七章

中国被彻底"套牢"

一、从"义和拳"到"义和团"

一场甲午战争让日本获得了巨大的利益，也打破了列强在中国势力的平衡。两次鸦片战争时期英国既是侵华的急先锋，也是侵华的主力，紧接着法、美等国也强势介入，随后是俄国，现在的风头却尽归了日本。

除了以上各国，还有一个国家似乎被忽视了，这就是德国，在1806年之前这个国家仍被称为"德意志民族的神圣罗马帝国"，1815年组成德意志邦联，受法国的保护；1870年通过普法战争脱离了法国控制，建立德意志帝国。德国随后强势崛起，经济实力、尤其在工业方面的实力超过了法国，并逐渐接近了英国（见表7.1）。

德国人当然不能缺席中国这个市场，当他们大规模来到中国时，却发现这里绝大多数有经济价值的区域已被英、法、美、俄、日等国分割，为便于贸易，德国迫切需要在中国有一个属于自己的基地，最好是沿海地区，有独立的港口，德国人把目光盯上了胶东半岛。

光绪二十三年（1897年）11月的一个夜里，有十来个蒙面人持刀闯入山东省巨野县张庄教堂，杀死了2名德国神甫，此事即所谓"巨野教案"。德国政府接到报告，认为机会终于来了，于是派出多艘军舰强占了胶州湾，迫使清政府签订了《胶澳租界条约》，该条约规定：把胶州湾租给德国，租期99年，租期内胶州湾完全由德国管辖；胶州湾沿岸100里内划为中立区，但德

表 7.1　英、法、德、美四国工业生产总额在全世界所占比重变化表　　单位:%

国别 年份	英	法	德	美
1870	32	10	13	23
1880	28	9	13	28
1890	22	8	14	31
1900	18	7	16	31

资料来源:李德征等,《八国联军侵华史》,山东大学出版社,1990。

国军队有自由通行权;允许德国在山东境内修筑两条铁路,一条由胶州湾经潍县、博山等到济南,另一条由胶州湾经临沂、莱芜等到济南;德商享有铁路沿线两侧 30 里以内的开矿权;山东境内开办各项工程德商均有优先承办权。

这个条约签了后,山东基本上成了德国的势力范围,德国人可以在这里任意修铁路、开矿山,好处都被他们拿去了,山东人民根本得不到。当时有许多中国人对修铁路很抵触,尤其是运河流域的人,原因是铁路一通,运河的生意就不行了,受直接影响的是大批船夫、挑夫、搬运工,间接影响的是开餐馆、旅让甚至赌场、妓院的人,造成大批失业。

外国人到处传教,也引起了许多中国人的不满,外国人有领事裁判权,犯了事中国官府不能过问,所以行事一向胆大放纵,加上有本国政府撑腰,还常常过问中国官府的事,包揽词讼,时间一长,自然激起民怨,像"巨野教案"那样的事件在当时经常发生。有人统计过,近代史上的各类教案多达800 多起,还人统计为近 2000 起。

甲午战败,中国人憋了一肚子怒火,看到外国人在中国享受特权、作威作福,这些怒火不断地聚集着,随时都会点燃,成为熊熊燃烧的燎原之火。当时柏林有一家报纸描述说,几乎在中国的每个地方,传教士一露头民众就马上爆发起义反对,中国官府在外国列强的逼迫下不得不派兵惩罚,但这种办法不仅无法平息事态,反而会加剧不满情绪。在太平天国和捻军起义期间有一些地方外国传教士跑了,外国教堂易主,等外国人重新回来,就逼迫现

套牢中国:大清国亡于经济战

在的主人归还教堂，无论什么情况，一概不论，必须无条件交出，甚至看中谁的房子，硬说那就是教堂或教堂的财产，逼迫交出。张力、刘鉴堂所著《中国教案史》一书中引述有北京总理衙门一位官员的话：

近来各省地方抵还教堂，不问民情有无窒碍，强令给还，甚至绅民有高华居室，硬指为当年教堂，勒逼民间归还，且于体制有关之地以及会馆、公所、庵堂为阖境绅民所最尊重者，皆任情需索，抵作教堂，况各省房屋，即实属当年教堂，而多历年所或被教民卖出，民间辗转互卖已历多人，其从新修理之项，所费不资，而教士分文不出，逼令让还。

光绪二十五年（1899 年），黄河流域遇到旱灾，很多地方颗粒无收，造成严重饥荒，流民遍野，为了生存，也为了反抗，大家纷纷加入了发源于山东一带的民间秘密组织义和拳。

义和拳最早是传播武术的民间组织，后来慢慢具有宗教色彩，随着势力的不断扩大，加入进来的人越来越复杂，既有贫苦农民、手工业者、城市贫民、小商贩和运输工人，也有部分官军、富绅甚至王公贵族，有人为了反抗，有人为了自保，他们有一套自己的纪律，如"毋贪财、毋好色、毋违父母命、毋犯朝廷法"以及"杀洋人、灭赃官，行于市必俯首，不可左右顾，遇同道则合十"等，但在组织形式上很松散，不像太平天国运动那样有集中的领导。

一开始，山东的曹州一带义和拳最兴盛，他们提出了"兴华灭洋"的口号，其他各地义和拳的口号也多类似，有"扶清灭洋""顺清灭洋""从清灭洋""举清灭洋""助清灭洋"等。光绪二十五年（1899 年）义和拳著名领导人朱红灯在山东平原县起事，打出的口号就是"兴清灭洋"，同年在莘县爆发的大刀会起义，口号是"保清灭洋"。

从这些口号中可以看出，义和拳等民间组织并不反对清政府，而只把洋人作为敌人，有的在起事后宣称："三月之中都杀尽，中原不准有洋人。余者逐回外国去，免被割据逞奇能。"他们认为洋人是魔鬼，之所以发生旱灾，也是这些"魔鬼"搞的鬼，他们也反对西药，认为它是"蛊虫毒饵"，认为洋人的照相机是为挖中国人的眼珠而设计的。有人传言洋人开办的育婴堂是为烧炼银子而割取中国儿童心肾的魔窟，有人说洋牧师借洗礼而骗奸中国妇女。这种"仇洋"的心态还反映在抵制洋货上，据当时一本民间人士写的《天津一月记》记载："团中云，最恶洋货，如洋灯、洋磁杯，见即怒不可遏，必毁而后快。于是闲游市中，见有售洋货者，或紧衣窄袖者，或物仿洋式，或上有洋字者，皆毁物杀人，见洋字洋式而不怒者，惟洋钱而已。若纸烟，若小眼镜，甚至洋伞，洋袜，用者辄置极刑。"

对洋人日渐漫延起的仇恨心理是义和拳这样的民间秘密组织膨胀式发展的主要原因，在此前后，列宁在刚刚创刊的《火星报》上发表了《中国的战争》的一文，列宁指出：

是的，中国人的确憎恶欧洲人，然而他们究竟憎恶哪一种欧洲人呢？并且为什么憎恶呢？中国人并不是憎恶欧洲人民，因为他们之间并无冲突，他们是憎恶欧洲资本家和唯资本家之命是从的欧洲各国政府。那些到中国来只是为大发横财的人，那些利用自己的所谓文明来进行欺骗、掠夺和镇压的人，那些为了取得贩卖毒害人们的鸦片的权力的人，那些用传教的鬼话来掩盖掠夺政策的人，中国人难道能不痛恨他们吗？

光绪二十五年（1899 年）10 月，山东禹城苗家庄教堂和 16 户教民的房屋被人放火烧毁，接着各地又发生多起教民被抢事件，据说都是大刀会干的，还有人阻挠行教，当地的外国主教致信官府，要求缉拿凶手。此时的山东巡抚是毓贤，竟然也是个"仇洋"分子，他的前任是张汝梅，张汝梅的前任是李秉衡，统统都是"仇洋"分子，山东义和拳发展得这么快，与这 3 任巡抚关系很大。尤其毓贤，山东人称其为酷吏或"屠户"，但此人又极其排外，他曾自挽一联以示决心："臣死国，妻妾死臣，夫复奚疑，最难老母九旬，稚女十龄，未免凋伤慈孝治；我杀人，夷狄杀我，亦有何憾。所愧奉君廿载，历官三省，空嗟辜负圣明恩。"

毓贤向朝廷报告，认为"东省民风素强，民俗尤厚。际此时艰日亟，当以团结民心为要图"，建议将义和拳收编为团练，让他们为国效力，这项建议得到了慈禧太后的认同。在慈禧太后的首肯下，毓贤在山东大力推行对义和拳的安抚政策。光绪二十五年（1899 年）7 月，山东平原县又生了教案，知县蒋楷袒护教民，派兵捉拿拳民，引发武装冲突。毓贤一面派兵弹压，一面将蒋楷等撤职查办，同时派济南知府卢昌诒"亲往抚绥"，并通令山东各地的义和拳、大刀会等一律改称"民团"，允其建旗，旗上都写着大大的"毓"字，义和拳就这样变成了义和团。

"团"指的是团练，即古时的乡兵，类似于民防队、保安队。唐、宋皆设团练使，明朝改称按察使，清代因八旗之外还有绿营，一度不设团练，鸦片战争期间林则徐试办过团练，太平天国运动时，八旗、绿营都没有战斗力，曾国藩等人依靠大办团练而打败了太平军。义和团既成团练，等于被朝廷正式收编，这与他们"兴清""抚清""助清"的口号倒也不矛盾，有了合法身份，义和团的发展更快了，势力也扩展到山东周边各省，大批义和团成员还涌向天津、北京等地。

二、慈禧太后的幽怨

慈禧太后为什么认可义和团呢？因为此时的慈禧太后也是一个"仇洋派"。

慈禧太后杀了维新分子，把光绪皇帝软禁在瀛台，再次走向前台执掌权柄。此时她已经 64 岁了，不得不为未来考虑，她最担心的是，一旦自己"百年"，政归光绪皇帝，光绪皇帝一定会为维新党"翻案"，对她进行鞭尸。慈禧太后身边的保守派更不用说了，光绪皇帝如果再度掌权，那就是他们的噩梦，比如慈禧人后的心腹荣禄、监斩过谭嗣同等人的兵部尚书刚毅等，他们双手沾满了维新党人的鲜血，光绪皇帝和维新党人能饶过他们吗？

所以，从慈禧太后到她身边的重臣们都急着要办一件事，那就是把光绪皇帝赶紧废掉，另立新帝，但这件事太大了，慈禧太后也不敢草率进行。在她的授意下，荣禄、刚毅等人放出风来试探各方的反应，结果遭到了朝野上下的激烈反对，他们发现直接废帝实在风险太大，于是使出了另一招：为光绪皇帝指定接班人。

康熙皇帝晚年皇子之间为夺取皇位斗争激烈，自继位的雍正皇帝开始便采取了秘密建储的办法，皇帝生前不公开谁是皇太子，而是秘写皇位继承人文书一式二份，一份放在皇帝身边，一份封在"建储匣"内，放到乾清宫"正大光明"匾的背后。皇帝死后由顾命大臣共同取下"建储匣"，与皇帝密藏在身边的另一份对照验看，核实后宣布皇位继承人。慈禧太后要在光绪皇帝生前为他指定继承人，明显违背了这一定制。

但慈禧太后不管那么多了，经过一番密谋和讨论，最后他们以光绪皇帝的名义颁诏，称其因不能诞育子嗣，立端王载漪之子溥儁为大阿哥，也就是皇太子。溥儁的母亲是慈禧太后的侄女，很得慈禧太后的宠爱，可以经常出入皇宫，每次去都把溥儁带上，慈禧太后对这个孙辈极为疼爱。

慈禧太后甚至等不到光绪皇帝晏驾，决定于庚子年即1900年就让大阿哥登基，年号都想好了，叫"保庆"。为示郑重，慈禧太后特命人把这个消息通告了在北京的各国领事。为争取支持，慈禧太后还亲自邀请各国公使夫人进宫饮宴，但各国对建储的事均冷脸相对，没有一个来祝贺。

慈禧太后把光绪皇帝刚软禁起来的时候就想除掉他，对外宣称光绪皇帝病了，而且"疾益笃"，想先制造舆论，差不多了就宣布光绪皇帝的死讯，但外国公使们提出要求，要派一名法国医生去给光绪皇帝探视，"太后拒不纳，又因请，不可已，遂入诊"。这名法国医生给光绪皇帝看了看，出来报告说身体没有大碍，"圣寿无虑也"，让慈禧太后十分恼怒，谋害光绪皇帝的阴谋就此破产，这才有了后面的建储。

变法失败后梁启超等人跑到了日本，慈禧太后认为如果没有英、法等国的协助他们绝不可能顺利出逃。梁启超到日本后在横滨办了一份《清议报》，这份报纸的主要内容就是抨击慈禧太后、颂扬光绪皇帝，在留学生和海外华人中影响很大。康有为先到了香港，后来去了加拿大，在那里组建了保皇会，在世界各地建总会11个、支会103个，通电中恭请光绪皇帝圣安，要求慈禧太后归政。对于这些，慈禧太后十分恼怒，但又无可奈何，她也曾派人到国外刺杀康、梁，均未得手，对康、梁等人的怨气，慈禧太后也记在了外国人的身上。吴永在《西狩丛谈》中记述，慈禧太后曾说过这样一段话："我本来是执定不同洋人破脸的，中间一段时期，因洋人欺负得太狠了，也不免有些动气。"

这里说的"欺负"，不是《南京条约》也不是《北京条约》《马关条约》，慈禧太后不是一个民族主义者，也算不上高瞻远瞩的政治家，她的文化水平据说一般，且多是传统纲常礼教之类的教育，待在紫禁城和颐和园的一亩三分地里，她对世界的见识极为有限，虽然她长期主政，但送到她案头的那些东西多是经过了加工和筛选，能真实反映中国社会的都不太多，反映真实外部世界的更为有限，她的政治理念或许更多地来自京剧，那些善恶因果、有仇必报或者宫斗权谋对她来说更为擅长。所以慈禧太后此时的"仇洋"心理是真切的，这不一定来自屡屡败于洋人的耻辱，更多地来自于她在外国人那里尝到了挫败而生出的幽怨与失落。

不管出于哪种情况，慈禧太后现在确实想利用义和团来对付外国人。义和团挑动起中国社会更大的"仇洋"风暴，这让列强们感到了实实在在的恐惧。甲午战争后，德国皇帝威廉二世曾让画家赫尔曼·克纳科弗斯（Hermann Knackfus）画了一幅《黄祸图》，画中左边是7位天使，代表7个欧美国家，居中的一位天使手持长剑，天使们的上方有十字架，在画面的右侧是悬崖深涧，隐约可见山河城郭，半空悬着一团奇形怪状的乌云，乌云中心闪现着一团火焰，中间是佛陀的坐像，骑在一条中国式的恶龙身上，整幅画的寓意是象征手持武器、代表基督教的西方人击败了东方的龙。威廉二世在这幅画上题写了"欧洲各民族，保卫你们的信仰和家园"，然后把它送给了俄国沙皇尼古拉二世，之后这幅画便在西方世界广泛流传，美国还把这幅画印成宣传品四处散发。这幅《黄祸图》生动地说明了西方列强对中国人民正在不断觉醒而生出的恐惧，有许多西方人相信，遭受了百般的侵夺和凌辱，中国人迟早有一天会重新奋起，到那时对西方来说将是一场"黄祸"。

如火如荼的义和团运动是不是"黄祸"的开端？列强们对此充满了恐惧和担忧，他们通过各种渠道向清政府施压，要求清政府尽快镇压这场运动，否则他们将直接出兵去对付义和团。列强还一再施压，要求撤掉山东巡抚毓贤，改任他们看中的袁世凯。慈禧太后虽然对列强很有意见，但不敢在这件事上就跟列强翻脸，于是撤了毓贤，把袁世凯派去当山东巡抚。

但慈禧太后又亲自召见了毓贤，以示对"仇洋"官员的安抚，顺便表达对洋人干政的不满，而毓贤借此机会再次宣传"拳民可用"，召见后毓贤被改任山西巡抚，他一到山西就继续执行"仇洋"政策，不到一年时间山西全省共杀传教士191人，杀中国教民及其家属子女1万多人，焚毁外国人开办的教堂、医院225所，烧拆房屋2万多间。

三、向所有列强宣战

袁纪凯去了山东，慈禧太后不太放心，怕他到山东后对义和团马上展开痛剿，所以10天之内连发3道懿旨，告诫他对义和团"不可一意剿击"。

慈禧太后的态度直接影响到她身边的保守分子，自从建立了储君，这些人便结成了一个"大阿哥党"，只等来年新皇帝登基就彻底掌握大权了，在他们眼里当前最大的威胁依然是手无权柄的光绪皇帝，而他们都认为光绪皇帝的后面是洋人，这让他们不敢掉以轻心，利用义和团对付洋人，成为他们的一项策略。"大阿哥党"的领袖包括荣禄、刚毅、载漪等人，荣禄对慈禧说："义和团法术神奇，不畏刀枪，极热心嫉恶洋人，真天助也！""大阿哥"的父亲载漪说义和团是"天上派下来的，可以解决中国一切不如意的事情，驱逐洋人"，据史料记载："八旗子弟之列显要者，以大阿哥为其所出，无不望风承旨，交口称义和团之神术。风声所播，举国若狂，上自邸府，下至寺人，无不以习拳为事。"上述这些言论又反过来影响到慈禧太后，让她觉得义和团真的很厉害，也真的很可用，至少可以挫一挫洋人的锐气，让洋人在她面前有所收敛。

西方列强为什么支持光绪皇帝而不支持慈禧太后呢？长期以来，西方列强看待中国有一种矛盾的心理，一方面不希望中国太强大，中国强大了就会反抗，就会挣脱身上的绳索，不符合他们的利益，但另一方面，他们也不愿意与一个落后、腐朽的政府打交道，各种条约签订后，他们对中国社会、经济的介入越来越深，清政府各级官员的愚昧无知、贪腐低效也让他们感到苦恼，越来越严重的社会矛盾更让他们感到清政府的统治难以为继，如果再来一次太平天国运动推翻了清朝政府，他们已经取得的利益还能不能保住将成为问题，所以他们希望清朝政府必须改革自新，维新变法在他们看来就是一个机会，相比于慈禧太后，他们更欢迎光绪皇帝。

袁世凯到山东后，不顾慈禧太后的告诫，对义和团大加清剿，使山东义和团运动暗淡下来，大批义和团成员涌入直隶，其中有数万人占据了涿州城，大批天津、北京等地的民众也纷纷加入了义和团，日本人佐原笃介在其所著的《拳事杂记》中说，当时"京城演习义和拳者，无论士农工商，以至各行贸易之人，无不愿学"，柴萼在《庚辛纪事》也说这一带"几乎无人不团"，对此，柳堂在《宰惠纪略》分析说："中国受外国凌侮，平民受教民欺压，人人衔恨，无以制之。一旦传闻义和拳烧洋楼毁电杆之奇技，明知非正，未始不足称快。"

义和团由烧教堂发展到烧一切洋房，由杀洋人发展到杀教民，由"仇洋"发展到"灭洋"，他们扒铁路、拔电杆，店铺里如果卖洋货，他们也统统拿来砸了、烧了。有人担心义和团前来搜查，赶紧把自己家里的洋货自行销毁，"各街巷抛弃煤油如泼脏水一般，各种煤油灯砸掷无数"，过去叫"洋药局"的店铺把名字改成了"土药局"，过去店名有"洋货"二字的也都改成叫"广货"。前门外大栅栏有一家老德记西药房，是北京当时最大的西药房，义和团把它烧了，并阻止人救火，结果大火漫延，把周边的商铺也烧着了，这场大火烧了一天一夜，直烧到前门箭楼和东交民巷。据地面保甲事后统计，这场大火共烧了1800多家的房屋，合计7000多间。仲芳氏在《庚子纪事》中记载："京师之精华，尽在于此；热闹繁华，莫过于此。今遭此奇火，一旦而尽。"

义和团在直隶的快速发展也与慈禧太后的态度有很大关系，这让西方国家大为紧张，在西什库教堂主教樊国梁的建议下，各国于光绪二十六年（1900年）5月28日向清政府提出，要派"使馆卫队"进入北京，清政府开始予以拒绝，在各国的强烈要求下后表示可以有限度地同意，但每家使馆不能超过 30 人，于是各国合计派 400 多名武装人员进入北京，为保险起见，各国又组成一支 2000 人的联队，由英国海军中将西摩尔率领赶往北京。

局势眼看就要升级，慈禧太后连续召集了 4 次御前会议商讨当前的对策，光绪皇帝也"应邀"参加了会议，虽然被囚禁瀛台后他对时局不再发表任何看法，但这一次也破例发言，反对对外的强硬立场，反对与列强开战，认为"诸国之强，十倍于日本，合而谋我，何以御之"？但载漪、刚毅等"大阿哥党"一再鼓动"以民制夷"，主张利用义和团向西方国家"报雪仇耻"。慈禧太后虽然不喜欢洋人，但义和团究竟能不能成为她与列强讨价还价的一张王牌，她的心里并无把握，而吏部侍郎许景澄、太常寺卿徐用仪、户部尚书立山、内阁学士联元等也主张议和，这让慈禧太后犹豫不决。

在后面的一次御前会议上，荣禄突然抛出一个爆炸性新闻，说接到西方国家的照会，列强提出了 4 项要求，其中一项是"勒令皇太后归政"，全场闻听一片惊愕，端王载漪以下亲贵 20 多人相拥哭成一片，荣禄在其日记中写道："从未见太后如此次发怒者，即前闻康有为之逆谋亦未如此之甚，太后曰'他们怎么敢干涉我的大权？此能忍，孰不能忍，外国人无礼至此，予誓必报之'。太后盛怒之下，无论何人不能劝谏。"就在这次会议上做出了一个重大决定：向西方列强宣战！

参加会议的吏部侍郎许景澄曾任驻俄、德、奥、荷 4 国公使，光绪皇帝问他："许卿出使外洋多年，又在总署当差，外国的情况卿最知晓，卿以为大清有无与外国一战的实力？"许景澄回答："圣上垂问，臣就据实而言，依大清目前的实力，似难敌其中一国，更不用说数国联军了。臣以为和为上策，保护使馆、征剿拳匪是上策。"慈禧太后闻听大怒，当场宣布处死许景澄，还不解气，又下令处死主张议和的徐用仪、立山和联元，全场大惊，无人再敢言和。

有人认为慈禧太后上当了，因为所谓西方国家的 4 条照会是假的，荣禄的消息来源是江苏粮道罗嘉杰，而罗嘉杰的消息来源是上海英商办所办的英文报纸《北华捷报》。该报曾发表一篇社论，在这篇社论里提出了慈禧太后归政于光绪皇帝的主张，后来该文转载于中文报纸《字林西报》，经过一番添油加醋，就报了上来。还有人认为这个所谓的照会是端王载漪伪造的，西方国家不承认"大阿哥"，让"大阿哥"的父亲载漪恨透了他们，见太后犹豫不决，所以他故意编造了这个谎言以刺激太后。

慈禧太后确实愤怒了，顾不上核实消息是否确实，匆忙做出了宣战的决定。这一年的 6 月 21 日，慈禧太后命人写了 12 份"绝交书"，分别发给向英国、美国、法国、德国、意大利、日本、俄国、西班牙、比利时、荷兰和奥匈等 11 个国家驻华公使，涵盖了当时所有在中国设立公使馆的国家，另外一份是发给海关总税务司赫德的，慈禧太后把他也算成"列强"了。慈禧太后还以光绪皇帝的名义发布诏书，诏书说"朕今涕泪以告先庙，慷慨以誓师徒，与其苟且图存，贻羞万口，孰若大张挞伐，一决雌雄"，还说"近畿及山东等省，义兵同日不期而集者不下数十万人。至于五尺童子，亦能执干戈以卫社稷"，诏书最后向全国军民发出了总动员：

> 彼尚诈谋，我恃天理；彼凭悍力，我恃人心。无论我国忠信甲胄，礼义干橹，人人敢死，既土地广有二十余省，人民多至四百余兆，何难翦彼凶焰，张国之威！其有同仇敌忾，陷阵冲锋，仰或仗义捐资，助益饷项，朝廷不惜破格茂赏，奖励忠勋。苟其自外生成，临阵退缩，甘心从逆，竟做汉奸，即刻严诛，决无宽贷。尔普天臣庶，其各怀忠义之心，共泄神人之愤，朕有厚望焉。

主动对西方列强宣战，道光皇帝有过，不过当时宣战的对象只有英、法两国，甲午战争时也曾向日本宣过战，但那次纯属被动，像这次主动而又如此"霸气"的宣战，慈禧太后算是首创，不干则已，一干就向 11 个当时世界上的主要国家宣战，等于是向全世界宣战了。范文澜在《中国近代史》中评论说："归政这一惊，确把他们惊昏了。西太后悲愤异常，不再查问虚实，决心孤注一掷。"费正清的老师、美国历史学家摩尔斯也说："太后一向做事是留有余地的，但只有这次她这个政治家却只剩下女人家了。"不过，也有人认为慈禧太后当时已经处在了两难的地位，宣战虽有极大风险，但向列强妥协更没有任何退路，赫德的一段话分析得很透彻："中国朝廷处于进退两难的地位，如不镇压义和团，则各国使馆将采取行动相威胁；如准备镇压，则这一强烈的爱国组织将转变为反抗清朝的运动。"

还有人认为，两国宣战必须有正式的宣战书，按有关国际法，还要互撤使团，上述诏书仅是对内的，是"战争动员令"而不是对外的宣战书，所以这次宣战并不正式，这不是慈禧太后的疏忽，而是她故意为之的，目的是为今后留有余地。

四、八国联军来了

这时，北京的局势已经相当混乱了。

在御前会议召开前，琉璃河畔的卢保铁路被毁，北京附近的长辛店火车站也被毁，火车不能通行，京津之间的铁路停驶，电线也被割断，电报不通，如果要向外面发电报，"须送山东转行"。市面出现"银荒"，银票兑换成银两须贴水30%~40%，之前"京中金价已涨至六十换"，即金银比为1∶60，由于"银荒"，现在"跌至三十换，亦无人肯兑"，物价也一路走高，"商民交困，苦不堪言"。

御前会议后还做出两项重大决定，一项决定是以光绪皇帝的名义发布上谕收编义和团，上谕说"朝廷招抚义和团民，各以忠义相勉，同仇敌忾，万众一心"，朝廷设置"义和团练大臣"，命直隶总督裕禄等人"急招义勇，固结民心，帮助官兵节节防护抵御"，谕令山东巡抚袁世凯"迅速招集义和团勇，筹给饷械，星夜兼程北上"，命东北的盛京将军增祺、吉林将军长顺、黑龙江将军寿山"分练义和民团，以资战守"，命令山西巡抚毓贤"纠合义和团民，相机剿办"。

另一项决定是，命令董福祥率部围攻东交民巷。董福祥是西北农民义军出身，后被收编，曾在新疆作战，深得左宗棠赏识，后官至甘肃提督，此人及其部下向来"仇洋"，作风强硬、战斗力强，北京局势动荡，慈禧太后把他从甘肃调到北京，由荣禄节制，董福祥率部本月刚到，奉命驻守在永安门。

不久前的一天，日本使馆书记生杉山彬乘车要出城，董营官兵喝问"何人"，杉山彬刚一回答，即被官兵抽刀刺杀，尸体被肢解，剖腹取脏，塞入马粪，弃于路旁。日本方面大怒，慈禧太后为平息事态，派荣禄到日本使馆致歉，并召董福祥当面训斥，但因怕董部哗变不敢杀他，董福祥出来遇到载漪，载漪拍着他的肩膀连称其为好汉。

慈禧太后本来命荣禄亲自组织围攻东交民巷，但荣禄滑头，别看嘴上好战，但心里知道这件事并不好玩，弄不好日后会被清算，所以称病交出前线指军权，让董福祥"临机决断"。董部奉命对外国使馆发起围攻，"拳匪助之，巫步披发、升屋而号者数万人，声动天地"，刚毅与赵舒翘"方坐城楼趣战，饮酒欢呼"。刚毅兴奋地说："使馆破，夷人无种矣，天下自是当太平！"但令人吃惊的是，在如此优势的情况下，好多天过去了一个区区的使馆区硬是攻不下来。

此时被围的使馆区内约有3000人，其中有2000人为中国人，外国人中除使馆人员及部分妇女、儿童外，还有400多名水兵及陆战队员，配有3挺机关枪和4门小火炮，由于事先早有准备，水和粮食都很充足，使馆区内还有150匹马，必要时可以杀了充饥。董部从甘肃长途行军来到北京，不可能携带重武器，所以一时难以攻破，载漪急了，请示了慈禧太后，调来武卫中军分统张怀芝带着"开花大炮"来攻，这种大炮是从德国进口的，威力极大，三五下就能把使馆区夷平。

但张怀芝也是个"明白人"，下令开炮前他得拿到凭信，董福祥只是个地方统领，他找不着；找载漪，这个家伙肯定会大包大揽，口气大却未必顶用。荣禄时任内务府大臣，是张怀芝的上级，张怀芝想了半天，还是硬头皮来请示荣禄。荣禄好不容易躲过一劫，不想问题又抛给了他，他本想随便应付一下，日后真有事来个死不认账，但张怀芝也是"老油条"，死活不干，非要荣禄写个手谕，荣禄实在无奈，对张怀芝说："横竖炮声一响，宫里是听得见的。"张怀芝明白了意思，回去后称炮位不准，需重新校准，结果几发炮弹落在了使馆区的空地上。张怀芝此时 30 多岁，办事即如此缜密，看来是个人物，此人后来果然飞黄腾达，民国时官至参谋总长、陆军上将。

在天津一带集结的西方军队急了，立即组成一支约 2 万多人的联军，仍由西摩尔为司令，美国军官麦卡加拉为副司令，由天津向北京进发，参加联军的有 8 个国家，分别是英国、美国、法国、德国、俄国、奥匈帝国、日本和意大利，其中日本出兵最多，意大利最少，联军开始想快些进入北京以解使馆之急，有 2000 多人强行登上了去北京的火车，但沿途铁路大多被义和团拆毁，这支先头部队行动受阻，在廊坊被义和团和清军聂士成部攻击，受到重创，史称"廊坊大捷"。

到了 8 月，经过重新调整和集结，八国联军共 2 万多人由天津再次进攻北京，沿途虽又受到义和团和中国军民的阻击，但由于实力过于强大，向北京的推进较为顺利，于当月 13 日推进到北京城下。14 日，八国联军开始攻城，15 日凌晨，慈禧太后一看大事不妙，带着光绪皇帝以及一群大臣逃出北京城。八国联军随即攻进城内，首先解除了东交民巷使馆区以及西什库教堂的围攻，之后采取分片管辖的方式，把北京城划分为若干个占领区：东四以北由日军占领，东四南大街以东由俄军占领、以西由意军占领，皇城东北由德军占领，皇城东部也由日军占领，皇城东南由英军占领，崇内大街以西、东长安街以南由德军占领，西城由美军、法军、英军、意军共同占领，外城由英军、美军、德军共同占领。

随后，联军在北京城开始了大肆抢劫活动。日军在内务府抢走 291.5 万两白银，之后放火烧了内务府以毁灭证据，法军在礼王府掠走白银 200 万两，东四一带的商店被抢掠一空，著名的"四大恒"金号全部被抢光。翰林院里收藏了许多宝贵的书籍，八国联军把藏书抢掠一空，至今在伦敦大英博物馆以及巴黎的一些博物馆里还有许多当年被掠去的图书，就连后来继西摩尔任联军总司令的德国人瓦德西在日记中，也记载了紫禁城被洗劫的事实：

> 该宫最大部分可以移动之贵重物件，皆被抢去。除少数例外，只有难以运输之物，始获留存宫中之各处房屋，如戏院、庙宇、吏室、仓库等等之曾

经封锁者，均被横加劈毁，所有其中存物，凡认为没有价值者，皆抛置地下以及院落之内。

普通百姓的住宅也不能幸免，经常是一伙强盗刚走另一伙强盗又闯进来，一户人家一天之内竟要遭到数次洗劫，时人记述"不独细软之物，即衣服、床帐、米面、木器，无所不掳"。

各国军队在各自统治区实施所谓军事管制，其实就是烧杀抢掠，西四北太平仓胡同的庄亲王府被烧，共烧死 1800 人；有人看到法军路遇一队中国人，用机枪把人群逼进一条死胡同，连续扫射 15 分钟，无一人生还；日军抓捕中国人施以酷刑，还试验一颗子弹能射穿几人；城内"百家之中，所全不过十室"，街巷里尸体堆积如山，有人写诗哭诉："京内尸积遍地，腐肉白骨路横。"列宁撰文谴责了八国联军的暴行："这些胜利与其说是战胜了敌人的正规军，不如说是战胜了中国的起义者，更不如说是战胜了手无寸铁的中国人。淹死和屠杀他们，不惜残杀妇孺，更不用说抢劫皇宫、住宅和商店了。而俄国政府以及奉承它的报纸，却庆祝胜利。"

五、中央与地方脱轨

慈禧太后和她身边的一些人仓促决定与列强宣战，至少让两个方面的人措手不及，一是清政府驻各国的外交机构，一是地方督抚，尤其是远离北京的南方各省的督抚们。

清政府一向视自己为世界的中心，其他各国皆为"夷帮"，在"人臣无外交"的理念下，从不与各国发展近代意义上的外交活动，鸦片战争前与西方国家之间发生的一系列礼仪之争，就是这种思想的体现。当时清政府并不设专门的外交机构，相关事务分散在礼部、理藩院、鸿胪寺等，将西方各国的来使视为朝贡使臣。《五口通商章程》签订后，清政府才设置了一个五口通商大臣，但主要负责的是通商事宜，与"外交部长"还不能相比。后来总理衙门设立，才慢慢与各国建立起对等外交的机制。同治十三年（1875 年）8 月，清政府任命候补侍郎郭嵩焘、候补道许钤身为出使英国的正副使，同年 12 月任命美国留学生监督陈兰彬、副监督容闳为驻美国、西班牙和秘鲁的正副使，次年任命驻英副使许钤身、翰林院编修何如璋为驻日本正副使，之后又陆续任命了驻俄国、德国、法国、奥地利、荷兰、葡萄牙、朝鲜等国的公使。

八国联军进攻北京时，清政府驻各主要国家的公使有：驻英兼意、比公使罗丰禄，驻法公使裕庚，驻俄兼奥匈公使杨儒，驻德兼荷兰公使吕海寰，驻美兼西、秘公使伍廷芳，驻日公使李盛铎，驻朝公使徐寿朋。朝廷决定向 11 国宣战后，这些驻外公使们都接到了来自国内的一份电报：

> 现因拳匪滋扰，京城已准各使馆派兵自卫，又复添兵前来，商阻未允。讵驻津总领事照会北洋，内称各国水师提督请将大沽口各炮台剋刻交伊等收管，显系首先开衅。已于本日四点钟由署照会各使于二十四点钟内带同护馆弁兵等赴津。尊处行止可相机酌办，并已饬沪道拨经费备用。

这份电报的内容是光绪二十六年（1900 年）6 月 19 日确定的，也就是在当天的御前会议上做出的宣战决定，但当时北京已发不出电报，电报是辗转送到山东发出来的，所以耽误了时间，驻外公使接到时已经晚了几天，这份重要的电报称"漾电"。从电报的内容看有些没头没脑，但一直关注国内局势发展的各国公使们一下子就明白了，朝廷已经做出了最坏打算，也就是与各国开战了。按照国际惯例，宣战意味断交，也意味着他们这些人得"下旗回国"，而这么大的决策，之前国内竟毫无商量或透露，这份电报的内容又含含糊糊，让他们感到了迟疑。

驻外公使归总理衙门管，但他们大多出身于"洋务派"，与李鸿章、张之洞等人关系密切，驻美公使伍廷芳做过李鸿章的幕僚，在这个关键时刻，伍廷芳等人都想听听李鸿章的意见，伍廷芳当即给李鸿章发了一份电报："由济南转到总署漾电，尊处行止，相机酌办。观此，政府决意开战，惟电内无奉旨字样，公意若何，请示从违，俾定行止。"

李鸿章这时已不在天津，慈禧太后建储，急需外国人的支持，让人去找在天津"养病"的李鸿章。李鸿章被世人骂为"国贼",有传言说义和团放出话来,誓除"一龙（光绪皇帝）、二虎（李鸿章、荣禄）和十三羊（13主剿义和团的大臣）",这让李鸿章心情低落,也感到北方已成是非之地,于是趁机提出,为方便与西方各国打交道,可请太后任命自己为两广总督。慈禧太后知道外国人很给李鸿章面子,竟然同意了他的要求,所以此时李鸿章以两广总督的身份驻广州。

李鸿章更了解国际事务,知道宣战非儿戏,所以坚决反对。八国联军进逼北京时,慈禧太后见大事不妙,在撤离北京的同时已急电李鸿章,让他速来北京议和。在这种情况下,如果驻外公使依据"漾电"的指示都来个"下旗回国",那后面议和的事就没法做了,李鸿章无法请示逃亡路上的慈禧太后,就联合了两江总督刘坤一、湖广总督张之洞、山东巡抚袁世凯、安徽巡抚王之春、湖南巡抚俞廉三等人给各驻外公使发出一份电报:

我皇太后、皇上已电召李鸿章来京,必系与各国妥商办理,免致失和。惟鸿章抵津尚需半月,而各国日内进兵不已,设或再有战事,将来更难转圜,徒令各匪趁机肆恶,良民多遭惨害。今各省督抚并未奉有开战谕旨,可见朝廷并未有失和之意。务望婉商各国政府,迅电天津各兵官,力劝各国暂行按兵停战,俟鸿章到京,请旨开议,必当妥为了结,不启战祸,官兵方能专力剿匪。

这份电报被称为"艳电",与前一份电报相比,指示更为明确,也更符合各驻外公使们的想法。虽然这份电报并不是来自他们的主管机关总理衙门,但联署这份电报的人更有足够的分量,所以各驻外公使没有一个回国的,而是迅速把这份电报翻译成各国文字,照会驻在国政府,阐明中国政府的立场和做法,敦促各国不要使事态进一步扩大化。

联署这份电报的督抚对于朝中刚毅、载漪等人都很有看法,一来不同意他们招抚义和团的做法,尤其是张之洞,给予激烈的反对;二来更不同意他们仓促之间就对外宣战,他们主张调停,以和平的手段解决争端。慈禧太后出京后,一行人先到了太原,继而去了西安,交通和信息传递均不便,以后大家遇事该怎么办，的确成为一个问题，在这种情况下，南方各省的督抚们想出了一个办法，这就是"东南互保"，而促成这件事的人是盛宣怀。

盛宣怀也做过李鸿章的幕僚，后成为"洋务派"的骨干，他时任大理寺少卿兼铁路大臣、中国电报局总办，各方电报来往都要经他之手，又因为他与李鸿章的特殊关系，所以承担了联络促成的角色。在他的协调下，由上海道台余联沅出面，与各国驻沪领事签订了一份《中外互保章程》，核心意思是，上海租界由各国共同保护，长江及苏杭等内地由各省督抚保护，双方互不开战。中方参与这份互保章程的有两江总督刘坤一、湖广总督张之洞、两广总督李鸿章、闽浙总督许应骙、四川总督奎俊、铁路大臣盛宣怀、山东巡抚袁世凯、浙江巡抚刘树棠、安徽巡抚王之春和广东巡抚德寿等。

以上事件史称"东南互保"，有人称之为中国"近代史上一大奇迹"，原因是地方督抚们步调如此一致地"脱离"了朝廷，因为他们的做法从某一方面说是与朝廷的对抗，清朝中央政府的虚弱暴露无余。朝廷把军国大事当儿戏，让地方督抚们越来越失望，就在清政府决定宣战的前夕，一位英国驻南京的领事拜访了刚从北京回来的两江总督刘坤一，事后这位领事向上面写了一份报告，报告中说他所看到的这位两江总督对主战势力的扩大感到非常沮丧，刘坤一私下里告诉他："慈禧的政府已经完了，她已经不能继续维持帝国秩序。"

六、列强的惩办名单

光绪二十六年（1900 年）7 月 17 日，李鸿章乘坐轮船招商局"安平号"轮船由广州北上，他已改任直隶总督兼北洋大臣。5 天后李鸿章到达上海，现在各方都在密切地关注着他的行踪：慈禧太后盼着他早点跟各国达成协议，好让外国的军队撤出北京；地方督抚们对他寄予了厚望，希望他在议和时能据理力争，让这个苦难的国家少付出一些；占领着北京城的各国也在观察着李鸿章的动向，希望能从他代表的这个清政府身上多榨取好处……

本来已是"火上房"的事，但李鸿章却停在上海不走了，一住就是将近2个月。不是他不着急，而是现在有很多事卡在了那里，中外双方在议和的几个关键点上还存在着严重分歧：在撤兵问题上，列强提出先议和后撤兵，慈禧太后要求先撤兵后议和。撤兵再议和当然好，既可以使北京的百姓早些从地狱中解脱，又可以在谈议和条件时更为主动，但现在这根本不是自己说了算；在两宫回京的问题上，列强提出先回京再议和，北京已成"虎穴"，慈禧太后还没有这个胆，所以不敢答应，但列强把这个作为议和的前提条件，不回来就不谈，列强的目的还是争取谈判上的主动权；关于惩凶的问题，列强提出清政府必须有人为使馆被围、外交人员和传教士被杀等事件负责，为此还列出了一份名单，上面有不少是慈禧太后的亲信，这让她更加犹豫不决。

由于这些事情僵持在了那里，李鸿章觉得自己即便去了北京也无可奈何，北京现在被外国人占着，一到了那里就等于被控制了起来，想跟外面商量个事都不可能，所以北京没法去。

李鸿章跟地方督抚、各驻外公使就上面这几条通过电报进行了密集磋商，大家逐渐形成了共同看法，对于第一条，如果努力之后无果，也只能接受；对于第二条，绝大多数的人都认为不能接受，有人甚至提出，洋人如果逼人太甚，干脆请太后和皇帝宣布正式迁都，以示对抗到底；对于第三条，大家觉得可以接受，出了这么多的事，国家和百姓都付出这么大的代价，不说洋人要追究，中国人自己也得揪出几个祸首来。

争到最后，中外各方总算达成一致，列强不再强求两宫先回京，慈禧太后也松了口，同意对此前纵容义和团的部分王公大臣做出惩处，李鸿章这才从上海继续乘坐"安平号"北上。

9月20日，李鸿章到达天津，在此正式就任直隶总督，10月11日来到北京，被列强安排在东城区金鱼胡同的贤良寺居住。此时的北京，名义上归大清国管辖的地方只有两处了，一处是这里，一处是奕劻的庆亲王府。

庆亲王奕劻是乾隆皇帝的曾孙，道光朝袭封为辅国将军，咸丰朝被封为贝勒，他文化水平不高但字写得很好，据说时为咸丰皇帝贵妃的慈禧与弟弟桂祥通信，经常让奕劻代笔，因此对其很有好感。在同治朝奕劻升任御前大臣，光绪朝任总理各国事务大臣，由于反对维新、支持囚禁光绪皇帝而被晋爵为庆亲王，号为"铁帽子王"。此人位高权重却庸碌无为，因为负责外交事务，所以慈禧太后逃出北京时把他留了下来，让他负责与列强和谈，他是总理大臣，李鸿章兼着北洋大臣，他算是李鸿章的直接上级，但他哪有跟列强打交道的本事？所以李鸿章没来之前他整天只能在庆亲王府里待着，在府里可以自由活动，但门口全是站岗的日本兵。

李鸿章虽然跟各国打过不少交道，但这次几乎是一个人去跟 11 个列强打交道，又是在形如囚徒的情况下进行，这还是第一次。他一到北京就跟奕劻一起拜访了各国公使，跑了一遍，结果让李鸿章的心情更加沉重。各国虽组成联军，但为利益也争得厉害，联军的总司令本来是英国人西摩尔，结果德军司令冯·瓦德西（Von Waldersee）一来，借口德国公使克林德被杀，大做文章，强行为德国争了联军总司令一职。这件事发生在日本使馆书记生杉山彬被杀后，当时北京形势很混乱，清政府总理衙门照会各国驻华使馆人员 24 小时内离京，德国公使冯·克林德（Von Ketteler）带着翻译前往总理衙门交涉，途经东单牌楼北大街西总布胡同西口，遇巡逻的神机营，克林德被巡逻兵开枪打死，成为乱中被杀的唯一一名公使级外交官。

对此有人服气，自然也有人不服，但瓦德西毫不客气，一到北京就住进了中南海仪鸾殿，过去这里是慈禧太后的寝宫。日、俄两国本来就有矛盾，奕劻的庆亲王府被日军控制，俄国人不干，认为日本人会占便宜，提出奕劻不具有代表清政府的资格，英国人又横插进来，反对俄国人，并针锋相对地提出李鸿章也不能代表清政府。

还没有切入谈判的正题，先在这些细节末节的问题上纠缠了起来，看列强的意思谈判的积极性并不高，李鸿章知道核心还在"惩办祸凶"这件事上，慈禧太后不拿出实际行动，列强不会买账。学者孔祥吉在德国检读了德国保存的义和团的外交档案，看到过一份当时的德国政府曾向清政府提交的"惩戒名单"：

贻谷，兵部侍郎，与晋昌一起制定与推行命令，反对外国人；

连文冲，军机章京，他伪造照会，命令军队进攻天津、北京的外交使馆；

萧荣爵，翰林院官员，帮助连文冲制定命令，进攻天津、北京的外国人；

高庚恩，四品官衔，是"大阿哥"的师傅；

黄凤歧，义和团的首领，或者说是负责为义和团出谋划策者；

洪嘉与，内阁主事，建议端王载漪篡位，放火焚烧北京的外国使馆；

夏振武，内阁主事，他是洪嘉与的追随者；

溥良，督察院的长官，他提醒太后处死许景澄、袁昶；

檀机，翰林院官员，他支持与追随溥良。

上面这些人，有的是进攻外国使馆的直接执行者，有的因支持义和团而获罪，还有的是参与谋害反战的大臣，涉及面很广，但名单所列的基本是一些中下级官员，说明这样的名单还有多份，或者说这只是德国方面掌握的一些人，一些地位更高的强硬分子，或者说在外国人看来的主战派，都在列强追究的名单里。据说各国公使曾联合提出过一个11人的名单，要把上面的人全部处以死刑，执行时还要有各国外交代表临场监刑。哪些人上了这份名单不详，不过以下这些人都是列强要惩处的重点人物：

载漪，端郡王，谋害光绪皇帝，谋立其子，"大阿哥党"首领；

载勋，庄亲王，力主借义和团排外，"大阿哥党"；

载静，怡亲王，支持借助义和团排外，"大阿哥党"；

载滢，恭亲王奕䜣的次子，郡王，"大阿哥党"；

刚毅，军机大臣，"抚团政策"的推动者，好战分子；

徐桐，体仁阁大学士，与载漪合谋建储"大阿哥"；

徐承煜，刑部左侍郎，被认为谋害维新大臣，名声较差；

崇绮，翰林院掌院学士，尤信义和团，鼓动慈禧太后招抚；

赵舒翘，军机大臣，与刚毅共同推动"抚团政策"，好战；

启秀，军机大臣，董福祥攻使馆不下，他推荐五台僧攻馆；

英年，工部右侍郎，招抚义和团后，负责统领；

毓贤，山西巡抚，强烈的"仇洋"分子，在列强那里早就挂了号；

李秉衡，前任山东巡抚，"仇洋"分子，率部抗击联军；

于荫霖，湖北巡抚，在湖北组织义和团抗击外国人；

廷雍，直隶布政使，支持义和团；

董福祥，前甘肃提督，率兵进攻使馆区；

……

后来负责议和的大臣曾向西安发过一份电报，说"此次祸首，端一、董二、庄次"，也就在列强眼里端王载漪是一号祸首，甘肃提督董福祥是二号，庄王载勋是三号，这几个人肯定在"死亡名单"上。但他们都是慈禧太后倚重的人，更何况他们所作所为也都秉承着慈禧太后的旨意，这让慈禧太后如何下手？反复磋商、求情，列强就不松口，不得已，慈禧太后在西安以光绪皇帝的名义颁下谕旨，惩办了几名"祸首"：载漪革去爵职，与载勋一起暂行交宗人府圈禁，等军务平定后发往盛京；溥静、载滢一并交宗人府圈禁；载漪的大哥载濂闭门思过；载漪的三弟载澜停全俸降一级调用；英年降二级调用；赵舒翘革职留任；毓贤发往边疆充当苦役，永不释回。

还有几个人不在此次惩办之列，八国联军入京时徐桐仓皇失措，自缢而死，时年82岁；徐承煜、启秀、廷雍被联军抓住，之后被杀；崇绮也自缢；刚毅随车驾西行，半路上病死；李秉衡抗击联军，战败殉国。除了已经死了的这几位，还有一个董福祥，慈禧太后西逃，第一时间就通知他率所部来护驾，所以他虽被列强追究，张之洞、李鸿章、袁世凯等人还上奏章点名要求惩处他，但朝廷不敢相逼，仅以革职论处。

直隶布政使廷雍死得最窝囊，联军占领北京后又派兵南下，攻取直隶总督署所在地保定，李鸿章已被任命为直隶总督，但还没有到位，由廷雍代理。廷雍虽一向支持义和团抗击洋人，但在这种大形势下也没了主意，他请示李鸿章该怎么办，李鸿章让他不要抵抗，廷雍于是率官民开城迎接，联军兵不血刃就占领了保定。此时牢里还关着不少教士和教民，联军释放了他们，这些人就过来控告廷雍对他们的迫害，廷雍等5名中国官员被抓了起来，事情报告到瓦德西那里，这位在慈禧太后寝宫里办公的联军总司令立即表示"余将使彼等置诸严厉审判之下"，就在直隶总督署官衙进行了审判。审判委员会由4名外国军官组成，廷雍等5个人被五花大绑接受审判，最后廷雍等3人被判死刑，另2人判终身监禁，行刑的方式不是西方通用的枪决，而"命世袭刽子手张荣以素日所用斩刀戮于凤凰台下"。一个二品大员，被几个洋军官随便审理一通就杀了，联军还故意用斩首示众的方式行刑，目的就是对中国官民产生强烈震慑。

应该说，正是慈禧太后和她身边的一些人从密谋废立开始才一步一步地把事态引向了无法收拾的局面，他们想利用义和团对抗外国人，初衷未必是要与列强打一仗，只是想以此使列强让步而已，但混乱一开就他们也失去了操控的能力，局势瞬间恶化，最终的结果是他们也受到了追究，付出了自己的代价。

慈禧太后发扬了"勇于诿过"的精神，她还在西安发布谕旨："此次中外开衅，变出非常，推其致祸之由，实非朝廷本意，皆因诸王大臣等纵容拳匪，启衅友邦，以致贻扰宗社，乘舆播迁……追思肇祸之始，实由诸王大臣昏谬无知，嚣张跋扈，深信邪术，挟制朝廷，于剿办拳匪之谕，抗不遵行，反纵信拳匪，妄行攻战，以致邪焰大张，酿成奇祸。"这简直颠倒黑白，事实是出于某种算计她想战，下面的人为迎合她才鼓动打，至于"剿匪之谕"，或许是有的，但那一段上谕经常左摇右摆，一会儿说剿，一会儿说抚，变来变去，设"义和团练大臣"的是她，现在强调要剿匪的人也是她。

其实说这些已经没什么意义了，这场战争使整个国家再度蒙难，中国再次承受了巨大的人员牺牲，经济上付出的代价也极为惨重，大量的房屋、铁路、设施被破坏，还没有谈战争赔偿，被掠走的财富就已经很惊人了，有人统计至少有6000万两。

七、要不要分裂中国

慈禧太后惩办"祸首"的行动虽然没有达到列强们的预期，但总算收到了一些成效，李鸿章在北京的外交活动才有了继续下去的可能。

光绪二十六年（1900 年）10 月 15 日，李鸿章代表清政府向各国驻华使馆发出同文照会，提出了 6 项初步建议，作为议和协议的草案，内容包括：中国对围攻各国使馆一事向各国政府认罪，并保证以后不再发生类似事件；赔偿各国损失；同各国修订和重订通商条约；订立条约后各国从中国退兵；和谈开始后战争应立即停止。但是，这 6 条建议没有被各国接受。

各国公使随后开会，研究法国方面之前提出过另一份建议草案，内容包括：惩办"祸首"；对华实施军火禁运；清政府向各国、各社团及个人赔偿损失；在北京设立一支永久的保卫使馆的军队；拆除大沽炮台，保证北京到大沽海口的畅通，在其间设立多处外国军事据点。会上，经过各位公使"集思广益"，大家除全部同意以上条款外，又加上以下内容：一定要严惩"罪魁祸首"，重点是指使围攻使馆和杀戮教士的人，尤其是董福祥、毓贤；清政府向全国公布上谕，宣布今后凡在其辖境内发生排外纠纷，地方官员立即革职；确定赔款金额，并通知海牙国际法庭；在北京划使馆区，区内不许中国人居住；除大沽炮台，其他凡有碍"北京至海岸间自由通行"的炮台也应全部拆除；清政府要禁止国人加入排外会社，违者处死，有关上谕在全国张贴 2 年；取消总理衙门，改为外交部，任命外交部大臣。

最后，以上内容被整理为《议和大纲》，共 12 条，以照会的形式通知清政府全权代表奕劻，奕劻、李鸿章随即用电报向西安报告，3 天后西安方面回复，12 条内容全部接受。之所以这么痛快，是因为列强已经明确表态，《议和大纲》绝对不能更改，否则就不谈了。而在慈禧太后方面，她最担心的是各国把她本人也列为"祸首"，看到《议和大纲》上没有这项内容，慈禧太后甚至有些欣喜，她在回复奕劻、李鸿章的上谕中说："览所奏各条，易胜感慨！敬念宗庙社稷，关系至重，不得不委曲求全，所有十二条大纲，应即照允。"

接下来，双方围绕《议和大纲》确定的原则进行了具体磋商，77 岁的李鸿章早已身心憔悴，奕劻只是个摆设，一切全靠他周旋，他感到严重力不从心，于是建议议和代表增加湖广总督张之洞、两江总督刘坤一，这两个人，一个是老朋友，一个是老同事，在议和的问题上意见也与他一致，西安方面批准。

但后面的事依然进展艰难，惩办"祸首"的事就不好办。关于这一条，在《议和大纲》第一条第二款中的表述是："西历9月25日，即中历闰八月初二日，上谕内及日后各国驻京大臣指出之人等皆须照应得之罪，分别轻重，尽法严惩，以蔽其辜。"但在随后的商谈中，英、法、德等国认为清政府已经做出的处罚太轻，坚持有关人员仍要处死，争来争去，清政府不得已再次发布了惩处上谕，宣布对庄王载勋赐令自尽，端王载漪及辅国公载澜革去爵职，发往新疆永远监禁，山西巡抚毓贤正法，刚毅病故，但追夺原官，董福祥仍即行革职；英年、赵舒翘定为斩监候。

但是，这仍然让各国不满意，他们认为端王载漪、辅国公载澜都应处斩监候，也就是死缓，遣戍新疆，永远监禁，对董福祥必须定死罪，即使清政府顾忌其兵权而不敢，也应夺其兵权，英年、赵舒翘判"死缓"太轻，必须绞立决。李鸿章也催促清廷下决心，在电报中说"姑息数人，坐令宗社危亡，殊为不值"，朝廷只得再次发布上谕，全部接受了以上条件，只是把英年、赵舒翘由绞立决改为赐令自尽。但惩办"祸首"的事还没有了结，列强又提出了京外各省需惩处的人员名单，多达142人，其中96人为主犯，"罪行"已核实，其余46人待清政府进一步核实其"罪行"。又经过一番讨价还价，最后清政府颁布上谕，对其中的110人进行了惩处，包括4人斩立决、11人斩监候，其他人充军、革职不等。经过3次大的折腾，关于惩办"祸首"的事总算有了结果。

列强坚持惩办"祸首"是一种心理战，因为这对清政府官员的打击无疑是巨大的，今后凡再涉及洋人，相信清政府的各级官员心里都不由得一哆嗦。被惩处的这些清政府高级官员是不是真的该死、该受罚另当别论，即使他们罪有应得，也应该由任命他们的清政府进行，而不应操控在他人手中。列强坚持惩办他们，对清政府和慈禧太后的权威固然是一种打击，而从某种意义上说也是对全体中国人的心理打击，正如一位中国学者说的那样："通过惩处这些人以儆他人，却是民族的耻辱。"

赵舒翘被赐令自尽，但他不相信太后会抛弃他，当时他在西安，慈禧太后命陕西巡抚岑春煊前往赵舒翘家中监督执行，赵舒翘还幻想太后会派人救他，所以开始只是吞金，磨蹭了一会儿未死成，又服砒霜，但仍不肯多服，痛苦挣扎着仍未死。岑春煊不耐烦了，逼迫其家人用纸糊住其七窍，灌以烧酒，时年53岁的赵舒翘才死了。

这时已到了光绪二十七年（1901年）的春天，这一年是农历辛丑年。在列强的逼迫下慈禧太后一步步退让，身边的近臣要么被杀，要么被流放，能用的也只有荣禄一个人了。列强没有把荣禄列到"死亡名单"上，原因是他的脑子很活，转身很快。荣禄是慈禧太后的死党，他反对维新，也支持招抚义和团、立"大阿哥"，但慈禧太后向列强宣战，荣禄认为不靠谱，本想劝劝，但慈禧太后一口气杀了4位主张议和的大臣，他又不敢了，《清史稿》说"载漪等益横，京师大乱，骈戮忠谏大臣。荣禄踉跄入言，太后厉色斥之"，估计是虚言，或者有所夸张。不过，在与张怀芝的谈话中，荣禄已经预料到主战的人日后必遭清算，所以他不仅没有出具进攻使馆的手谕，还偷偷地派人给使馆送食物和水果表示慰问。

慈禧太后大约也知道了这些，对他有些失望，西行没带他，让他当了个"留京办事大臣"，后来荣禄提出想去西安面圣，慈禧太后不准。现在，看着身边的重臣死的死、杀的杀、革职的革职，慈禧太后又想起了荣禄，命他来西安，"既至，宠礼有加，赏黄马褂、赐双眼花翎、紫缰"，荣禄重回权力核心。

荣禄与李鸿章关系密切，李鸿章主持议和以来二人常沟通情况，荣禄告诉李鸿章，和谈要把握的唯一原则就是不能追究慈禧太后的责任，也不能让慈禧太后交权归政，除了这些其他的任何条件都可以接受。荣禄之所以刻意强调这一条，是因为在他与列强打交道的过程中，发现列强有可能采取更为极端的手段，要么把慈禧太后赶下台，要么直接分割中国，让清朝政府从此不存在。

这种担心并非多余，当时在列强中盛行了一种论调叫"中国亡国观"，有的列强认为中国经济落后、政治专制、军事孱弱、吏治腐败、国民愚昧，加上社会动乱、边疆危机四伏、内地分崩离析、国家主权不独立、领土不完整，依靠自身力量已无法生存，处于事实上"已经灭亡"的状态，正是可以分割这个国家的时候。光绪二十五年（1899年）5月，时任日本首相的山县有朋便提出过一个看法：

> 观清国形势，欧洲列强在清国版图内到处都在扩张利益线，清国地图显然最终将被赤、橙、蓝分开。清国将像犹太人般国亡而人种存。值此之际，我国将来应当尽量扩张利益线……

> 即便我国财、政、兵三方面都充实了，与清国提携维护东洋独立也是最为拙劣的下策。

山县有朋后来反对日本政府提出的"中日提携"，就是基于在他的眼中中国已经灭亡了，无法像正常国家那样与日本对等交往，而清朝政府自然失去了代表国家的合法性资格。与日本人类似，当时欧洲强国正在掀起一股所谓的瓜分非洲潮（scramble for Africa），欧洲强国把它运用到中国，提出瓜分中国潮（scramble for China），其中德国最为激进。在它们的设想中，中国应该被分割成若干部分，或者干脆成为若干个国家，分别成为列强们的殖民地，以避免列强为在中国争夺利益而发生冲突，同时也避免像义和团这样的运动再次爆发。这种瓜分中国的论调并不只是说说，有德、日等国的推动下，真有成为事实的可能，李鸿章在给袁世凯的一份电报里就曾说："乱不靖，则瓜分之势必成。"

在清政府内部，这种分裂国家的危险也与日俱增，日本人宇都宫太郎是该国参谋本部派往中国长江流域的军事情报人员，在他1900年6月28日写的日记中有下面一段记述：

> 此日夜半时分，与钱恂会面，谈及时事，平岩代为通译。其间，钱恂言道：张某曾有言，天子蒙尘既久，清国处无政府之际，不得已，欲联合南部二三总督于南京成立一政府。

此处的"张某"即时任湖广总督的张之洞，钱恂是张之洞的幕僚，担任过武汉大学的前身湖北自强学堂总提调，后任湖北留日学生总监，他的话较为可信。宇都宫太郎在日记中还记述，钱恂不久后又来访，"言及张之洞或会设立新政府，目前当务之急乃是厚置兵力"，钱恂提出请日本方面援助大尉二人、步枪5000支，这件事的下文如何不太清楚，但从这些迹象看，张之洞的确动过另起炉灶的打算，而幕后的推手正是日本人。

"东南互保"后，一度有传言说南方督抚们计划推举李鸿章为总统，唐德刚在《袁氏当国》一书中曾说："八国联军时帝后两宫西狩，消息杳然，东南无主之时，当地督抚便曾有意自组美国式的共和政府，选李鸿章为总统，李亦有意担任，后因两宫又在西安出现乃作罢。"但无论是张之洞还是李鸿章，他们都没有统一号令全国的能力，张之洞在湖北可以称王，他的话到东北的几位将军那里就毫不顶用；李鸿章的影响力或许更大些，但要真正当总统，即便南方的督抚也未必个个都认可。如果在部分国家的撑腰下他们强行独立，那中国就会立即分裂成东北、西北、华北、华东、西南以及华南若干块，成为若干个独立的国家。

这样的局面符合德国、日本、意大利这些后起强国的利益，他们到中国来有些晚，最有利的地方都被别人占去了，希望重新洗牌。而这么做却不符合英国、法国、美国等老牌强国的利益，他们反对分割中国，赫德在他所著的《中国问题论集》中提出，义和团之后的中国危局只有3条出路，一是由列强瓜分中国，二是扶持一个新政府，三是继续支持慈禧太后和光绪皇帝，他认为只有最后一条才是解决中国问题的最好出路，赫德认为当前唯一可行的办法就是"把现存的王朝作为一个还在运转的王朝接受下来"，并"充分利用它"。

各国将会采取哪一种办法对待中国，已经成为当时国际外交舞台上的话题，从北京延伸到上海、广州，又延伸到欧洲，那段时间赫德不断向海关总税务司驻伦敦办事处询问那里的情况，直到有一天伦敦方面回电才让他稍微松了口气，这份电报说："各国显然仍拟支持满清皇朝，不主张瓜分，英国舆论主张维持光绪，给慈禧以个人安全。"

美国此时的国力迅速上升，自1895年开始对中国的贸易量也迅速上升，八国联军侵入北京前美国正忙于跟西班牙作战，这场美西战争牵制了美国的力量，此时中国如果被瓜分，美国的现实利益无疑将受到影响，所以它提出了一个"门户开放"政策，内容是对各国与清政府签订的任何条约、口岸或任何既得利益均不加干涉，但要"利益均沾"，同时各国要按照中国的法律缴税，并共同维护中国的领土和主权完整，这项政策得到了大多数国家的认同。

正是由于列强间尚未达成一致，再加上中国人民在抗击八国联军中所表现出来的英勇精神对列强也有所震慑，所以把中国分裂为几个国家的构想最后没有付诸实施。

八、大清国的"偿付能力"

在北京的和谈总是被各种枝节问题所干扰，虽然中外各方已正式签订了《议和大纲》，但正式的协定仍迟迟不能定稿，西安方面已经做出了完全的让步，只要不动摇大清的国本，只要不追究慈禧太后的责任，只要不让慈禧太后还政，其他的都可以谈，但即使这样，列强仍然没有尽快结束谈判的意思。

这场马拉松式的谈判从庚子年拖到了辛丑年，《议和大纲》也已签订几个月了，八国联军仍然占据着北京城。现在的形势对列强更有利，他们并不急着撤走，可以花时间仔细去研究所签订条约的内容，"惩凶"和赔款是必须的，另外可以利用这次机会修改已签订的条约，尤其涉及商业贸易方面的内容。据《英国蓝皮书有关义和团资料》，此时任英国驻华公使的窦纳乐（Maxwell MacDonald）说过："据我看来，拖延谈判不会使我们蒙受任何损失，因为在若干时间内不可能终于缔结一个总的合约。"

英国希望把这场谈判尽量拖下去还与非洲的局势有关，当时英国正在南非用兵，对手是居住在南非的荷兰、法国和德国白人移民后裔形成的混合民族布尔人，而俄国支持布尔人，英、俄在南非陷入冲突。出于对南非形势发展的判断，英、俄两国对在北京的谈判策略持不同立场，英国想把对华谈判拖延到与布尔人战争结束之后，以便在最终协议签订时无无后顾之忧，而俄国的立场相反。光绪二十七年（1901年）9月初俄国放出话来，2天后将从北京撤兵，窦纳乐当即向各国公使表示："现在各国使馆的撤离是最不恰当的，而且我想他们撤出首都会影响将来的谈判。"英国人说话还是很有些分量的，因为日本也与俄国有很深的矛盾，日本跟英国走得很近，而八国联军的主体是日本军队，英国不主张现在就撤，想撤的人只好作罢。

总之，这是一场复杂而漫长的谈判，一方内部分歧严重，各个方面都有自己的想法，意见一时难以统一，另一方被煎熬着，恨不得马上谈出结果，外国人好撤兵，圣驾好重回京城。

各国在《议和大纲》之外又提出"重修商约"，西安方面立即派工部尚书吕海寰为督办商约大臣、盛宣怀为会办大臣，专门负责与列强磋商此事。各国围绕这方面提出的条件五花八门，比如允许外国人入内地永远侨居、新开通商口岸、洋盐纳税进口等。日本还提出，中国出口到日本的商品要加税、从日本进口的商品则减税，以进一步造成"土货滞销、洋货畅行"的局面。除此之外各国对铁路修建权、矿产开采权的争夺更为激烈，山东的铁路修建权已被德国据有，通过修改商约，还试图把全省的矿产开采权也拿去，云南的铁路修建权之前为法国据有，现在借助修约还想占有全省的矿产开采权，但英国人不干，又进来争夺。据参与修改商约谈判的中方道员杨文骏说，英国提出的此类要求多达24条，开了14次会都没有谈完，每次开会都有3、4个钟头，杨文骏在给荣禄的信札中说："一国未定，一国又来，各占利益，协以谋我。稍为迁就，则权利尽失；力与驳斥，又决裂堪虞。"在双方的会谈纪要中，记载了一次关于赔款来源方面谈判的过程：

三月初一日，申刻。
徐寿朋，那桐，周馥同至德馆晤法使毕君，德使穆君，英使萨君，日本使小村君。
毕曰：今日请三位来，专为要知中国有若干款项可以作抵？
徐曰：我想海关进口货税增订，商人仍可将多出之数加入货价之内，于洋商无所亏损，而中国办理赔款大有裨益。

毕曰：洋货进口加税及常关税，归税司代征作抵，我等皆以为然。但所差尚多。闻中国盐课以大宗入款，如能变通办法，更可多得，然否？

徐曰：不然。只可挪出四百万作抵。

毕曰：闻漕粮改办法，每年可余银七百万两。

萨曰：京城进出货，每年收税银若干？

徐曰：崇文门向来只收进城货税，其出城之货例不征税，每年约收银七十万两左右，为数无多。各口常关既拟改归税司征收，留此崇文门一处，亦为中国略存体面，似可不必算入抵款之内。

毕曰：总理衙门所设之同文馆及出使各国人员，所需经费实无他款可筹，皆取给于海关税项，似可改由他处筹付。洋税增至值百抽十，每年约可多收若干？

徐曰：当可至千万以外。

毕曰：人丁税可办否？如每人每年征银五分，即可得银二千万两。

徐曰：从前本有丁税，后来并入地粮，是以田亩赋课名为地丁之事。若再按丁抽税，是重征矣。

萨曰：地亩亦可加税。

徐曰：恐贫民更多苦累，地方难期安庆矣。

萨曰：然则办房捐如何？

徐曰：房捐从前亦有省分办过，总未办成。因一经收捐，其店家则歇业罢市，其居民则诉屈呼冤，地方官无如之何。故此事甚不易办也。

萨曰：闻土药较洋药多至三倍，如每担征银六十两，可得一千余万。

徐曰：土药出产处多散在内地，并无扼要稽征之处，若税厘太重，偷漏更多，恐无实济。

萨曰：印花税似可行。

徐曰：此事亦曾筹度，似只可于通商口岸先行试办。

毕曰：是否托肯行缓期之国代为借债？

徐曰：愿摊还，不愿借债，银若由一国借出，款数既巨，必不肯多宽年限，故不若分欠各国之为妙也。

在这份会议纪要中双方谈得很细很具体，对于清政府还能从哪个方面弄到钱以赔偿列强，说得很直白也很直接，"债主"不厌其烦地替"债务人"盘清家底，生怕遗漏了什么。

在所有条款中，赔款数额和赔偿方式无疑最复杂，争论的时间也最长，德、俄等国主张尽可能多地索取战争赔款，德国是侵华的后来者，还没有怎么在对华战争中尝到赔款的甜头，它要向本国公民证明，在遥远的东方发动这样一场战争单是直接的经济利益也有利可图的。瓦德西在日记里写道："要求中国赔款，务达最高限度。"俄国正计划修建西伯利亚铁路，巨额建设资金是个头疼的事，如果能拿到一笔巨额赔款，资金的问题就解决了，还有个别国家想法与德、俄类似，认为能多拿就多拿。而美国不主张向中国索取太多的赔款，因为此时美国正在实施其"太平洋帝国"的宏大构想，作为一个后来者，在中国市场上占据显要位置是其利益诉求，如果清政府这时破产了，或者由于过度刺激中国人民而再次爆发强烈的排外运动，对美国的利益十分不利，所以美国提出赔款数额应保持在清政府能承受的范围内，他们提出的赔款数是 1.5 亿美元，约合 2 亿两，这一数目远远达不到其他列强的预期。

想向中国索取更多战争赔款的人无法忽视一个事实，那就是清政府此时还能拿出多少。对于这一点，英、法等国其实最清楚，因为他们不止一次跟清朝政府有过这方面的交易，知道战争赔款的数额太大不切实际，马士在《中华帝国对外关系史》中说"英国公使最初表达了他的政府的意见，认为所提出的要求不应该超过合理的数目"，但德、俄等国提出可以让清政府以共同借贷的方式还款，债务人无法清偿债务。

拿不出钱没关系，给你发放贷款，你用贷款还借款，但英国人反对这么做，因为这其实是个技术问题，好比买房，一把拿不出这么多的钱，房主说你可以去找银行贷款，于是找到了银行，银行给贷了款，房主拿到了钱，买主也拿到了房子，接下来的风险就成银行的了，如果不能按期还款，损失就

套牢中国：大清国亡于经济战

得由银行承担。在这个交易中卖房子的人最轻松，他拿走了钱也不必考虑以后的风险，德、俄等国就是这样的角色，让清政府去找银行贷款，而当时在中国的最重要的几家外国银行和财团，不是英国的就是法国、美国的，英国人当然不傻，他们意识到如果按照这个办法操作，等于拿到的是一份"以我们的财政信用来担保总数如此之大，而属于我们的一份如此之小的一笔款项"。

不贷款怎么办？还有一个办法，那就是跟"房主"商量能不能分期偿付房款，清政府在与日本签订《马关条约》时就曾想用这个办法还款。据赫德为李鸿章进行的测算，同样的赔款数额，选择贷款还款还是分摊还款，利息可以相差几千万两，但日本人不同意，虽然《马关条约》也是分期还款，但由于还款期限太短，清政府只得用贷款的方式去还钱，现在这笔钱还没还完。

最终英国的主张占了上风，分摊还款成为最终的共识，在分摊期限上各方意见也不一致，俄国等主张期限越短越好，但期限与金额是有矛盾的，为此俄国又提出一个方案，即迫使清政府大幅提高关税，以此增加税收，等于提高了还款能力，在还款总金额不减少的情况下缩短还款的周期，但这个方案又遭到了英、法等欧洲国家和美国的坚决反对。这些国家向中国出口商品基本上都得通过各个口岸，而俄国对华出口份额尚小，又由于有地理优势，可以通过灵活的陆路方式解决贸易问题，所以不在乎关税高或者低。

看来，赔款金额和偿还期限的测算是个技术含量很高的问题，信口说一个，清政府其实没有能力还，方案等于是空的；过于考虑可行性，定得太低，又便宜了清政府，这就需要"专业人士"出场了。

赫德，忠实的英国公民、大清国海关总税务司，最了解清政府的关税与财政，又喜欢"业余"搞外交，这件事自然落在了他的身上，赫德为此先后撰写了4份《赔款节略》，对这个问题进行了详细的研究和测算。赫德首先通报了他所掌握的清政府"家底"，据他的了解，清政府最新财年的岁入是8820万两，而岁出是10112万两，在岁出中有2400万两是"借款开支"，即偿还之前的赔款和借款，其他费用都属于基本支出，已减无可减，清政府的财政已经面临了严重的赤字，且没有任何现金储备，未来新的赔款只能来自增加财政收入或从民间搜取。

要增加财政收入，唯一的途径是加税，在这方面赫德进行了大致测算，如果以未来每年 1 亿两的财政收入考虑，4 亿多人口每人负担仅 2 钱多一点儿，这个税负水平比日本还低，这是中国可以承受的，所以赫德得出结论，增税是可行的，但又指出："通过增税办法来增加的赔款开支，每年不应超过 2000 万两，也就是说应当尽可能地低于这个数目而不能再多。"

增加什么税呢？赫德不同意增加关税，他代表的是英国利益，当然要与英国的立场一致，而且他担任清政府的海关总税务司，增加关税等于给自己找麻烦，他不会那么傻。但他不说这些，提出的理由是关税已作为之前种种借款的抵押，不宜再拿来作担保，只能从田赋、厘金和盐课中想办法，他提出盐税和常关税是最可靠的财政来源，简单可靠的方法是把之前《马关条约》签订后英德续借款合同中规定的对盐厘管理的办法扩大到所有盐税就行。赫德提出："如果指定盐课盐厘等等作为新赔款担保，最简便的方法就是把英德续借款合同规定的现行管理盐厘办法，推广到全部盐政收入，并且把通商各口岸的常关和海关合并。在同一口岸存在着两个税关容易发生错误，引起冲突，而海关的工作人员担任常关的工作是轻而易举的。"

在这里，赫德借"出谋划策"的机会不忘为自己谋利，第二次鸦片战争后，在各通商口岸便存在海关和常关两个系统，海关负责征收管理对外籍轮船和外商贸易征税，常关负责管理中国民船贸易，常关也属海关的一部分，但不归总税务司，清政府专门设置关道进行管辖。随着通商口岸的不断增多，常关的税收也在大幅增长，赫德一直惦记着这件事，只是苦于找不到机会，现在及时提出来，把常关也纳入到他的控制下，对列强来说不关心海关、常关是怎么回事，只要能增加清政府的偿付能力，他们都赞同。

经过长时间的测算和列强之间为分赃多寡而进行的争吵，最终的赔款数额确定为 4.5 亿两，分 39 年付清，期间每年按 4.5% 收取利息，各国分配如表 7.2。

表 7.2　庚子赔款各国摊分量、所占比重和预计利息及本息总量

国名	关平银正本数（两）	每两关平银折合外国货币数	各国货币正本数	比重（%）	利息预计（两）	本息总计（两）
德国	90070515	3.055 马克	275165423.325 马克	20.02	106531031.72	196601546.72
奥匈利	4003920	3.595 克勒尼	14394092.400 克勒尼	0.89	4735642.16	8739562.16
比利时	8484345	3.750 法郎	31816293.750 法郎	1.89	10034871.30	18519216.30
西班牙	135315	3.750 法郎	507431.250 法郎	0.03	160044.01	295359.01
美　国	32939055	0.742 美元	24440778.810 美元	7.32	38958714.88	71897769.88
法　国	70878240	3.750 法郎	265793400.000 法郎	15.75	83831340.74	154709580.74
英　国	50620545	0.150 英镑	7593081.750 英镑	11.25	59871522.72	114490067.72
葡萄牙	92250	0.150 英镑	13837.500 英镑	0.02	109108.82	201358.82
意大利	36617005	3.750 法郎	99813768.750 法郎	5.92	31481301.11	58098306.11
日　本	34793100	1.407 日元	48953891.700 日元	7.73	41151589.28	75944689.28
荷　兰	782100	1.796 佛罗林	1404651.600 佛罗林	0.17	925029.91	17071429.91
俄罗斯	130371120	1.412 卢布	184084021.440 卢布	28.97	154196630.49	284567750.49
瑞典挪威	62820	0.150 英镑	9423.000 英镑	0.01	74300.45	137120.45
杂项（又称未列各国）	149670	0.150 英镑	22450.500 英镑	0.03	177022.41	326692.41
总　计	450000000			100.00	532238150.05	9822238150.05

资料来源：汲汝成，《庚子赔款的债务化及其清偿、"退还"和总清算》，《近代史研究》1997 年第 5 期。

侵华的是八国联军，分赔款的却是 14 个国家，这是因为除出兵的 8 个国家外还有其他几个国家借口大使馆被烧毁而加入到索赔中来，另有少量未列人各国的赔款称"杂项"或"国际要求"。当时中国总人口刚好 4.5 亿，以后社会上流传列强索要的战争赔款是按照每人 1 两这个标准定的，如 1910 年 12 月份的美国《时代周刊》在一篇鼓吹袁世凯的文章里就持这样的观点。但其实这不是"拍脑袋"决定的，列强之间不仅为如何分赃进行过激烈的博弈，而且在赫德这位"精算师"的具体操持下进行了反复测算，在既能保证赔款兑现又不会"便宜"中国人的情况下才最终确定了赔款数字，"人均 1 两"只是巧合。

对于这个数目各国都表示接受，俄国分到了 1.3 亿两巨款赔款，其外长拉姆斯道夫掩饰不住内心兴奋地说，这是该国"历史上少有的最够本的战争"。

九、成为列强的代理人

光绪二十七年（1901 年）9 月 7 日，清政府与英国、美国、日本、俄罗斯、法国、德国、意大利、奥匈帝国、比利时、西班牙和荷兰等 11 国签订了《北京议定书》，又称《辛丑各国和约》或《辛丑条约》。

中国近代历史上的对外不平等条约数不胜数，但这份条约无疑是最重要的，也是最刺激中国人记忆的，以至于 100 多年来许多人都在呼吁把 9 月 7 日这一天定为国耻日。这份条约是清政府与列强集体签订的，共 12 款，另有附件 19 个，条约中除规定了已确定的赔款数额和期限、惩办"祸首"等事外，还规定了其他一些事项：

——因德国公使被杀，清政府派醇亲王载沣为头等专使大臣赴德国，代表大清国皇帝及国家致"惋惜之意"（醇亲王已于条约签订前自北京起程），清政府在该公使被杀处以拉丁、德、汉等文字立"铭志之碑"，并建牌坊一座（条约签订前已动工）；

——因日本使馆书记生杉山彬被杀，清政府派户部侍郎那桐为专使大臣赴日本，代表大清国大皇帝及国家致"惋惜之意"（条约签订前那桐已动身）；

——凡外国人被杀的城镇，"停止文武各等考试五年"；

——凡有挖掘外国人坟墓的地方，建"涤垢雪侮之碑"，该碑分别由各国使馆督建，经费由清政府负责，京师一带每处1万两，外省每处5000两（条约签订前，银两已按各国提供的清单付清）；

——大清国不准将军火及专为制造军火的各种器料运入境内；

——大清国"允定各使馆境界以为专与住用之处"，该使馆区由各国管理，"中国民人概不准在界内居住"，大清国允许各国留兵守卫；

——大清国将大沽炮台及有碍京师至海通道之各炮台一律削平，各国"酌定数处留兵驻守，以保京师至海通道无断绝之处"，条约列明各国驻防之处包括黄村、廊坊、杨村、天津军粮城、塘沽、芦台、唐山、滦州、昌黎、秦皇岛及山海关；

——大清国在各府厅州县颁布上谕，"永禁或设、或入与诸国仇敌之会"，违者皆斩。同时颁布上谕，各级地方官员"于所属境内均有保平安之责，如复滋伤害诸国人民之事，或再有违约之行，必须立时弹压惩办，否则该管之员，即行革职，永不叙用，亦不得开脱别给奖叙"；

——大清国将总理各国事务衙门按照"诸国酌定"改为外务部，"班列六部之前"。

在这份条约中没有再提割地的事，这不是列强侵略程度的减轻，而是形势发展变化的结果，也是列强在中国的博弈格局已经初步形成的体现。中国现在名义上没被分割，但事实上却被划分为若干个"势力范围"，列强各占一块，在自己"势力范围"内寻求割让领土，没有必要；到别人的"势力范围"里割地，对方又不干。

除此之外，这份条约与之前签订的各个不平等条约还有许多不同，条约不仅规定了前所未有的赔款数额，还强调了惩处所谓"祸首"的具体细节，对出现过"仇洋"事件的地方通过停止科考等进行"惩罚"，强调今后不得再出现排外事件，打击反抗力量，威慑中国官民，同时要求拆除有关炮台，规定列强在中国正式设立使馆区，成为"国中之国"，这些规定都是之前一系列条约中所没有过的。

从政治上说，条约中的大量内容涉及惩办所谓"祸首"，通过对"强硬派"的追责，全面震慑清政府的各级官员。条约的 19 个附件中有 12 个是以光绪皇帝名义发布的诏书，内容包括惩办有关大臣、为被杀德使建碑、在一些外国人被杀的县 5 年内不进行科举考试、禁止抗外行动等，相关诏书必须在全国范围内张贴，列强试图通过这些手段打击抗外势力，从精神上摧垮中国人的抵抗意志。这些措施尤其在清政府的各级官员中产生了强烈的心理冲击和强大的威慑力，他们不敢再表达对外国人的不满，处处看外国人的脸色，更加置国家利益与中国人的权利于不顾。

从军事上说，拆除炮台及相关设施不仅是"自废武功"，而且是对内对外都昭示了中国政府从此将执行一切不抵抗的政策，列强可以放心大胆地闯入中国的国门，包括最核心的区域。条约签订后，各国派兵驻扎北京到山海关铁路沿线要地，北京城内也有了一个独立的使馆区，列强修建城墙，增设军队，一旦再出现围攻事件，只要使馆区能守住半天，北京附近的外国驻军就会乘火车开到。从军事上说，列强不仅控制了京津外围，也控制了北京城，等于控制住了清政府和清朝的最高统治者。为了全面削弱中国的军事力量，条约规定对中国实施武器禁运，意味中国想再搞一次洋务运动、再建一支北洋舰队也不可能了，中国彻底失去了向列强还手的希望。

从经济上说，总赔款本息合计 98223 万两，分摊到每年约 1800 万两，从 1902 年算起，到 1940 年每年中国人要拿出相当于协议签订时全国年财政收入约 1/4 去还这笔钱，这笔钱最终将分摊到每一个中国人的头上，中国要用几代人的辛勤劳动去偿还这笔钱。条约签订后，清政府以户部的名义签发"总保票"和"分保票"，分别交给外国公使团和 11 个国家的全权代表，票上写明赔款数目、担保财源和清偿手续，各有关国家在上海设立收款委员会，由英国汇丰银行、德国德华银行、俄国华俄道胜银行、日本正金银行和法国东方汇理银行等 5 家银行经办，每次把所收的中国赔款平分到 5 家银行，再由这些银行分别摊付给各国，之后美国花旗银行和比利时华比银行也加入该委员会。对清政府来说这笔战争赔款将彻底打垮其本已脆弱不堪的财政，《南京条约》的赔款是 2100 万元，大约是当时年财政收入的 1/2，《北京条约》《天津条约》不足这个水平，如果说清政府的财政体系尚能勉强承受，那么墨迹未干的《马关条约》的 2 亿两和此次《辛丑条约》的 4.5 亿两，再加上借债的利息和赔款的复息，将是清政府的财政所完全不能承受的，单从经济上说，清政府把现在及未来都输了个精光，从此再无振兴的可能。

《辛丑条约》正式签订后八国联军陆续撤出北京，次月慈禧太后携"西狩"的朝廷返京，与仓皇西去不同，此行队伍庞大，役卒多达数万人，3000多辆车，历时 3 个月，沿途所经道路除铺黄沙外，还 30 里设一行宫，所过村镇两旁店铺结彩悬灯、设立香案，摆放糖果饼饵供扈从人员随时享用。

光绪二十八年（1902 年）1 月 8 日，一行人回到了北京。八国联军虽然撤走了，但从今年开始就要偿还第一笔赔款，按赔款本金平均，每年约 1800万两，但加上利息因素，本年应偿付的数额是 2100 万两。为了按时筹措到这笔巨款，朝廷在返京的路上就已经发布了上谕："此次偿款为数过巨，自应分饬各省督抚合力通筹。"按照慈禧太后的想法，钱是不能不给的，不然人家随时都会再杀回来，而朝廷眼下空空如也，必须"著各省通盘覆计"，把这笔债摊派下去。慈禧太后也知道这事不好办，所以在上谕里鼓励大家："该督抚等受恩深重，其各激发天良，力维大局，不得以无款可筹，稍存诿卸。现在款议渐将就绪，为期甚迫，著即将筹定情形迅速电奏。"

为调动大家的积极性，朝廷先要求各省主动"认筹"，但效果不佳，各省主动分担的数额仅 545 万两，离目标差距太大，安徽、浙江、陕西、广西等省报上来的数字为零。这个办法不行，朝廷就硬往下摊派，"按省份大小、财力多寡为断"确定了为数不等的款额。这不是第一次搞摊派，之前有些省以种种理由申说困难，朝廷往往也会谅情酌减，但这一回慈禧太后严令户部，谁都不能讨价还价，但即使如此，也有不少督抚上奏诉苦，福建奏"岁入不过二百二十万左右，解款一切须二百十五万两左右，而本省开销，尚不在内，十分竭蹶"；四川奏"近来筹偿赔款，加增饷糈，终岁所出，骤增百数十万。非取于商，即取于民。体察商民之力，均有未逮。兹又筹此巨款，实觉无从着手"；广西奏"商民皆困，筹款之事，实较各省为尤难"；河南奏"拮据情形，固不待言"。最后，5 位总督和 11 位巡抚联名通电北京，恳请"圣恩俯念民生困苦，巨款难筹，准将各省赔款减免三成"。

慈禧太后肯定更郁闷：你们说得都对，但也都是废话，道理我难道不懂？情况就是这个情况、事情就是这个事情，困难来了需要担当而不是讲大道理，联名通电让老百姓觉得你们都是好人，让我背上骂名，这个我可以忍，但钱在哪里呢？没有钱，咱们谁都过不了关。

而且，这次摊派才是第一次，以后年年都有，如果开头就弄不下去，以后怎么办？所以对任何减免摊派款的要求慈禧太后一律不准，在强力推行下，这次硬摊派最终还是按时收了上来，各省最终分摊的数额如表 7.3。

表 7.3　　　　　**各省摊筹庚子赔款额表**　　　　　单位：万两

省份	认筹数额	户部奏令摊派数	中央确定摊派数	实际筹款数
直隶	未认	80	85.80	127.5
山东	50	90	99.30	132.5
山西	30	90	116.30	53.8
河南	60	90	126.80	78
江苏	50	250	297.25	239.6
安徽	未认	100	125.70	127.3
江西	60	140	216.60	151
福建	10	80	99.00	81.7
浙江	未认	140	156.40	135.6
湖北	不敢先认	120	160.40	203
湖南	20	70	100.40	69.6
陕西	朱认	60	70.40	54
甘肃	12	30	30.00	34.3
新疆	40	40	40.00	44.1
四川	70	220	261.80	186

套牢中国：大清国亡于经济战

省份	认筹数额	户部奏令摊派数	中央确定摊派数	实际筹款数
广东	100	200	231.90	196.4
广西	未定	30	30.00	47.4
云南	未认	30	30.00	34.8
贵州	43	20	20.00	25
总计	545	1880	2298.05	2021.6

资料来源：马金华，《外债与晚清政局》，中国人民大学，2004。

各省为筹到这些钱都想尽了办法，在地方财政收入中田赋一直占大头，各地普遍变相增加了田赋，如福建每两田赋加征400文"随粮捐"，浙江每两加300文"粮捐"，安徽每两加200文"丁潜捐"，上海实行"按粮捐输"，四川开征"亩捐"，每年多收100万两。

各省还巧立名目，制定各种乱收费办法，如江苏增加火工等耗羡，安徽收取的"陋规冗费，约余百万以上"。各省普遍增加了已经开征的厘金，在加大盐裸的同时增收盐厘，开办盐场，鼓励盐商捐纳，又实行"盐斤加价"，从百姓生活必需品入手转嫁负担。各省普遍开征了各种杂捐，名目有粮捐、房捐、铺捐、赔款捐、膏款、彩票捐、酒捐、典捐、赌博捐、肉担捐、牛捐、牲畜捐、戏园捐、烟灯捐、窑捐、煤炭捐、钱业捐等等，《东华录》记载："民间之物，向之无捐者，官家从而添设之。"据统计，有关省份为筹措庚子赔款而加征捐税的情况形如表7.7。

表7.4　　　　　　　　**各省筹措庚子赔款加征捐税情形**

省份	加税项目及数额
湖北	1. 规复丁漕减征钱文：1897年部议地丁完钱者每两减征100文，漕粮每石减征140文，现规复 2. 加提州县钱价平余 3. 酌抽税契捐：定例每两征税三分，现另抽税契捐三分 4. 房捐：每年抽一月房租，由房主认缴 5. 铺捐：200文至4000文不等 6. 膏捐：每膏一两抽牌照税钱100文，由膏商承缴

省份	加税项目及数额
江西	规复并加征丁漕钱文：1897 年部议地丁完钱者每两减征 100 文，漕粮每石减征 140 文，现规复，再加收银每两 100 文，粮每石 160 文
浙江	1. 粮捐：每两加收钱 300 文 2. 盐斤加价：每斤加钱 4 文 3. 盐引加课：每引加银 4 钱 4. 房捐：值百抽十 5. 膏捐：售膏一两收钱 20 文 6. 酒捐：酿酒五十缸缴纳印花执照费 10 元，售于本地者每百斤收捐 2 角，运往外路者加收 2 角
广西	1. 官捐：官员报效每年捐银 32000 余两 2. 糖酒油领帖：烧锅榨房赴藩司领帖缴费开设，每年各缴银 20 元 3. 浔州府抽税改章：改派委员征税，盈余税银归于赔款提用 4. 整顿税契：新契一概纳税，旧契酌令补税 5. 押店加饷：押店一概呈请司帖，每帖缴银 400 两，帖费银 20 两，每年另捐银 200 两 6. 增改厘税：土药原先每年由商包缴银 38000 两，现加税 22000 两 7. 闱姓赌捐：每年包商缴银 30 万两
福建	1. 随粮捐：每地丁银一钱、粮米一斗各加收捐钱 40 文 2. 房捐：业户认捐，收取全年租价之十分之一 3. 铺户捐：自行认捐，以值百抽三为则 4. 膏捐
湖南	1. 土药加收三成 2. 整顿田房税契 3. 盐斤加价：每斤加价 4 文，本省绅民报效口捐 4 文，共 8 文
直隶	1. 土药加税：就原有抽厘数目再加三成 2. 茶糖烟酒加税：茶糖另开关卡加抽税厘，盐捐另办，烧酒每户售酒百斤抽捐制钱 1600 文，准其于常价之外每斤增价 16 文发售
江苏	规复地漕银价：1896 年地漕等银每两减收 200 文，现规复

资料来源：马金华，《外债与晚清政局》，中国人民大学，2004。

只让地方想办法，中央也得做出行动，在摊派出去的约 2100 万两款项中户部也主动"认领"了 300 万两，它的做法是，削减虎神、骁骑以及护军各营将士的津贴，削减神机营经费，满汉官员及八旗兵丁实行"米折"，削减沿海江防费用。这些办法倒是省出了一些银子，但也进一步削弱了国防建设，对官员队伍的人心和将士的士气也是一次挫伤。这有点儿类似明朝末年，当时面对农民起义军和关外的清军，崇祯皇帝甚至把自己吃的人参都拿去变卖了筹措军费，还大力削减行政经费支出，驿卒李自成就是因为被裁员而走上起义之路的。历史的经验证明，越是内外部矛盾尖锐的时刻越不能轻易"开源节流"，开源等于加重盘剥，进一步激化矛盾；节流就是压缩支出，减薪裁人，进一步动摇统治根基。

但现在已经顾不了那么多了，应付眼前最紧迫的事要紧。对于各省来说，由于经济实力不一样，有的地方虽想尽了办法，钱仍然凑不够，高压之下有人又想到了借"洋款"的主意，福建布政使尚其亨就曾向日本的银行借钱上缴摊派款，月息高达0.9%，远远高于庚子赔款年息4.5%的标准。

巨额赔款、财政枯竭、扩大搜刮、民怨加剧，如此形成了恶性循环。但对清政府来说，为了苟延残喘，为了保住统治地位，再严苛的条件也都能接受，而一旦接受了这些，其在军事、政治以及经济上也就被列强牢牢控制了。

也可以说，此时的清政府已经发生了质变：它不再代表4亿多中国人民，而蜕变为列强在中国实施统治的代理人。

第八章

一场股灾引发的革命

一、由商品输出到资本输出

《辛丑条约》没有再提增设通商口岸的事，这与列强侵略中国方式的转变有关。

资本主义的发展可以分为自由资本主义和垄断资本主义两个不同阶段，在前一个阶段，体现在对外贸易上就是商品的输出，一部分发达国家由于生产技术的提高，商品制造成本不断降低，商品迫切需要大量外销，这些国家提倡自由贸易，大力实施海外殖民。但是随着生产力的进一步发展，随着国内劳动力等生产要素成本不断提高，商品生产的利润不可避免地出现停滞不前的情况，国内资本出现过剩，迫切需要寻找新出路，于是资本主义的发展进入到下一个阶段，在资本的形态上体现为集中和垄断，在对外贸易上体现为资本的输出。马克思在《资本论》中说，资本输出"之所以发生，并不是因为它在国内已经绝对不能使用，这种情况之所以发生，是因为它在国外能够按更高的利润率来使用"。

资本出现过剩，是自由资本主义向垄断资本主义过渡的显著特征，它是平均利润率下降导致的必然结果。从19世纪后半期到20世纪初，英国先后经历了若干次经济发展的起伏，也就是经济危机，在危机中出口贸易不断下降，生产出现停滞，商品生产的利润率也逐步降低，仅这一阶段，这种经济周期在英国就出现了至少7次，导致工业生产的增加率由36%降至2%，见表8.1。

表 8.1　　　19 世纪后半期 20 世纪初英国工业生产增加率降低情况

英国的 工业周期	1859 ~ 1868	1869 ~ 1879	1880 ~ 1886	1887 ~ 1895	1895 ~ 1903	1904 ~ 1908	1909 ~ 1914
工业周期中工业 生产的增加率	36%	33%	17%	14%	18%	10%	2%

资料来源：[德] 库钦斯基（Kuczynski），《资本主义世界经济史研究》，三联书店，1955。

追求利润最大化是资本的天性，生产利润的降低消减了投资的愿望，导致大量过剩资本的存在，为寻找出路，资本输出便是必然的选择，正如列宁在《帝国主义是资本主义的最高阶段》中所说，帝国主义"其所以有输出资本的必要，是因为资本主义在少数国家中已经'成熟过度了'，'有利可图'的投资场所已经不够了"。

从具体进程上看，各主要资本主义国家发展程度有所不同，英、法发展得最快，最早进入了垄断资本主义阶段，德、俄、美、日紧跟，大有后来居上的意味，这些国家在 19 世纪中期到 20 世纪初陆续完成了这种过渡。1870 年前后，英、法、德、美、日等主要资本主义国家资本输出的总价值大约为 50 亿美元，到 1914 年增加到近 500 亿美元，在此过程中资本输出的增长速度大大超过商品输出，资本输出获取的利润也大大超过商品贸易取得的收入。据樊亢所著《外国经济史》的研究，到 1911 年英国的资本输出收益为 1.99 亿英镑，而同期工业收入仅为 5000 万英镑，"世界工厂"已转型为资本帝国。

资本输出通常有两种方式：一种是生产资本的输出，在国外建工厂、修铁路，通过开办实业获取利润；一种是借贷资本的输出，通过开办银行、发行有价证券等方式，获取利息或分成。通过资本输出的方式实施经济掠夺，比商品输出更为彻底、利润更高，第一次世界大战前英、美、法、德四国集中了世界工业生产的 3/4，所发行的有价证券占到全世界的 80%，列宁就此说过："差不多全世界其他各国，都是这样或那样成为这四个国家、这四个国际银行家、这四个全世界金融资本'栋梁'的债务人或纳贡者了。"

在中国，自从经鸦片战争被列强打开了国门，西方资本主义国家便一直用这两种方式对中国进行着资本的输出，在 19 世纪 40 年代的"五口通商"

时期，外国商人就在中国的通商口岸开办了一批船坞工厂，利用中国廉价的原料和劳动力获取利润。除了造船、修船行业，外资进入的另一个重点领域是船运业，据对进出中国各通商口岸的轮船数和吨位的统计情况，1872 年外国商船总吨位占 63.3%，以后逐年增加，到 1907 年时竟达到了 84.4%，见表 8.2。

表 8.2　　1872 ~ 1907 年进出中国各通商品岸的轮船数和吨位统计情况

年份	总　计			其　中					
				中　国			外　国		
	只	吨　位		只	吨　位		只	吨　位	
		实数	%		实数	%		实数	%
1872							9711	6512463	
1877	13708	10635625	100	5104	3908034	36.7	8604	6727591	63.3
1882	19607	16102574	100	5105	4667753	29.0	14502	11434821	71.0
1887	23439	21149526	100	6402	5508178	26.0	17037	15641348	74.0
1892	28974	28410156	100	8246	6308523	22.2	20728	22101633	77.8
1897	34566	32519729	100	12706	7543529	23.2	21860	24976200	76.8
1902	58086	52806393	100	18102	8931652	16.9	39984	43874741	83.1
1907	91380	74130376	100	33772	11598697	15.6	57608	62531679	84.4

资料来源：严中平，《中国近代经济史统计资料选辑》，北京科学出版社，1955。

　　之后外国资本进一步大量涌入中国，还开办了许多铁矿、煤矿和纺纱厂，在煤矿投资中，1906 年全国煤矿总资产约 2800 万银元，其中英国投资或合资 1086 万元银元，占 38.9%，日本投资 242 万银元，占 8.7%，其他国家投资或合资 1039 万银元，占 37.2%，外资单独投资或合资在中国煤矿的总投资有 2368 万银元，占全部投资的 84.8%，《中国近代经济史统计资料选辑》做出总结："帝国主义或者通过直接投资，或者通过参加投资，垄断了几乎整个中国的工业。"

　　通过不平等条约的签订，列强在中国取得了铁路修建权，从 1876 年修成的第一条吴淞铁路到 1948 年，中国境内共修建铁路 58 条，总长度 2.34 万公里，连同附设支线合计通车里程为 2.49 万公里，但在这 70 多年中真正为民族资本所控制的铁路仅仅是 375 公里，下表 8.3 是 1907 年之前外国资本在中国控制的铁路情况。

表 8.3　　　　　1907 年之前外国资本在中国控制的铁路情况

开筑年代	铁路名称	出卖路权者	掠夺国	里程（公里）	掠夺方式
1876	吴淞铁路	—	英	15.00	擅自建筑
1878	京奉铁路	满清政府	英	988.70	借款
1887	台湾铁路	—	日	77.00	—
1898	东清铁路	满清政府	俄	1721.00	强求建筑
1898	东清铁路南满州支路	满清政府	俄	1129.00	强求建筑
1898	京汉铁路	满清政府	比	1332.45	借款
1899	胶济铁路	满清政府	德	445.50	强求建筑
1901	粤汉铁路	满清政府	英、美、法、德	1238.75	借款
1902	道清铁路	满清政府	英	231.51	合办债务章程中规定
1903	正太铁路	满清政府	法	256.90	借款
1903	滇越铁路	满清政府	法	464.20	强求建筑
1904	安奉铁路	—	日	284.20	擅自建筑
1904	沪宁铁路	满清政府	英	327.13	强求承筑
1905	潮汕铁路	—	日	42.20	入股
1905	京绥铁路	满清政府	日	881.06	借款
1905	陇海铁路	满清政府	比、荷	1558.67	借款
1907	广九铁路	满清政府	英	142.77	强求承筑
1907	沪杭甬铁路	满清政府	英	358.69	强求承筑
1907	南浔铁路	—	日	128.35	借款

资料来源：严中平，《中国近代经济史统计资料选辑》，北京科学出版社，1955。

外国资本控制中国铁路，要么直接经营，要么参与经营，不仅掌握了铁路本身的权益，而通过对不平等条约的故意曲解，获取额外的利益，如额外侵占铁路沿线的开矿权、伐林权甚至征税权，为了保护自身利益，列强通常还在铁路沿线驻扎军队，把铁路所经过的区域变成自己的殖民地。

在中国的很多行业，外国企业不仅取得了垄断地位，而且往往一个工厂的投资就能超过中国整个行业的全部资本，如上海耶松船厂，1900 年合并了另外 2 家船厂后资本增加到 557 万两，是中国当时大大小小 22 家华商船厂总资本的 5 倍多。1902 年成立的英美烟草公司，只用 10 年时间工厂就由 1 个扩充到 4 个，工人由百余人扩充到近万人，资本由 10.5 万元扩充到 1100 万元，是当时中国所有烟厂资本总和的 7 倍。

在中国传统优势领域外国资本也大量侵入，削弱了中国民族产业的竞争力。以茶叶生产为例，过去中国茶叶生产和销售的模式通常是茶农生产、中国茶商收购、十三行商人转手、外国商人出口国外，随着外国资本的输入，外商看到这一领域有利可图，于是直接在中国建厂，就近大量低价收购茶叶，利用中国廉价的劳动力进行加工，之后再出口到国外。19 世纪 60 年代后，俄国商人先后在湖北开办了新泰、阜昌等茶厂，采用新式蒸汽机生产，雇佣工人多达数千名，进而垄断了汉口的茶叶贸易，而华商却没有太大作为，直到 20 世纪初才开办起自己的茶厂。这种贸易方式的转变，也改变了原有的盈利模式，茶叶虽然仍是中国对外出口的大项，但更多的利润被外国商人而不是中国的茶农、茶商拿走了。据对 1895～1914 年间 47 家外国工业厂矿企业的统计，其账面利润率平均达为 14.14%，有的高达 30%～40%，而同期资本主义国家的工业利润率不足 10%，这还是其账面利润，通过支出利息、超额预留提存和折旧等方式其获得的隐性利润更高。

二、外资银行垄断金融业

资本输出的另一个模式是借贷，包括向清政府借款和通过银行、洋行向中国民间放贷，这也是外国资本在华争夺的重要领域，

19 世纪 50 年代以后，清政府的财政状况越来越恶化，一开始是为了镇压农民起义而向外国洋行借款，后来又为了筹措大笔赔款而借债，洋务运动开

始后，借外债办实业成为一种风潮，当清政府财政体系完全崩溃后，行政经费不足也靠外债来解决。据统计，从 1853 年第一笔外债到清政府灭亡的 1911 年，清政府所借的有据可查的外债共 208 年笔，总金额超过 13 亿两。

表 8.4 　　　　　　　　1853～1911 年外债用途分类表 　　　　　　单位：两

债务用途	债　次	债　额	占总额的百分比
镇压农民起义和革命	35	16949265.62	1
赔款或由赔款转化为外债	6	793883340	61
海防、塞防与抵御外侮	23	79501078.99	6
各种实业	85	374560965.7	29
行政经费	59	40993647.2	3
合　计	208	1305888297	100

资料来源：杨华山，《略论晚清内外债的发生及其作用》，《贵州社会科学》2001 年第 4 期。

对外国资本来说，也乐意向清政府借款，一来借款利息很高，前文所述，其利息经常可达 10% 甚至更高，在欧洲本土，要实现这么高的收益并不容易；二来通过借债可以获取其他额外好处，较大规模的外债通常都会以清政府的关税、盐税、厘金等作抵押，为外国势力控制中国海关等经济部门、影响清政府财政找到了借口，有的借债合同公然要求清政府在还款结束前不得变更中国海关的管理体制，彰显了其政治奴役的本性。

在一些实业借款中，通常都要把所建设施、铁路作为抵押物，如果不能按期还款，这些抵押物就将落入外国人之手。还有一些实业贷款附加有许多条件，张之洞、盛宣怀主办的汉冶萍煤铁矿向日本贷款，使日本人趁机掠夺了相应的煤、铁矿产并取得监管该公司的特权；日本向福建、浙江的一些贷款中，有的以雇佣日本技师为条件，有的以取得垄断福建全省的樟脑和樟脑油收购权为条件；英国人经办关内外铁路贷款，条件是必须聘用英国人为铁路总工程师，而由他们规定的铁路总工程师的职权又很大，几乎是控制铁路的最高主宰。

在清政府总额 13 亿两的对外借款中，有大量借款是用来偿付战争赔款的，有的是归还之前的借款，如此一来，许多借款只是在中国倒了一下"手续"，并没有实际的资本流入，外国洋行和银行左手收到赔款，右手就放给中国人办实业，中国人花的其实还是自己的钱。有些为偿付赔款所借的外债，也只是在账面上走一下，中国人根本看不到钱。马金华在《外债与晚清政局》中对1902年之前清政府所借的外债进行了分析，最后得出一个令人震惊的结论："截至1902年，中国借入的各项外债共约合6.8亿美元，有76%以上是没有资金输入的。"

外国人发现向中国输出资本比输出商品更容易、获利更多，所以对中国的借债权也成了他们争取的对象，不仅有求必应，而且经常为"借债权"而明争暗斗。《马关条约》签订后的几笔对外借款中，第一次英德借款最初所提的年利率为5%、折扣率为89.5%，对于这个标准清政府方面一时有些犹豫，法、美两国闻讯赶来，试图把生意抢走，最后在赫德的周旋下英国同意将折扣率提高到94%，这才达成了交易。代表日本政府的横滨正金银行，曾拿出相当于200万英镑的资金争购中国的债券。在各国与中国签订的借款合约中，往往会专门写上排他性条款，而借款一旦达成也几乎都不允许提前还款。各国还以借款方便为借口，纷纷把自己的银行开到了中国，使外资银行在中国获取了泛滥式的发展。

这里要先说一下中国本土的金融业，近代中国的落后不仅体现在军事、政治和外交上，在金融领域表现得更为突出。近代中国金融体系主要由票号和钱庄等构成，严格说来尚不具备建立近代金融体系的基础。

票号又称汇票庄，经营者大多是山西人，又称山西票庄，从字面上看，似乎是经营"票"的。在金融上"票"一般指钞票、汇票，票号所经营的大体是后者。汇票，一种结算工具，具体说就是由出票人签发、要求付款人见票时或在一定期限内向收款人或持票人无条件支付一定款项的票据，从名目上看似乎是现代金融的产物，但从操作流程看其实很古老。明清时期的主要货币是银两，辅币有铜钱、银元，无论哪一种货币都有共同的缺陷，那就是不易携带，商人到外地进货，携带大量银子和铜钱，不仅沉重而且招摇，很不安全。如能先把钱存在出发地，拿着一纸凭据到进货地就能把钱兑换出来，那不就既省事又安全吗？这种现实需求催生出票号的产生，它就是专门经营这种汇兑业务的。

有人认为票号最早在明代就有了，有人认为产生于清代中期，但至迟于清代道光年间票号已经出现了第一次繁荣。随着贸易的发展，市场对汇兑业务的需求大量增加，票号也大量涌现。1907 年做过一次调查，当时全国有票号 414 家，平均每家资本 20 万两左右，堪称票号的全盛时期。票号一般采取"东伙制"，"东"指东家，由一人独资或数人合伙；"伙"指经营者，从大掌柜到学徒不等。东家对票号的经营承担责任，但一般不直接参与经营，日常经营委托给大掌柜及其以下的"经营层"。大掌柜与东家类似于主仆，要么有亲缘关系，要么是师徒，双方以忠义诚信为纽带，绝不背信弃义。由于经营的是汇兑业务，总号之外需要在各地广开分号，分号由"老帮"管理，直接听命于大掌柜。总、分号内部实行学徒制，各级管理人员由学徒逐级升任，这种商业文化与西方的企业文化不同，更崇尚伦理亲情，既"认钱"也"认人"。

在很长时期内清政府对金融业都很不重视，设立票号并不需要注册登记，但票号很看重自己的信誉，设立之初东家一般先在本号存上一笔巨款作为"保证金"，但顾客看重的往往不是这笔钱的多少，而是东家实力的大小，因为东家所承担的是无限责任，票号一旦倒闭，东家不仅要拿这笔"保证金"赔偿损失，还要拿出自己的全部身家。经营异地汇兑业务最大的风险来自造假和欺诈，在信息通讯极不发达的情况下，如何防止这类风险是个难题，但这个问题被大多数票号很好地解决了。在外部，票号一般不与其他同业来往，只在自己的分号间开办业务，这就像一道严密的防火墙，隔绝了外部风险；在内部，各家票号都有一套独特而严密的防范措施，其大部分细节至今都不得而知，相当神秘。

票号一般是北方人开的，南方人开的多是钱庄。钱庄也称银号，出现的时间比票号略晚，的确盛行在江南一带，但它的产生并不是以经营汇票为目的，早期它的主要业务是银钱兑换。

清朝的货币体系本来比较简单，但作为主币的银两和作为辅币的银元本身都有些复杂，造成了货币体系的混乱。银两是实物白银，由于产地和冶炼手法的不同，造成成色不一，又由于规制的问题，市场上流通的银两也五花八门；明代中后期以来，中外贸易量大增，一些外国的银币随银两大量流入中国，"洋元""鹰洋"等银币也在市场上广泛流通。为了方便交易，市场需要能一种能兑换货币的中介组织，可以统一银两或银元，或者把银两兑换成铜钱、银元，这样钱庄就出现了。

与总、分号"连锁经营"的票号相比钱庄的实力略逊一筹，资本通常在几万两之间，但钱庄的总数远比票号多，整体实力并不低于票号，尤其在经济发达的江南一带钱庄的影响力超过了票号。票号和钱庄一旦涉及金融，经营领域就不会只局限在汇兑、货币兑换这些简单业务上，它们随后都开办起存款和放款业务，票号的经营方针一向保守，又争取到官款为支撑，在这方面相对稳健，而钱庄开办了大量的存、放款业务后，承诺高利率，投资风险大的鸦片走私、赌场以及投机贸易，经常损失惨重。钱庄后来还推出了"钱票"业务，就是自己签发票据，持票人可是以拿来兑付现金，这种钱票流向市场，被其他金融机构用作贷款的抵押物。钱票流行后，需要在各钱庄间协调和沟通，这样钱业公会的作用日渐重要，开办钱庄虽然也不需要到政府那里注册登记，但必须得到钱业公会的许可，这些行会除了协调同业往来，还负责与官府和外商的交涉活动，一个民间组织充当着政府金融监管的职能。

票号、钱庄虽然具备近代金融的一些特征，但与银行相比它们还有很大差距，一方面它们的实力和规模一般都比较小，票号的实力稍强也十分有限，无法满足大规模商业贸易发展的需要；另一方面它们的业务模式相对单一，经营手段和内部管理相对落后，虽然也经办存、放款业务，但由于总量有限，客户不多，无法满足工商业的融资需求。金融业的滞后已经严重地制约了经济的发展，但在很长一段时间里清政府并没有意识到这个问题的重要性，对已经内忧外困的清政府而言，也许意识到这个问题也无法解决，外国银行的涌入使这一问题更加复杂。

外国在华设立的第一家银行名叫东方银行，设立于1845年，总行在英国，到1858年又有汇隆银行、麦加利银行、呵加剌银行和有利银行等进入中国，此后，汇丰、麦加利、花旗、三井等国际上著名的银行纷纷在中国开设机构，汇丰银行更把总行也设在了中国，以便对中国金融市场的控制，到1899年各类在华的外国银行已近30家（见表8.5）。

表8.5　　　　　　　　　1845～1899年外资银行基本情况

银行名称	总行所在地	资本		总行成立时间	进入中国时间	分支机构数目	改组年份
		额　定	实　缴				
东方银行	伦敦	200万英镑	60万英镑	1845	1845	6	1884
新东方银行	伦敦	200万英镑	50万英镑	1884	1884	8	
汇隆银行	伦敦	200万英镑	100万英镑	1851	1851	5	
呵加剌银行	伦敦	200万英镑	100万英镑	1833	1854	3	1864
呵加剌银行	伦敦	200万英镑	150万英镑	1864	1864	3	1866
呵加剌银行	伦敦		100万英镑	1867	1867	7	
有利银行	孟买			1853	1854	3	1857
有利银行	伦敦	75万英镑		1857	1857	8	1892
有利银行	伦敦	150万英镑	56.25万英镑	1892	1892	8	
麦加利银行	伦敦	64.4万英镑	32.2万英镑	1853	1858	6	
法兰西银行	巴黎			1848	1860	7	1889
法兰西银行	巴黎		160万英镑	1889	1889	7	
东方汇理银行	巴黎	800万法郎	200万英法郎				
汇川银行	孟买	50万英镑	50万英镑	1861	1861	3	
利华银行	伦敦	200万英镑	42.5万英镑	1863	1864	2	
丽升银行	孟买	100万英镑		1864	1864	2	
利生银行	伦敦	200万英镑	17.5万英镑	1862	1864	6	
汇丰银行	香港	500万元	250万元	1865	1865	14	
工部局储蓄银行	上海			1866	1866		
德意志银行	柏林	1000万泰来尔	1000万泰来尔	1870	1872	1	
德华银行	上海	500万两	125万两	1890	1890	4	
德丰银行	伦敦	200万英镑	46.7万英镑	1863	1875	5	
上海兑换所	上海			1878	1878		
大东惠通公司	伦敦	100万英镑	12.5万英镑	1890	1890	5	1891
大东惠通公司	伦敦	100万英镑	25万英镑	1891	1891	5	1894

银行名称	总行所在地	资　本		总行成立时间	进入中国时间	分支机构数目	改组年份
		额　定	实　缴				
大东惠通公司	伦敦	180 万英镑	25 万英镑	1894	1894	5	
中华汇理银行	香港	100 万英镑	10 万英镑	1891	1891	3	
正金银行	横滨	300 万日元	300 万日元	1880	1893	4	
华俄道胜银行	波得堡	600 万卢布	600 万卢布	1895	1896	9	

资料来源：汪敬虞，《外国资本在近代中国的金融活动》，人民出版社，1999。

从表 8.5 中可以看出，即使实缴资本最少的外国银行也有 10 万英镑，超过百万英镑的比比皆是，其资金实力远不是中国本土钱庄、票号可比。除此之外，外国银行还具有专业上的优势，尤其在国际汇兑业务方面优势更为明显，在外国银行进入中国前，外国商人只能通过与中国钱庄有往来的洋行买办办理金融业务，那时国外虽然已经有了汇票这种形式，但洋行在处理其外国汇票时常常是通过刊登广告的形式去求售，而现在外国银行可以利用其机构网络和便利的通讯技术快速实现交易。

外国银行的背后是外国政府，各国深知银行在资本输出中的独特作用，对于本国银行无不给予扶持和保护，正如一位西方学者所说："只要一有需要，政府就会站出来，并且鼓励它分享中国金融利益方面所作的坚定而富有成效的努力。"在 20 世纪 30 年代西方一本研究国际银行的著作中也说："各国海外银行扩张的一个带有一般性的特点，是隐现程度不一的政府支持，随着银行带到国外。特别是在落后的国家如此。"法兰西银行来到中国后，法国政府一直视其为资本输出的重要手段，1895 年以前进入中国的法兰西银行，在国外设立分支机构首先需要得到法国财政部的批准，但与此同时它也能获得政府的特殊照顾；德华银行的政府背景更加浓厚，建立的主要目的就是经办向清政府的各类借款；日本的正金银行有 1/3 的资本金直接来自日本政府，可以全权办理日本政府的外债和对外支付业务；俄国道胜银行干脆被称为"俄国财政部一个略为伪装的分支机关"。

除了汇兑、向清政府借款这些大宗业务，外资银行还在中国吸收存款和发达贷款，最初的存款业务不支付利息，反而向存款人收取手续费，如丽如银行在 1850 年规定："活期存款每半年结算一次，半年中存取款在 2000 元以下者抽手续费 5 元，超 2500 元过者手续费另议。"虽然如此，外国银行存款方式灵活自由，尤其能为储户保密，所以客户从最初的外商发展到中国商人、官员以及普通民众，业务量逐年增长，汇丰银行于 1865 年开业，当年存款余额为 338 万港元，到 1870 年增长到 1000 万港元，1890 年超过了 1 亿港元。外资银行发放贷款的主要对象是中国的票号、钱庄，形式通常是短期贷款，解决票号、钱庄流动性不足的困难，通过这种形式，外资银行与中国本土金融业建立起密切联系，加大了对中国本土金融的影响。外国银行与钱庄、票号联手，通过贴票、贴现等手段扩大对金融市场、尤其是刚刚发育起来的资本市场的渗透和控制，它们放款给这些机构，纵容投机和炒作股票，从中牟利，外国银行利用把握市场的优势，一有风吹草动就逼迫还款、收缩银根，看着钱庄、票号和大批中国民族工商户倒闭破产。

外资银行影响中国金融业最典型的事件是在中国本土发行钞票，用现在的眼光看这是一个很"奇葩"的事件，但在当时却很风靡，许多外国银行都设法在中国争取到了发钞权。一方面，这缘于清政府缺乏金融意识，更没有制定相应的金融法规，在金融领域许多地方都是制度的空白；另一方面，一系列不平等条约签订后，外国金融机构大量涌入，它们认为自己并没有在清政府进行官方注册，故不接受清政府的管理，自诩有所谓的治外法权，可以按照本国的法律在中国开展经营。

在这种情况下，19 世纪 50 年代，丽如银行首先在香港发行了少量货币，并逐步流通到香港之外的地区，看到清政府并无反应，发行量逐步增大，而其他银行也陆续跟进，1874 年 3 月上海的报纸报道，丽如、麦加利、有利和汇丰等 4 家银行的钞票发行额已经达到 350 万元，其中汇丰一家占 51% 以上。到 1891 年，汇丰银行发行的钞票在香港以外地区的流通额超过了 634 万元，截止到民国建立时，在中国发行过钞票的外国银行超过了 20 家，发行的钞票也各种各样，根据各国在华"势力范围"的不同这些钞票也在某些地区流行起来：俄国的卢布票、日本的金票长期流通在中国东北地区；汇丰、麦利加等英美银行发行的纸币流通于长江流域；云南主要流行的是法国东方汇理银行的纸币。

发钞权是一国金融主权的象征，清政府尚且没有发行全国统一的信用货币，这些外国银行却在中国大量发行纸币，不仅是对一国主权的无视和侵犯，而且也造成金融和经济上的混乱，这些外国银行大肆在中国发行纸币，发行了多少、有多少准备金、退出市场前回收了多少都是一笔糊涂账。1927 年 11 月发行的《银行周刊》上喜刊登了蔼庐的《我之取缔外钞观：兼论取缔外国银行》一文，表达了许多中国的心声：

外国银行之在华发行钞票，绝无根据，外人以租界有治外法权，故绝不依照我国法律规定。我国从前所订银行法规，虽未称完备，而于银行发行钞票，本有呈请主管官厅核准之规定。外国银行发钞，曾经此手续乎？

曩者不平等条约，束缚甚严，而华人在华发行钞票，亦条约所允许乎？世界各国，凡国内发行钞票者，无论其为单一发行制，抑为多数发行制，亦许外国银行在本国发行钞票乎？外人即不遵守我国法律，曾不思其本国亦无此准许外国银行发钞之法律乎？

由此观之，外国银行绝对无在我国境内发行钞票之权利。故我国可明令不许外国银行发行钞票也。藉曰我国法规不完，以致放任数十年，今日一旦禁止，似不免有排外之嫌。其实不然，要知我国银行法规之未完备，银行发行制度之不统一，皆受外国银行发行钞票之影响耳。若以条约上平等原则而言，我国银行亦能在外国发行钞票乎？易地则皆然。此禁止外国银行发行钞票之举，正所以补足银行法规之未备耳。

这一连串的反问很有道理，不说别的，只说引用本国法律到别人的国家随意发行钞票，说这是"国际规则"，那么中国人跑到你们国家去印钞票，你们愿意吗？但这就是晚清时期的中国，一切不可能皆有可能，一切不合理也都能干成，正如当时一位学者所说"中国是一个奇异的国家，在那里银行家能变为外交家，外交家又能变为劫掠家"。

三、难产的中国本土银行

外国银行肆无忌惮地控制着中国的金融命脉，中国的银行、尤其是中国的央行干什么去了？很可惜，一直到甲午战争之前中国还没有一家自己的本土银行；一直到19世纪结束，清政府也没有成立起央行。

中国人对外国的银行体制一开始关注得较少，主要因为工商业发展水平有限，票号、钱庄也基本可以满足需要。魏源最早在《海国图志》中对银行进行过介绍，提到"国立银局，内收税饷、出银票以敷所用"，但对怎么办银行没有进一步探讨。对开办银行提出过具体设想的是洪仁玕，他认为办银行好处很多，应尽早付诸实施，但由于太平天国运动很快失败了，这一构想也未能实现。1876年轮船招商局总办唐廷枢向福建巡抚丁日昌提出过开办荣康银行的建议，计划募集股金200万两，并特别强调"不准西人入股"，银行成立后专门为海外贸易和远洋运输服务，得到一批广东商人的支持，先期30万两股金已经到位，但后来不知何故不了了之。其后，又有不少人打算开设银行，有的还通过报纸等广泛招商，引起关注，但也都未能成功。

大清国的银行不好开，主要原因是政府没有的现成的章程，一切都无法可依，这是最糟糕的事，没有法，看着好像没人管，但你真的想去做，又有这样或那样的问题在等着你，这不完全是经济因素所决定的。还有一点，那就是外国人不希望中国有自己的本土银行与他们竞争，1885年英国人打听到李鸿章想办"官汇银号"，就由怡和洋行出面提出"延请西人为之经办官设银行"，承办钞票发行、官款存放、官款汇兑等业务，相当于要跟清政府合伙办央行。李鸿章居然被说动，将有关建议呈报上去，但立即遭到朝廷官员的猛烈抨击，户部认为该建议"阳借代为谋利之名，阴为包揽并吞之计，居心叵测，祸国害民"，这件事只好作罢。赫德也提出过由他出面替清政府办一家银行作为清政府的央行，由他来经营，后来也没有结果。

在反对开办银行尤其是中央银行的声音中，户部一向最坚决，站在现代的角度看，财政和金融有不同的属性和职能定位，但在户部看来凡涉及"钱"

的事它都得管，从体制上说，如果设立一家官办银行，看情形会纳入总理衙门管辖，与户部就没有关系了，户部感到自己被夺权，但户部不会这么说，它找的借口是反对外国人搞经济侵略，一句话就能把很多人的嘴堵上。

当时翁同龢任军机大臣，他是户部出身，又长期兼任户部尚书，虽然他反对清政府开办中央银行，但赞成开办本土的股份制银行，并就此事相商于铁路公司总办盛宣怀，提出效仿轮船招商局"官督民办"的模式办一家银行，名称定为招商银行，这个想法与盛宣怀不谋而合，他正在筹建卢沟桥到汉口的铁路，总投资预计 1000 万两，这一次他打算不向外国银行借款，而"以集华股归商办为主"，但考虑到"华商无银行，商民之财无所依附，散而难聚"，所以认为"总使银行先成，路款方有下手之处"。

光绪二十二年（1896 年）11 月，盛宣怀上《自强大计折》，提出开办银行的好处和具体方案，他提出"中国银行既立，使大信孚于商民，泉府因通而不穷，仿借国债可代洋债，不受重息之挟制，不吃镑价之亏折，所谓挽外溢以足国者"，这个认识是有见地的，中国频频向外举债，利息很高，好处都被外国银行拿走了，中国政府没钱，但中国社会还是有钱的，如果能把社会上的资金筹集起来，即所谓"借国债"，那就不会在经济上、政治上如此受制于列强了。

盛宣怀提到的"镑价之亏折"，即所谓"镑亏"。《辛丑条约》规定的赔款金额为 4.5 亿两，但又规定"此四百五十兆系照海关银两市价易为金款"，也就是说，具体支付时要折合成黄金，英国等发达国家的货币体系当时已过渡到金本位制，英镑直接挂钩黄金，而清朝实行的仍是银本位制，按照当时金银比价态势，金价持续走强，其中 1901～1902 年伦敦市场银价暴跌过23％，这样一来每年支付赔款时就会因为金价上涨、银价下跌而要多支付大量白银。据《清季外交史料》，光绪二十八年（1902 年）3 月两江总督刘坤一向朝廷上奏："查定约时，每规银一两合英金三先令，今则日间增涨至三先令三便士零，先后相较，已增至二成有余。上半年还款，若照市价购金，所短不下二百数十万两。"

这种类似于"汇率"的波动，除市场本身外还有人为的操纵，每到规定的清政府支付赔款时间，列强就设法操纵市场，让银价突然大跌，待赔款支付完成再行恢复，这样又额外从清政府那里多得了好处。到光绪三十年（1904年），"镑亏"一项即高达近千万两，各省督抚深怕此款也搞摊派，张之洞、袁世凯等人提前上奏，建议增加洋药税或开办印花税予以解决，但户部很快制定出办法，仍然把这笔款分摊到有关省份和海关（见表8.6）。

表8.6　　　　　　　　各省关摊解庚子赔款镑亏数额表　　　　　单位：万两

省、关名称	自行认解数	中央摊派数
江　苏	160	160
湖　北	60	90
江　西	80	80
浙　江	70	70
四　川	70	70
湖　南	60	60
山　东	60	60
山　西	30	60
直　隶	50	50
安　徽	20	50
福　建	20	50
河　南	50	50
江海关	50	50
陕　西	无	30
粤海关	30	30
广　东	15	30
闽海关	20	20
江汉关	无	20
津海关	10	20
东海关	10	20
九江关	无	10
芜湖关	10	10
合　计	875	1090

资料来源：申学锋，《晚清财政支出政策研究》，中国人民大学出版社，2006。

这成了一件奇事：战争赔款搞摊派，因赔款而产生的"汇率损失"也得搞摊派，庚子赔款名义是 4.5 亿两，赔来赔去岂不越来越多？所以盛宣怀认为，如果赔款不搞分期摊还，也不举外债，而是通过发行内债的办法解决，镑亏这种事也就不会出现了。

当时，还有一个生动的例子说明内债与外债的区别。19 世纪 70 年代初，德国与法国之间爆发了一场普法战争，打了 4 年，最后法国战败，德国首相俾斯麦强迫战败的法国割让了阿尔萨斯和洛林 2 个省，并支付 50 亿法郎的巨额战争赔款，按照当时的价格这笔钱大约相当于 7 亿两白银，赔款不清偿完就不撤军。俾斯麦希望这笔巨款彻底把法国人打垮，不仅这一代，就连他们的下一代都背上沉重的包袱，但被列宁称为"高利贷帝国主义"的法国，民间资本异常充裕，法国政府向国民发行了国债，数百万法国人争先认购，结果普法战争的赔款只用 2 年时间就清偿完了，德军只好撤军。

但没有自己国家的银行，国债自然无法操作。盛宣怀认为筹建中的银行不仅是中国人开的，而且必须有发钞权，具体设想是"照汇丰银行规制，以精纸用机器印造银票，与规银相辅而行，按存银之数为印票之数，以便随时兑现"，同时还可以办理国债，"欧洲国债数千百万皆由银行筹办，印发借券，应收年息，归行取付，大信不渝，集事自易"。盛宣怀的奏折呈上后，经过一番内部争论，朝廷还是批准了："责成盛宣怀选择股商，设立总董，招集股本，合力兴办，以收利权。"

但是，盛宣怀刚要据此去筹办，华俄道胜银行的董事就来告诉他，说你这个银行不能开。华俄道胜银行设立于 1895 年底，由俄、法、德等国的资本集团筹建，该银行通过李鸿章等人与清政府签过一份合同，规定"中国政府以库平银五百万两与华俄道胜银行伙做生意"，该银行在中国拥有"经理国库、铸造货币以及经营重大企业"等特权，然而这是一家纯粹的外国银行，清政府在该行董事会中没有一个席位，也不享有该行的权益。

华俄道胜银行的董事告诉盛宣怀，他们正打算把行名改为中俄银行，清政府在中俄银行中将持有 500 万两股份，而该行更名后将承担清政府央行的角色，你们再办一家银行算怎么回事？对于这种无理的说法，盛宣怀给予了反击："俄行附股，是我国交情美意，岂能禁止本国商人不开银行、不做生意乎？"华俄道胜银行后来又改变策略，邀请盛宣怀担任未来中俄银行的督办，盛宣怀拒绝。

光绪二十三年（1897 年）5 月 27 日，盛宣怀筹建的中国第一家银行在上海成立，行名最后定为中国通商银行，采取股份制形式，规定"权归总董，利归股商"，由于当时清政府仍无银行法规，《中国通商银行大概章程》基本借鉴汇丰银行的经营管理体制而制定，章程中规定公司股本为 500 万两，但成立时筹到的股本金只有 213.135 万两，主要股东包括轮船招商局、电报局以及盛宣怀、张振勋等个人，具体情况如表 8.7。

表 8.7   1897 年中国通商银行股份统计表

户　名	入股数	缴银数（单位：两）
轮船招商局	16000	800000
张振勋	2000	100000
盛宣怀	14600	730000
严筱舫	1000	50000
电报局	2000	100000
洪植臣	800	40000
梁干卿	200	10000
其　他	2585	129250
外埠招商局代收股款	3350	167500
外埠股款	92	4600
合　计	42627	2131350

资料来源：陈礼茂，《中国通商银行的建立与早期运作研究（1896 – 1911）》，复旦大学，2004。

中国通商银行成立后即积极向在中国的外资银行、外国洋行以及中国工商户开展业务，为了便于同外商打交道，银行几乎全面实行了"西化"：章程按外国银行制定，总行设洋账房，聘请英人为总大班和大班，洋账房负责总账，以英文缮写，聘外国银行专家为银行评议员，指导银行业务。但这些举措在拓展对外业务方面成效甚微，谢俊美在《外资银行夹击中的中国通商银行》一文中指出："当时在华外国洋行约有 1100 多家，它们中与通商银行有业务往来的不到 1/55，为数极少。"外国洋行不看好中国本土银行，他们宁愿到本国开办的银行办理业务，除经营方面的困难，这家中国本土唯一的银行还面临着其他风险。

光绪二十九年（1903 年）2 月 4 日，这一天是农历初七，中国通商银行年假过后开门迎新，有人拿着中国通商银行发行的钞票来兑换银元，银行职员检查后发现是假钞，当即把该人扭送至巡捕房。但消息瞬间在社会上传开，先是钱庄不再接收中国通商银行发行的钞票，接着大量市民闻讯纷纷来到中国通商银行营业厅挤兑，形成无法抑制的风潮。为了应对，中国通商银行紧急筹措 70 万银元，但几天后便被全部兑走，最终被挤兑的现金多达 100 万银元，而该行截止当时发行的总钞票也仅 130 万银元，等于被兑现一空。

这件事后来被侦破，制造假钞的是几个日本人，他们供认因为做生意失败才想到这一招，但背后是否有更大的阴谋不得而知。这几个日本人还供认，他们不敢伪造汇丰等外国在华银行的纸币，因为他们不敢在"在太岁头上动土"，而中国通商银行是一家中国的银行，他们觉得这个国家对它保护不力，所以才敢假冒。由于外国金融势力的排斥，又受到了随后八国联军侵华的严重影响，中国通商银行的经营并不像盛宣怀预料的那样乐观，反而出现了亏损，到 1905 年总行累计亏损高达 105 万两，占总股本的 42%。

盛宣怀开办中国通商银行的直接目的是为修建卢汉铁路筹集资金，但这条铁路最后还是采取向外国借款来修建。至于发行国债，清政府灭亡前倒是尝试过几次，如光绪二十四年（1898 年）的"息借商款"和"昭信股票"，但这些也都与中国通商银行无关，并且这几次尝试也都中途而废。中国通商银行的成立，在以上两个方面并没有起到预期的效果。

中国通商银行拥有发钞权，也经办过户部的进出款项，但它还不能算清政府的中央银行。光绪三十一年（1905 年）清政府成立了大清户部银行，该行虽然也有一部分股份可以由官员和民众认购，但规定"以中国人为限，不得转卖外国人"，除商业银行的一般业务外还承担统一货币、代理部库的责任，它是一家商业银行，也是真正意义上的清政府的中央银行，但此时已经进入到 20 世纪，列强打开中国的大门也已经 60 多年了。

四、此起彼伏的金融风潮

金融是国家的经济命脉，现在有人称之为领土、领海和领空之外的"第四边疆"或"高边疆"，但在中国近代，统治集团对此毫无认识，不仅大量国土丢失，金融这个边疆也连连失手，相关法规几乎空白，中央银行长期缺位，使外国银行轻易进入并控制了中国的金融，继而通过金融控制了中国的关税、财政和资本市场，造成清政府财政枯竭，加重了对外债的依赖，由此形成恶性循环。

一个不能受自己控制的金融体系是可怕的，它不仅造成金融的失权和低效，增加金融成本，而且会加大投机和风险，酿成周期性的金融风潮。在中国近代，这样的金融风潮每过若干年都要来上一次，其中 19 世纪下半期较大的金融风潮至少就有 3 次，每一次都有外国金融资本在后面作推手，而每一次金融风潮过后，本已脆弱的社会财富都会轮番遭到洗劫。

第一次，贴现风潮。

贴现是现在商业银行经办的一项很普通的业务，指远期汇票经承兑后，汇票持有人在汇票尚未到期前在贴现市场上转让，受让人扣除贴现息后将票款付给出让人，或者由银行购买未到期的票据。简单地说，就是为了获取资金，把远期收益在当前兑现，前提是拥有银行出具可以将来兑现的汇票。

19 世纪 60 年代初，中国的江南地区正在经历着一场太平天国运动，但这场运动非但没有打垮上海的经济，反而让上海呈现出一派繁荣之势，许多躲避战乱的人来到这里，或购房或租房，使房地产市场呈现爆发式增长。据《上海法租界史》，一块原来只值每亩 200 两的地皮很快就可以卖到 1200 两。同时，棉花投机生意在上海也很火爆，很多懂行不懂行的人都涉猎其中，据《上海近代贸易经济发展概况》，不到 10 两一担的花布很快涨到 30 两，1863年上海的原棉出口较上一年提高了 3 倍。

无论"炒房"还是"炒布"，都需要大量资金，但此时上海的金融市场发育还很不成熟，中国最早的银行——大清户部银行40多年后才成立，能为投资者提供融资的只有票号、钱庄等民营金融机构，它们的资金实力又非常有限。获利的冲动和资金的不足煎熬着人们，怎么办？这时外国银行出面了，他们推出了贴现业务，接受中国钱庄和票号出具的票据，钱庄、票号及商人闻风而动，纷纷用票据去贴现以获取投机资金，开始还相对正规，但票据也是有限的，有人干脆自己开办钱庄，不为做生意，只为能出具票据，这样一来就乱了。

　　同治二年（1863年）太平天国运动基本结束了，避难大量人口离开了上海，上海的房地产市场瞬间崩盘，房价大幅下降仍无人问津，房租跌了一半，在房地产市场投机的商人亏得血本无归。屋漏偏逢连阴雨，国际市场上棉价又大跌，同治四年（1865年）伦敦市场上的棉花由每包15磅急跌到8磅，投机在棉花市场上的商人也损失惨重。外国银行、钱庄和票号、投机商人构成了贴现的资金链，资金链断了，从事投机的洋行率先倒闭，紧接着是钱庄和票号，这股因贴现引发的倒闭潮在同治五年（1866年）形成高峰。

　　第二次，倒账风潮。

　　自贴现风潮过去了十几年，上海又刮起了一场风潮。倒账是近代金融从业者的一句俗语，意思是"账倒了"，无法给储户支付，得关门了。这次风潮出现在光绪九年（1883年）前后，起因是大批钱庄盲目为一些新开办的公司发放贷款，公司经营不善，造成坏账，连累到钱庄纷纷倒闭。上海轮船招商局成立后对外发行股票，由于有北洋大臣李鸿章作后台，公司成立后业绩很好，股票价格也一路上涨，每股面额为100两的股票最高时涨到了250多两，这带动了其他一批公司的开办，其中包括许多矿业公司，股价也都一路看涨。上海的投资者和钱庄经历过十几年前的贴现风潮的洗劫，此时元气稍稍恢复，本应十分谨慎，但面对这一次投资机会又开始了蠢蠢欲动。

　　公司股价上涨自然是投资者追捧的结果，钱庄觉得太慢，他们想出了一招，直接向这些公司发放贷款，抵押的东西也很简单，用这些公司自己发行的股票就行。在一个较为完善的资本市场里，股票作为一种有价证券是可以拿来抵押的，这种业务现在称为质押贷款。但在当时，资本市场还很稚嫩，公司治理结构、信息披露这些防范风险的措施都谈不上，一旦公司经营不善，股价就将暴跌，甚至成为一张废纸。但是，获利冲动大过了对风险的恐惧，大批钱庄向这些新开办的公司发放"质押贷款"，甚至主动请客吃饭央求人家接受贷款，有的钱庄资本金只有几万两，但一出手就是几十万两，其他资金自然是众多储户们的。

光绪九年（1883年）前后，这些新开办的公司大多因经营不善而引起了股价暴跌，开平矿务局的股价5月份还在200两以上，10月份就跌到了70两，跌破了100两的"发行价"。钱庄损失惨重，贷款无法收回，"质押"的股票一天天缩水，储户闻讯来挤兑，钱庄只好关门。上海南北市有钱庄78家，受连累的有68家，其中40多家倒闭，镇江、宁波、汉口、北京、福州等地的钱庄也受此牵连而大批倒闭。成千上万的储户失去了血汗钱，他们听到消息去找钱庄时，那里已空无一人，能做的也只是"遂将店内所有物价抄掠一空"而已。

第三次，贴票风潮。

又过了十几年，到光绪二十三年（1897年）前后上海又爆发了一次金融风潮，影响更大，损失更重。这一次金融风潮是由另一种称为"贴票"的新的金融业务所引起的。

贴票也是一种与票据有关的业务，意思是"贴钱兑换票据"，储户到钱庄存钱，存100两，约定年息为1分的话，存一年利息是10两，本来的流程是钱庄出具100两的存单，期满后储户拿存单去钱庄取110两的本息。钱庄觉得这样还不足以吸引储户，于是推出了这样的新业务：储户只需来存80两，钱庄就出具100两的存单，存满一年来取钱直接取的是100两，换算下来，年息超过了2分。

说白了，贴票就是一种高息揽储，当时钱庄的年息大约是1分，通过贴票手段年息被提高到2~3分，储户得到的是超额回报，钱庄得到是大笔资金。问题是，这么高的资金成本钱庄能消化了吗？这有一个背景，当时鸦片生意火暴，大量鸦片商人急需资金，这成为钱庄最重要的客户。另一个客户是"合会"，也就是赌场，赌场从钱庄贷出款来，通过更高的利息放给赌徒。有这两类客户，再高的资金成本钱庄也敢要。

这还是想真正做生意的那些钱庄的想法，对于一些胆子更大的钱庄，他们突然发现用票据可以轻易换来真金白银，票据是什么？不过几张纸而已，哪来这么好的事？于是票据这种"无本买卖"又开始泛滥起来，有一些有"门路"的人纷纷成立自己的钱庄，一个绰号叫"杨四"的法租界巡捕在大马路开了一个钱庄，开出空票 4 万两；一个叫孔阿才的人在四马路开了一个钱庄，本金只有几百两，开出的空票就有 5 万两。这些人并不怕，他们可以用新储户的钱去还到期的存款，在高息吸引下，新储户又源源不断找上门来，成了一种"击鼓传花"式的游戏。当然，这样的游戏肯定会有玩不下去的一天，有人也许明白，但又总觉得自己的运气不会那么差，都幻想着泡沫破裂前自己能全身而退，这种心理被英国经济学家凯恩斯归纳为"搏击理论"：在这个世界上，傻不可怕，可怕的是做最后一个傻子。

贴票泡沫于光绪二十三年（1897 年）下半年破灭，一部分钱庄无法兑付储户的钱，开始是退票，后来直接倒闭，一个月就倒闭了几十家，许多钱庄老板"跑路"，跑不了的有些选择了自杀。大批储户血本无归，有的跳河、服毒，有的家庭破裂，巡捕房、法庭接到大批有关"贴票"的经济纠纷案件，既无力一一侦查，也无力审判执行，上海社会被"贴票"弄得一团糟。

贴现、质押贷款、贴票，这些名词现在或许不算新奇，但在一个多世纪前绝对是新鲜事物，普通百姓难以搞懂。正是这些"新名词"背后暗藏的所谓"创新业务"，使中国近代的金融业接连遭受重创，而每一次金融风潮所波及的，也绝不仅仅是钱庄、票号自身，中国的民族工商业在一次又一次浩劫中被打击，广大百姓辛苦积攒的财产也在这一次又一次金融风潮中被浩劫，近代中国百姓的"积贫"、国家的"积弱"，在这几场金融风潮中都能找到直接的答案。

从这几场金融风潮中可以认识到，不是所有"新业务"都能称为创新。在一个创新型社会里，经济需要创新，金融更需要创新，所谓不进则退，说明在原地踏步也是一种倒退，金融业要满足经济发展的需要，要持续健康发展，必须时时刻刻在创新。但金融创新的技术性很强，面对大量金融衍生产品的出现，如何分辨良莠是普通投资者难以做到的，这就需要创新者始终把握为何而创新、怎样去创新的原则，切忌投机心态和短期行为，切忌钻市场的漏洞打"擦边球"，更不能利用甚至煽动公众的投机心理制造所谓热点，一旦市场失去控制，伤害的不仅是广大储户和投资人，那些推波助澜的机构自身恐怕也会先倒下。

这几场金融风潮可以折射出，金融发展一旦跟上不经济的发展就会诱发投机行为。清末以来政权日渐式微，最高统治当局面前净是棘手的事，根本不可能把金融建设放在重要议事日程，货币制度、资本市场建设、金融监管都严重跟不上经济发展的需要，大清银行 20 世纪初才姗姗来迟，支撑民族工商业发展的是一些民营钱庄、票号，在以银两、银元为主币的情况下，市场倍感银根短缺，严重制约了经济的正常运行，一些正常的资金需求也无法得到满足，正是在这种情况下，金融领域里的各种投机行为才得以大行其道，一次风暴洗礼所得来的沉痛教训往往管不了几年，不久之后新的投机行为又会上演。上海的贴票风潮刚过，仅 5 年后天津就上演了一次"贴水"风潮，可以称为贴票风潮的"升级版"，是市场如此不记取教训吗？根本的问题，还在于诱发这类投机行为的金融环境没有得到改善。

这几场金融风潮还说明一个国家绝不能把金融主导权拱手相让。金融风暴来临需要国家出面"救市"，这是市场渡过危机的最后一道闸门，但在这场风暴中，清政府几乎没有什么作为，不是不想救，而是力不从心。19 世纪下半期以来，贸易逆差加上战争赔款，造成了中国市场资金面上总体呈现银根吃紧的态势，清政府以税权、财政权为抵押多次向外国银行贷款，私人钱庄为了扩大资金规模也向外国银行借钱，外国银行实际控制着近代中国的金融命脉，每次金融风暴即将来临时，嗅到一丝味道的外国银行抢先脱身，他们抽走银根、逼迫还款，加剧了风险的生成和破坏力，缺少"救市"手段的清政府只能干看，任出市场自我挣扎。

五、对大清国的最后一击

《辛丑条约》签订后，清政府面临的内外部矛盾达到顶点，随时都有可能来一场大爆发。

在内忧外患面前，清政府还面临着权力不断下移的状况，继李鸿章、张之洞等人后，袁世凯等一批有实力的地方督抚崛起，手中掌握了更大的实权，慈禧太后为了能延续清朝的国体和自己的权力，对外对内一味苟且，已经走过200多年的大清王朝进入到最后的"垃圾时间"。

光绪三十四年（1908年）11月14日，光绪皇帝暴崩，时年38岁，慈禧太后指定醇亲王奕譞的孙子、摄政王载沣3岁的儿子溥仪为新皇帝，是为宣统皇帝，次日慈禧太后也病故，由光绪皇帝的皇后隆裕太后和载沣共同摄政，此时的朝政已危在旦夕，一切都在做最后的维持。

就在这一年，在上海证券市场上正发生着一件大事，有一种物资持续看涨，引得中外投资者纷纷介入。这种物资就是橡胶，由橡胶树、橡胶草等植物乳胶提炼加工成的一种材料，由于它绝缘、有弹性，所以广泛应用于各种工业产品和人们的日常生活中。当时对橡胶的需求量猛增，以英国为例，1908年进口橡胶84万英镑，1909年就增长到141万英镑，已经开始工业化的各个国家都大量需要橡胶，使橡胶成为紧俏物资，伦敦证券市场发行的橡胶股票也大受追捧，当时有一只橡胶股票发行价10磅，不久就炒到了180磅。本来这件事跟中国的关系不大，因为中国当时仍处在农业经济阶段，对橡胶的需求量并不大，但橡胶主要生产在南洋地区，国际金融资本便把炒作橡胶的中心逐渐转到了上海，1909年底的几个月时间里，先后就有40家橡胶公司把总部设在了这里。这些公司大量打广告，采取各种办法招徕投资者。于是，来本就充满了投机气息的上海到处充斥着各式各样的橡胶股票，有一种蓝格志橡胶股票，发行价为60两，很快便被炒到了1000两以上，有些人通过橡胶股票大赚了一笔。

到宣统二年（1910年）初，美国限制橡胶的使用，因为成本太高了，这诱发了橡胶市场的震动，这一年6月伦敦市场橡胶价格应声而落，紧接着各种橡胶股票狂跌，不少股票成为一张废纸。"股市有风险，入市需谨慎"，对投资者来说"愿赌服输"，但对大清王朝来说，这时的经济乃至政治、民生都跟股票市场捆绑得太紧了，这场股灾动摇了清朝的国本。当时国内炒橡胶股票的资金约3000万两，赴伦敦炒股的超过1000万两，二者相加超过4000万两，要命的是，这么多的钱不可能都是"散户"的，实际上它们大部分来自钱庄和银号，它们介入橡胶股票的方式，一种是在内部调动资金直接去炒，一种是向投资者放款，正是由于他们的推波助澜，资本市场才一下子发展到失控的境地。从钱庄、银号借了钱去炒股的投资者转眼血本无归，跳楼的跳楼，跑路的跑路，重创了钱庄和银号。当时清政府虽然已有官办的大清银行、交通银行等金融机构，但真正支撑起民族产业发展的还是这些钱庄和银号，这些钱庄和银号如果出了问题，就将拖累整个经济。

橡胶股灾发生后，上海地方政府赶紧出面救市，向朝廷提出了一些挽救金融市场的方案，但一来清政府已经到了财政捉襟见肘的程度，无力拿出巨资来救市，二来此时的掌权者比慈禧太后、李鸿章这些人也高明不到哪里去，都没有看到这场股灾将带来的巨大破坏力，出于政治斗争的需要，对主张救市的官员借机进行打击。结果，兆康、森源等一大批实力雄厚的钱庄和银号纷纷倒闭，形成了民族资本金融机构的倒闭潮，迅速由上海扩展到各地，继而引发实业的倒闭潮，全国工商业全面恐慌，等清政府意识到问题的严重性试图救市时，已无力回天。

这场由股灾引发的金融风暴继而演变为系统性的经济危机。根据清政府宣统二年（1910年）的财政预算计划，当年的财政赤字本来就已高达4000多万两，现在又逢橡胶股灾引发的经济危机，财政收入将远远达不到预期，而支出又无法削减，这一年的日子怎么过呢？大概意识到了这个严重问题，不知是谁给朝廷出了个主意，要把川汉、粤汉铁路收归国有，以此做抵押换取英、法、德、美四国财团600万英镑的贷款。600万英镑约合4000万两白银，刚好弥补橡胶股灾的损失。

但这是一个馊主意，因为当时铁路公司虽然是官办的，修路的资金却大多数来自民间。在洋务运动中，政府号召民营资本投入铁路建设，光绪二十四年（1898 年）清政府颁布了《铁路简明章程》，规定了国家鼓励民间资本投资铁路项目的各种优惠政策，一时间上至达官富商，下到普通百姓都纷纷拿钱去修铁路。光绪二十九年（1903 年）设立的川汉铁路公司，通过发行股票募集的资金超过 1000 万两。掌握这些铁路公司的是一些游离于政界、商界之间的商人，他们非官非商、亦官亦商，能量很大，清政府的想法是让他们用铁路公司的积累先退还投资者的股金，之后再拿去抵押，但这些商人多年来以铁路为掩护大搞投机，在橡胶股灾中也损失不小，根本没有这个能力。

当朝廷要收回这些铁路时引起了投资者的恐慌和愤慨，铁路公司的高管们趁机煽动，各地纷纷开始了保路运动，以四川保路运动声势最为浩大。宣统三年（1911 年）6 月成立"四川保路同志会"，张贴文告，四处讲演，上京请愿；8 月，召开川汉铁路股东特别大会，斥责朝廷"夺路劫款，行同强盗"，开展罢市罢课和抗粮抗捐活动；9 月，四川总督赵尔丰诱捕保路同志会领袖，激起大量群众到四川总督衙门请愿，赵尔丰下令镇压，酿成血案，成都附近农民在同盟会、四川保路同志会的领导下组成保路同志军起义，围攻省城，朝廷下旨从湖北调集军队入川镇压保路运动。

湖北的军队入川，武汉空虚，接下来发生的事大家都知道了，这一年的 10 月在武汉发生了辛亥革命，清政府一举被推翻。

这一天，迟早会来。在许多人的心里，大概这一天来得实在太慢太慢了，让这个王朝结束，实在有太多太多的理由，让它继续存在下去，实在有太多太多的说不通。但从直接的诱因来说，这一天的到来起于一场革命，而诱发这场革命的直接原因是一场股灾。

一场股灾结束了一个王朝，也许在 50 多年前一群农民发起的那场革命中它就应该结束了，在后面的这 50 多年里，统治集团中的一些人尝试了改良与维新，搞了洋务也搞了变法，但都无法找出一条让它重新振兴、扎脱身上重重索链的路来，中国人只好再发动了一场革命，把这个政权送进了历史。

但是，革命虽然成功了却无法彻底改变中国的根本状况，更无法扭转中国已经在军事、经济上被列强牢牢控制的现实，之前签订的一系列不平等条约也没有因为革命的胜利而马上被推翻，中国人在经济上仍然被压榨和剥削着，巨额的战争赔款和大笔外债仍然要一笔一笔、一年一年地偿还，中国的领土和市场被各国打开和占领，中国民族经济的腾飞仍遥不可及，只要这种状况不改变，中国人就没有翻身的可能。

从这个意义上说，晚清最后的 70 年里所带给全体中华民族的种种负债，实在太多也太沉重了！

参考文献

一、史料

［1］赵尔巽等纂．清史稿．北京：中华书局，1977

［2］中国第一历史档案馆编．清实录．北京：中华书局，1986

［3］阿桂等纂．大清律例．北京：法律出版社，1999

［4］朱寿朋纂．光绪朝东华录．北京：中华书局，1958

［5］文庆等编．筹办夷务始末．上海：上海古籍出社，2008

［6］贺长龄辑．皇朝经世文编．上海：世界书局，1964

［7］葛士浚辑．皇朝经世文续编．上海：上海书局，1898 年石印本

［8］蒋良琪编．东华录．北京：中华书局，1980

［9］中国第一历史档案馆编．嘉庆道光两朝上谕档．南宁：广西师范大学出版社，2000

［10］陈霞飞主编．中国海关密档赫德、金登干函电汇编（1874－1907）．北京：中华书局，1992

［11］王铁崖编．中外旧约章汇编．上海：上海三联书店，1957

［12］故宫博物院明清档案部编．清代档案史料丛编．北京：中华书局，1978 年后陆续刊印

［13］国家档案局明清档案馆编．戊戌变法档案史料．北京：中华书局，1958

［14］国家档案局明清档案馆编．义和团运动档案史料．北京：中华书局，1959

［15］王彦威等编．清季外交史料．北京：书目文献出版社，1987

［16］南开大学历史系编．清实录经济资料辑要．北京：中华书局，1959

［17］姚贤镐编．中国近代对外贸易史资料（1840－1895）．北京：中华书局，1962

［18］孙毓棠等编．中国近代工业史资料．北京：科学出版社，1957

［19］中国史学会编．鸦片战争资料．上海：上海人民出版社，1967

［20］田余庆等编．太平天国史料．北京：中华书局，1959

［21］罗尔纲编．太平天国文选．上海：上海人民出版社，1965

[22] 张侠等编. 清末海军史料. 北京：海洋出版社，1982

[23] 宓汝成编. 中国近代铁路史资料. 北京：中华书局，1963

[24] 孙毓棠编. 中国近代工业史资料（第一辑）. 北京：科学出版社，1955

二、近代著作

[1] 梁廷枏. 粤海关志. 广州：广东人民出版社，2014

[2] 翁同龢. 翁同龢日记. 北京：中华书局，1998

[3] 魏源. 道光洋艘征抚记. 北京：人民出版社，1984

[4] 林则徐. 林则徐集. 北京：中华书局，1965

[5] 顾炎武. 日知录. 兰州：甘肃民族出版社，1997

[6] 张集馨. 道咸宦海见闻录. 北京：中华书局，1981

[7] 张喜. 抚夷日记. 北京：北平文殿阁书庄，1935

[8] 张德坚. 贼情汇纂. 上海：上海古籍出版社，1995

[9] 王庆云. 石渠余纪. 北京：北京古籍出版社，1985

[10] 吴永. 庚子西狩丛谈. 北京：中华书局，2009

[11] 魏源. 海国图志. 长沙：岳麓书社，1998

[12] 郑观应. 郑观应集. 上海：上海人民出版社，1988

[13] 徐珂. 清稗类钞. 北京：中华书局，1984

[14] 曾国藩. 曾国藩全集. 北京：北京燕山出版社，2009

[15] 李鸿章. 李鸿章全集. 合肥：安徽教育出版社，2008

[16] 刘坤一. 刘坤一遗集. 北京：中华书局，1959

[17] 章开沅. 盛宣怀年谱长编. 上海：上海交通大学出版社，2004

[18] 康有为. 康有为全集. 北京：中国人民大学出版社，2007

三、外文译著

[1] （美）马士. 张汇文译. 中华帝国对外关系史（两卷）. 北京：三联书店，1957 年和 1958 年版

[2] （英）蓝诗玲. 刘悦斌译. 鸦片战争. 北京：新星出版社，2015

[3] （英）艾登. 中国农业科学院茶叶研究所编译组编译. 茶. 北京：农业出版社，1981

[4] （英）克拉潘. 姚曾庚译. 现代英国经济史（三卷）. 北京：商务印书馆，1975

[5] （意）奇波拉主编. 吴继淦，苗苑如译. 欧洲经济史（第四卷）. 北京：商务印书馆，1991

[6] （美）罗斯. 孟驰译. 茶叶大盗. 北京：社会科学文献出版社，2015

[7] （英）麦迪森. 伍晓鹰译. 世界经济千年史. 北京：北京大学出版社，2003

[8] （英）斯当东. 钱丽译. 英使谒见乾隆纪实. 北京：电子工业出版社，2016

[9] （美）费正清. 剑桥中国晚清史. 北京：中国社会科学出版社，1993

[10] （日）岸本美绪. 刘迪瑞译. 清代中国的物价与经济波动. 北京：社会科学文献出版社，2010

［11］（日）高柳松一郎．李达译．中国关税制度论．北京：商务印书馆，1927

［12］（美）丁韪良．沈弘等译．花甲忆记．南宁：广西师范大学出版社，2004

［13］（英）濮兰德等．陈冷汰编译．慈禧外纪．北京：紫禁城出版社，2010

［14］（美）芮玛丽．房德邻等译．同治中兴——中国保守主义的最后抵抗．北京：中国社会科学出版社，2002

［15］（英）魏尔特．陈教才等译．赫德与中国海关．厦门：厦门大学出版社，1994

［16］（德）库钦斯基．陈东旭译．资本主义世界经济史研究．北京：三联书店，1955

［17］（美）鲍威尔．陈泽宪译．1895 – 1912 年中国军事力量的兴起．北京：中国社会科学出版社，1979

［18］（英）波特．李杰等译．世界海军史．北京：解放军出版社，1992

［19］（澳）骆惠敏编．刘贵梁译．清末民初政情内幕．北京：知识出版社，1986

［20］（美）罗兹曼．"比较现代化"课题组译．中国的现代化．南京：江苏人民出版社，1988

［21］（美）石约翰．王国良译．中国革命的历史透视．北京：东方出版中心，1998

四、现代著作

［1］萧一山．清代通史．上海：华东师范大学出版社，2006

［2］范文澜．中国近代史．北京：北京人民出版社，1953

［3］齐思和．鸦片战争．上海：上海人民出版社，1957

［4］汪敬虞．中国近代经济史（1895 – 1927）．北京：经济管理出版社，2007

［5］严中平．中国近代经济史统计资料选辑（一）．北京：科学出版社，1955

［6］魏建猷．中国近代货币史．合肥：黄山书社，1986

［7］张玉田等．中国近代军事史．沈阳：辽宁人民出版社，1983

［8］许毅等．清代外债史论．北京：中国财政经济出版社，1996

［9］罗玉东．中国厘金史．北京：商务印书馆，2010

［10］于恩德．中国禁烟法令变迁史．上海：上海中华书局，1934

［11］戴一峰．近代中国海关与中国财政．厦门：厦门大学出版社，1993

［12］刘增合．鸦片税收与清末新政．北京：三联书店，2005

［13］龚缨晏．鸦片的传播与对华鸦片贸易．北京：东方出版社，1999

［14］龚泽琪等．中国古代军事经济史．北京：军事谊文出版社，1996

［15］申学锋．晚清财政支出政策研究．北京：中国人民大学出版社，2006

［16］陈锋．清代财政政策与货币政策研究．武汉：武汉大学出版社，2008

［17］陈锋．清代军费研究．武汉：武汉大学出版社，1992

［18］周志初．晚清财政经济研究．济南：齐鲁书社，2002

［19］马廉颇．晚清帝国视野下的英国——以嘉庆、道光两朝为中心．北京：人民出版社，2003

［20］彭泽益．十九世纪后半期的中国财政与经济．北京：中国人民大学出版社，2001

［21］卢汉超．赫德传．上海：上海人民出版社，1986

［22］雷颐．李鸿章与晚清四十年．太原：山西人民出版社，2008

［23］丁名楠等．帝国主义侵华史．北京：人民出版社，1961

［24］马宇平等．国情手册（1840－1987）．北京：解放军出版社，1989

［25］邓绍辉．晚清财政与中国近代化．成都：四川人民出版社，1998

［26］汪敬虞．十九世纪西方资本主义对中国的经济侵略．北京：人民出版社，1983

［27］汤志钧．康有为与戊戌变法．北京：中华书局，1984

［28］徐义生．中国近代外债史统计资料．北京：中华书局，1962

［29］中国人民银行参事室．中国清代外债史资料．北京：中国金融出版社，1991

［30］李德征等．八国联军侵华史．济南：山东大学出版社，1990

［31］张力等．中国教案史．成都：四川省社会科学院出版社，1987

［32］汪敬虞．外国资本在近代中国的金融活动．北京：人民出版社，1999